한국 민속의 현장과 해석이론

한국 민속의
현장과
해석이론

심상교 지음

보고사
BOGOSA

책머리에

　　동해안별신굿을 중심으로 한, 민속 현장에 열심히 쫓아다닌 흔적과 현장해석의 이론을 만들고자 노력한 결과를 묶었습니다.

　　민속 현장에 열심히 다니고 있다는 흔적은 「1부-현장연구」에 담았고, 민속 현장뿐만 아니라 문자 혹은 공연텍스트를 해석하는 근거나 이론을 만들려는 노력은 「2부-해석이론」에 담았습니다.

　　동해안별신굿을 연행하는 무당선생님들과 동해안별신굿을 전승하는 동해안바닷가 마을사람들이 너무나 고맙습니다. 민속신앙은 무섭거나 섬뜩한 것이 아니라 우리를 따듯이 감싸는 아름다운 전통문화라고 생각합니다.

　　텍스트를 해석하는 이론의 대부분은 현재 외국산입니다. 텍스트를 해석하는, 제 나름의 이론을 창안해 봤습니다.

제가 근무하는 지역을 예로부터 한새벌이라고 불렀습니다.

다정한 눈빛과 넉넉한 마음이 가득한 곳입니다.

이 모든 분들의 사랑에 값하는 책이기를 희망합니다.

고맙습니다.

2021년 신축년 3월에

심상교

2부 _ 해석이론

1부

현장연구

동해안별신굿 무가의 대중적 요소에 대한 연구

바리공주와 당금애기를 중심으로

1. 서론

동해안별신굿 마을풍어제 세존굿에서 연행되는 당금아기무가[1](이하, 당금아기)와 동해안별신굿 오구굿에서 연행되는 오구문바리데기 혹은 발원굿무가[2](이하, 바리공주)의 대중적 요소에 대해 연구한다. 대중적 요소는 연행되는 상황을 통해서도 나타나지만 서사성이 두드러진 무가이기에 무가의 서사적 특성도 함께 연구한다. 핵심은 당금아기와 바리공주[3]에 들어 있는 대중적 속성이 어떤 모습인가를 찾아내는데 있다. 대중적 속성의 기준은 멜로드라마적 특성을 원용한다. 대중적 속성을 내재시킨 장르 중에서 멜로드라마의 서사적 특성이나 연행적 특성이 가장 대표적이기 때

---

1   본고의 당금아기 무가는 다음 두 판본을 대상으로 한다.
     김선풍·김경남(1998), 「세존굿노래」, 『강릉단오제연구』, 보고사, 206-224쪽; 김헌선
     (2008), 「세존굿」, 『1988년 강릉단오제 무가집』, 보고사, 106-147쪽 참조.

2   본고의 바리공주무가는 다음 세 판본을 대상으로 한다.
     · 2014년 9월 20일부터 21일 경상북도 영덕군 병곡면 병곡리 고래불해수욕장에서 연행
     된 오구굿 영상과 이를 채록한 무가.
     · 2015년 2월 2일 경상북도 영덕군 영해면 사진1리 개인집에서 연행된 오구굿 영상과
     채록 무가.
     · 정연락(동해안별신굿 전수조교) 소장의 필사본 무가.

3   본고에서 당금아기와 바리공주는 서사무가의 제목으로도 사용하지만 서사무가의 주인공
     인 당금아기와 바리공주를 지칭하기도 한다.

문이다.

공연되는 예술장르나 소설같이 대중을 상대하는 작품에는 대중이 작품에 흥미를 느끼게 하는 유인요소를 많이 내재시킨다. 예를 들어, 우연한 상황 속에서 반전이 일어나도록 하여 극적 고조를 여러 번 유도하고 하는가 하면 유형적 인물을 등장시켜 등장인물간의 대결구도를 두드러지게 하며 슬픈 감정이 유발되는 장면을 곳곳에 배치한다. 유형적 인물의 등장은 친숙함을 촉발해 작품에 몰입하도록 유도한다. 친숙하지 않은 인물이 등장하면 사람들은 '낯설게 하기'를 통해 이화 효과를 경험하게 되는데, 친숙한 인물이 등장하면 이화효과를 차단해 몰입을 유도한다. 익숙한 인물은 친근감을 느끼게 되고 관객들은 자연스럽게 그 인물에 빠져드는 것이다. 그리고 반전을 통한 극적 감정의 고조는 내용의 이후 전개에 관심을 유도하기 때문에 작품 몰입을 유도하는 요소이다. 슬픔의 감정을 내용 곳곳에 배치하는 이유는 연민을 유도하기 때문이다. 연민은 그 사람에 대한 몰입상태를 의미한다. 그래서 반전, 유형 인물, 대립구도, 슬픈 감정 등은 대중성을 확보하기 위한 대중유인장치가 되는 것이다. 이러한 대중유인장치는 동해안별신굿의 무가 당금아기와 바리공주에도 들어있다.

무가는 굿에서 연행되는 관계로 사람들의 관심을 유도하는 요소를 의도적으로 포함시키지 않을 것 같지만 마을굿의 경우 사람들의 관람을 유도하는 여러 장치를 삽입시키는 것으로 볼 수 있다. 마을굿은 대중을 상대로 연행하기 때문에 대중적 요소를 내재시킨다하더라도 바리공주는 개인굿인 오구굿에서 연행되기에 대중적 요소를 굳이 넣지 않을 것 같지만 실제는 대중적 요소를 내재시키는 것을 볼 수 있다. 서울·경기 지역의 바리공주 연행은 재가집의 가족 없이 무당 혼자 연행하는 경우도 있고 무당이 제상을 향해 앉은 상태로 구송하는 경우가 있어 여러 사람 즉 대중을 배제시킨 채 연행하는 경우가 있으나 동해안별신굿 오구굿 바리공주의 경우는 제주집 가족을 포함하여 마을사람들까지 좌정한 가운데 연행된다. 그리고 동해안별신굿 오구굿 바리공주의 경우 밤 12시를 전후한 시기에 연행한다. 이 시각에 굿을 관람하는 사람은 다른 시각보다 상대적으로 적지만 여러 사람[4]이 연행과정을 지켜보는 것이 실상이다. 여러 사람들 앞에서 연행되기 때문에 대중을 작품에 몰입시키기 위한 여러 장치가 공통되는 특징이 있는 것이다. 그래서 무가는 굿 관람자의 몰입을 유도하는 장치를 구설할 수밖에 없다.

관객의 관심을 끌기 위한 대중적 유인요소를 내재시킨 가장 대표적인 장르는 멜로드라마다. 멜로드라마의 성격이나 멜로드라마가 형성된 시기, 멜로드라마가 파급되던 시기 등을 고려하면 멜로드라마는 기본적으로 대중성 확보를 전제로 하는 점이 확인된다. 그렇기 때문에 관객들이 작품에 몰입하는데 필요한 여러 장치를 구설한다. 굿과 멜로드라마는 상호 영향관계나 장르적 특성상 공통점은 없다. 그러나 대중성 확보를 위한 장치 구설 면에서 공통점이 발견된다. 본고는 굿에 구설된 대중성 확보 장치가 어떤 것인지를 고찰하려는 것인데, 대표적 대중장르인 멜로드라마적 특성과도 비교하려는 것이다.

대표적 대중 장르인 멜로드라마는 18세기말에 형성되기 시작했다.[5] 당금아기와 바리공주는 언제 형성되었는지 분명치 않다. 멜로드라마와 두 무가의 형성시기에 어떤 관련성이 없다. 그리고 멜로드라마와 무가가 서로 어떤 영향관계가 있다고 보기도 어렵다. 하지만 두 장르는 공연된다는 점이 유사하며 여러 사람의 기호에 맞추려는 의도가 내재한 점에서도 유사하다. 그리고 서사적 특성을 내재시킨 점에서도 유사하다. 멜로드라마가 시작된 역사적 배경과 정치적 배경을 제외하면 당금아기와 바리공주

---

4 2014년 병곡오구굿과 2015년 사진1리 오구굿 바리공주 연행당시에는 새벽 시간이었음에도 마을 사람들 십여 명 이상이 관람하였다.

5 Kent G. Gallagher, 오세준 편역(2005), 「비극의 정서와 멜로드라마의 정서」, 『멜로드라마1』, 책펴냄열린시, 210쪽 참조.

는 유사한 면이 여러 가지인 것이다.

그리고 멜로드라마는 대중이 선호하는 공연을 하려는 노력에서 시작되었고, 당금아기와 바리공주 무가도 굿의 흥미를 높이려는 의도가 많이 내재되었다고 볼 수 있다. 무당은 굿을 많이 연행해야 무당의 의의를 갖기 때문에 굿을 많이 하기 위해서는 굿 연행능력을 수련하는 일도 필요하였겠지만 굿의 내용에 사람들이 흥미를 느끼게 하려는 의도도 있었을 것이다. 그래서 무가 안에도 사람들의 기호에 맞는 대중성이 들어 있다고 볼 수 있다. 무가에 내재한 대중적 요소를 고찰하면서 대중적 요소를 선명히 내재시킨 멜로드라마의 특성과도 비교 고찰한다.

대중을 많이 유인하려는 공연은 관객과 등장인물 사이의 감정적 동질성의 새로운 관계 형성에 기초하여 자비로움과 도덕에 대한 새로운 관점을 갖게 하였다. 보마르세는 비극적 치명성 대신 가정의 비극을 추천했다.[6] 여기서 가정의 비극은 리얼리즘적 관점만은 아니다. 가정의 덕이나 선이 우연스럽고 희극적 상황 속에서 곤경에 빠질 때를 의미하며 이런 상황에서 극의 효과가 더 증대된다고 보았다. 증대된 효과를 위해서는 등장인물을 통해 시각적 이미지가 드러나게 하고 일상을 벗어난 기묘한 의미표출을 드러낸다.

가정의 덕이나 선이 곤경에 빠지게 되면 관객에게서는 동정심이 유발된다. 동정심은 자연스럽게 몰입으로 연결된다. 몰입은 작품의 가치를 높게 평가하는 관점으로도 연결되지만 무엇보다 작품을 좋은 느낌으로 받아들이게 된다. 감동은 작품을 높게 평가하거나 작품을 좋은 느낌으로 받아들이는 대표적인 경우인데 감동은 몰입 없이 발생하기는 쉽지 않다. 그래서 몰입은 감동으로 이어질 가능성이 높고 작품에 대한 평가를 높게 하게 될 가능성도 높아지는 것이다. 높은 평가는 많은 사람들을 끌어들이

---

6   Peter Brooks(1995), 『The Melodramatic Imagination』, Yale Univ Press, p.86 참조.

는 중대한 원인인 것이다. 이를 위해 동정심이 유발되는 슬픔의 요소를 구설해야 한다는 것이다.

슬픔의 요소는 비극적 느낌으로 이를 대중이 선호하는 작품에 발생[7]하도록 구설하는 것은 대중유인의 기본 장치이다. 이는 작품에 몰입시키기 위한 장치인데 이를 위해 가장 쉽게 할 수 있는 일은 주요 등장인물이 오해에서 비롯된 억울한 상황에서 추방을 당하거나 누명을 쓰게 하는 것이다. 자신의 잘못에서 비롯된 것이 아니라 타인에 의해 만들어진 상황에 갇혀 불행의 나락으로 떨어지는 사람에게 동정을 느끼게 하는 것이다. 부모가 누명을 쓸 경우 자식들은 고아가 되어 고통을 당하게 되어 불행한 상황에 빠지는데 반대로 자식이 누명을 써서 부모나 가족이 고통을 당하는 불행한 상황에 빠지기도 한다. 이런 불행으로 주요 등장인물은 관객들에게 동정을 받게 된다.

주요 등장인물이 누명으로 인해 불행한 상황에 빠지게 되면 관객들은 누명을 씌운 인물을 비난하게 되고 인물들의 구성을 대립구도로 파악하고 갈등이 유발되는 상황으로 인식하게 된다. 작품 속 대립과 갈등은 서사구조의 기본속성을 보여 주는 것이면서 관객의 격한 반응을 유도하여 자연스런 몰입으로 이어진다. 즉 대중성의 기본 구설이 되는 것이다. 이 과정에서 악한으로 지칭되는 인물은 벌을 받아도 마땅하다는 인식에 이르게 된다. 권선징악이 그것인데 악이 벌을 받는 지점에서 그치지 않고 선이나 덕이 복을 받는 지점에까지 전개되기를 요구한다. 그래서 선이나 덕의 중요성을 다시 인식하게 한다. 당금아기의 스님이나 바리공주의 동수자의 경우 악인형에 해당되지는 않지만 선의 상징인 주인공을 일시적으로 고난에 빠뜨려 대립구도를 형성한다. 이 대립구도는 관객들이 연행에 몰입하도록 유도하는 기본 구설이 된다.

---

7 위의 책, p.79 참조.

비극에서는 악한이 반드시 벌을 받지는 않는 경우도 있고 선인이 죽거나 위상추락을 경험하는 경우도 있지만 대중유인성이 강한 드라마에서는 선과 덕은 복을 받거나 구원되고[8] 악은 벌을 받는 것을 분명히 드러낸다. 이러한 특징을 보이는 대표장르가 멜로드라마인데 멜로드라마는 그래서 낭만적 내용의 연극에서 멜로드라마가 비극을 대신하는 측면도 있다. 낭만적 상상은 극적 갈등과 충돌을 삶의 주요부분[9]으로 만들었다. 이러한 낭만적 상상은 선을 상징하는 인물이 위대한 존재로 생각하게 된다. 그래서 선의 인물은 영웅적 행동을 하거나 포용과 자비가 넉넉하며 용서와 구원의 손길을 내미는데 인색하지 않게 된다. 비극에 익숙지 않은 우리 문화의 경우 악을 설정하기보다 악을 대신할 수 있는 선의 반대 측 대립형 인물을 설정하는 특색이 있는데 이런 특색이 동해안별신굿 마을굿의 세존굿 당금아기 무가와 오구굿 바리공주 무가에 나타나는 것이다.

멜로드라마는 평면화된 인물, 감상적인 어조와 엄격한 도덕관, 그리고 행복한 결말 등을 특징으로 하는 초기의 정형화된 극작술을 지칭하였다. 멜로드라마가 활발하게 성장한 것은 18세기 말 프랑스와 영국의 무대에서였다. 프랑스의 멜로드라마는 프랑스 혁명 이후에 출현한 새로운 계층인 서민층의 세계관을 표현하고 또한 혁명을 계기로 생겨난 민주주의 양식으로서의 성격이 강하였다. 역동적인 민중의 가치관이 반영된 멜로드라마이기에 음악적 요소를 극에 넣었다.[10] 음악적 요소는 역동성 외에 민중들에게 기쁨도 주었다. 음악과 극적 행동이 결합된 공연물을 볼 수 있었기 때문이다. 그래서 19세기가 시작될 무렵 프랑스에서 멜로드라마는 대중성을 획득한 극형식을 의미하는 것으로 사용되었다.[11]

---

8 위의 책, p.80 참조.
9 위의 책, p.81 참조.
10 James. L. Smith(1973), 『Melodrama』, Univ of Manchester, p.27 참조.
11 Edwin Wilson·Alvin Goldfarb(2000), 『세계 연극사』, 김동욱 옮김, 한신문화사,

멜로드라마라고 부르는 것은 이러한 대중극 개념이 시대적 변화에 따라 조금씩 그 양상을 달리하여 새롭게 형성된 것이라 할 수 있다. 미국으로 건너 간 멜로드라마는 할리우드 영화산업의 중심으로 자리 잡으면서 여성의 욕망과 부르주아 이데올로기를 내면화시키는 양상이 두드러져 여성관객용 영화 혹은 가족과 가정 연애담을 지칭하는 용어로 인식되기도 하였다. 한국의 멜로드라마는 이러한 할리우드 영화 장르로서의 멜로드라마와 일본 신파극의 영향을 받아 형성되기 시작했다. 때문에 한국 멜로드라마는 이들의 상관관계 안에서 논의[12]되기도 한다.

이처럼 멜로드라마는 시대적 변화에 따라 끊임없이 자기변모를 거듭해 온 양식이다. 그러므로 멜로드라마를 '각 시대와 지역의 특수성을 수렴하면서 내용과 형식을 발전시킨 하나의 틀'[13]로 보아야 한다. 고정화된 개념으로 멜로드라마를 규정할 것이 아니라, 다양한 장르 안에서 멜로드라마적 요소와 변용을 고찰하는 것이 필요한 것이다.

보통, 서사 작품 속 등장인물을 유형적 인물과 전형적 인물로 나뉘는 경우가 많다. 유형적 인물이란 도식적이고 고정적이며 보편성에 얽매인 인물이다. 이러한 인물의 성격은 이미 고정된 틀 안에서 묘사된다. 반면에 전형적 인물이라 생동감 넘친 개성을 지닌 인물로 전형적 인물이 가지고 있는 개성이 개별적인 특성만 강조된 것이 아니라 사회적 관계로서의 인간 성격의 보편성과 조화를 이룰 때 전형성을 획득하였다고 할 수 있다. 유형적 인물은 보통 평면적 인물로 설명된다. 상황 변화에 조응하지 못한 채 자신의 본디 성격을 그대로 유지하는 특성을 지닌 인물이 유형적 인물이

446~447쪽 참조.

12 박유희(2005), 「『자유부인』에 나타난 1950년대 멜로드라마의 변화」, 『문학과 영상』 6, 문학과 영상학회, 136~138쪽 참조.

13 김경·황혜진(1999), 「한국 멜로드라마의 변화와 수용」, 유지나 외, 『멜로드라마란 무엇인가』, 민음사, 24쪽 참조.

다. 유형적 인물의 이러한 특성 때문에 유형적 인물은 답답한 측면도 없지
않으나 사람들 뇌리에 선명히 각인되는 측면이 있다. 선인이든 악인이든
자신의 성격을 어떤 상황에서든 변화시키지 않아 특색 있는 인물로 선명히
기억되는 것이다. 전형적 인물은 리얼리즘 작품에서 얽힌 상황을 해결하거
나 장애가 매설된 상황을 넘어서는 문제적 인물로 지칭되는 경우가 많다.

　전형적 인물과과 유형적 인물의 근본적인 차이를 보면 전형은 개성의
특징을 매우 중시하고 개성과 공통성(일반성) 상호간의 결합을 강조하므
로 전형은 대개 생동적이며 선명하게 살아 숨 쉬는 인물로 지칭된다. 그러
나 유형은 공통성만을 중시하고 개성을 소홀히 하므로 대개 개념화로 흘
러 성격의 풍부함과 생동성을 결여하게 된다. 전형적 인물에서의 공통성
은 특정한 계급 특징과 사회관계의 어떤 본질법칙을 반영할 것으로 강조
하여 심각한 문제의식을 갖춰 당대가 안고 있는 문제를 해결할 수 있게
된다. 유형적 인물의 공통점은 대개 우연적이고 비본질적인 것으로 사람
의 나이, 품성 혹은 수량의 정도에 의거하여 논하므로 결코 충분하게 형상
의 계급적 본질로서 사회적인 의의를 드러낼 수 없다.[14]

　유형적 인물과 전형적 인물 중에서 누가 더 나은 인물인가 하는 점은
작품과의 관련 아래서 결정된다. 유형적 인물이 변화에 조응하지 못해
상황해결 능력이 떨어져 답답한 측면이 있다하더라도 그러한 유형적 인
물이 필요한 작품도 많다. 전형적 인물은 당대의 사회문제를 해결하는
긍정적 측면이 있지만 이런 인물이 오히려 작품전개에 방해되는 경우도
있다. 사회문제를 해결하지 못함으로써 독자들에게 시대적 문제를 더 선
명히 바라보도록 설정하는 작품도 있으며, 풍자적 내용을 담은 작품 속에
서 전형적 인물은 좋은 주인공이 되지 못하는 경우가 더 많다. 따라서
유형적 인물과 전형적 인물은 그 인물의 속성만으로 가치를 판단할 수

14　후건 외(1989), 『문학이론학습』, 제3문학사, 159~160쪽 참조.

없다. 작품이 드러내는 의도와 특성과의 관련성 아래서 그 인물의 가치를 논의해야 하는 것이다.

대중이 선호하는 드라마의 주인공들은 대개 유형화된 인물이다. 강한 도덕적 메시지를 전하기 위한 인물이 대표적인데 이와 같이 유형화된 인물은, 극의 중심적인 갈등 상황을 단순한 오해에 기인하고, 심리적인 문제를 피상적으로 취급하는 결과를 낳는다. 플롯은 음모와 폭력으로 이루어져 있고, 연민의 정과 극적 효과를 위해 개연성이 결여된 방식으로 진행된다. 따라서 도덕적 메시지를 위한 극적 기교인 우연의 일치가 사용되어진다. 종종 엿듣게 된 대화, 때맞춘 인물 등장 등이 독백/방백 같은 극작술도 사용된다. 방백/독백은 주인공의 급작스런 심경의 변화와 계획의 변경 등을 관객에게 전달할 때 사용된다. 무엇보다 대중이 선호하는 드라마는 등장인물의 내면적인 동기보다는 극의 플롯이나 사건에 중점을 두고 스펙터클한 무대장치도 설정한다. 대중이 선호하는 이러한 특성을 바탕으로 인물, 플롯 등의 요소로 나뉘어 무가의 대중 유인적 요소를 고찰한다.

2. 유형적 인물

1) 대립 구도

대중성이 강한 드라마에 등장하는 인물은 그 인물이 주요인물이든 부수적 인물이든 간에, 대부분 유형적인 모습을 보인다. 유형적인 모습의 인물은 사람들 기억에 뚜렷이 각인되는 편이다. 각인된 인물은 기억 속에서 반복적으로 출현하거나 기억 속에 오래 남아 사람들이 좋아하는 인물로 착각하게 하는 효과를 낼 수 있다. 결국, 유형적 인물은 여러 사람들로부터 좋아하는 인물, 즉 대중적 인물이 될 수 있는 것이다. 가령, 멜로드라마장르에서 선구적 작가로 지칭되는 픽세레쿠르(René Charles Guilbert de Pixérécourt)의 작품 속 주인공들은 대개 선하거나 나약한 습성을 보이는데, 작품이 전개되는 내내 시종일관 이 단일한 성격을 유지한다. 주인공을 끝없이 괴롭히며 위험에 빠뜨리는 안타고니스트(Antagonist) 또한 유형적이고 평면적인 성격을 보임으로써 주인공을 더욱 돋보이게 한다. 이들은 스스로 각자의 운명을 바꾸거나 변화를 시도하지 않으며, 주어진 성격 안에서 고민하고 행동한다. 따라서 대중성이 강한 작품 속 주요인물의 갈등은 주체적이고 자발적인 의지에 의해 극복되는 것이 아니라, 정해진 서사구조 안에서 예견된 결말을 통해 진행되고 해결된다. 그리고 이 해결 과정에 사물이나 부수적 인물이 구원자의 역할로 등장하여 주요인물의 난관을 해결하기도 한다.

당금아기는 사람들 기억에 각인되기 쉽도록 유형적 인물로 그려진다. 작품 내내 착하고 나약한 모습을 보인다. 자신을 변호하거나 위기에서 벗어나기 위한 적극적 행동은 하지 않는다. 주인공 당금아기를 찾아와 시주를 요구하다가 밤새 같은 방에 머무르는 스님의 경우 악인은 아니지만 당금아기를 괴롭히며 위험에 빠뜨린다. 하루 밤을 보낸 스님은 떠나고 당금아기는 잉태를 하게 된다. 결혼하지 않은 상황에서의 임신은 줄곧 당금아기를 괴롭힌다. 당금아기와 스님은 서사 끝부분에서 만나, 길었던 시련의 과정을 보상받지만 시련의 아픔은 여전히 남는다. 시련의 과정에서 사람들은 주인공 당금아기의 운명에 동정의 감정을 고조시키게 된다. 사람들이 당금아기에 흡입되도록 고안된 고도의 설정인 셈이며 이는 대중성이 강한 드라마의 방식과 매우 유사한 것이다. 대중성이 강한 드라마의 주인공들이 대개 선하거나 나약한 습성을 보이며 이런 특성은 작품이 전개되는 동안 시종일관 유지된다. 당금아기의 대중적 요소는 대중성이 강한 이러한 작품들이 담고 있는 등장인물의 성격, 유형과 매우 유사함을 확인할 수 있다.

고난에 처한 당금아기가 선하면서 나약한 행동을 이어가는 특성도 대중성을 확보하려는 의도와 관련된다. 자신의 과오가 없었음에도 억울하게 벌을 받거나 누명을 쓴 채 불행한 상황을 이어가게 되면 사람들은 그 인물의 처지에 동정을 하게 되고 그 처지에서 신속히 벗어나기를 희망한다. 하지만 작품의 내용은 동정을 고조시키기 위해 주인공의 불행한 처지가 지속되도록 한다. 구원의 손길이 지속적으로 주인공 주변을 맴돌지만 우연한 상황의 돌출로 주인공은 불행한 상황에서 벗어나지 못하게 되는 것이다. 사람들은 선한 주인공의 행복을 점점 강렬히 희망하게 된다. 사람들로 하여금 작품에 몰입하도록 유도하는 즉, 대중성을 확보하려는 핵심 장치인 것이다.

1930년대 대중성이 강한 대표적 작품인 「사랑에 속고 돈에 울고」와 「어머니의 힘」의 주인공들이 그렇다. 「사랑에 속도 돈에 울고」의 주인공 혜숙은 주변 사람들의 모함으로 억울한 누명을 쓰게 되지만 이를 적극적으로 해명하기보다 선한 성격의 본디 자신의 모습을 그대로 유지한다. 「어머니의 힘」의 주인공 정옥도 자신의 처지에서 벗어나기 위한 적극적 행동을 하지 않은 채 선한 모습 그대로를 유지한다. 결국, 우연한 상황의 도움으로 불행한 상황에서 벗어나게 되는데 주인공의 이러한 특성은 당금아기에서도 그래도 발견된다.

당금아기는 잉태하자 가족으로부터 버려진다. 생명을 잃을 위기까지 맞게 되지만 당금아기의 어머니가 적극적 구원자로 나서 당금아기는 아이를 출산하게 된다. 이후에도 당금아기는 고초를 겪지만 당금아기는 수세적 나약행동을 이어간다. 결국, 남편을 만나게 되고 그 간의 고초에 대해 보상을 받는다. 무가가 연행되는 동안 굿판의 사람들은 당금아기의 수세적 행동을 나무라기보다 불행한 상황의 연속에 동정하고 신속히 불행으로부터 벗어나기를 희망하면서 작품에 몰입한다.

바리공주 역시 작품 내내 착한 모습으로 일관하며 자신의 운명을 바꾸려는 시도는 하지 않는다. 온갖 고난 속에서도 바리공주는 자기에게 주어진 운명인 '부왕구원의 길'에서 벗어나지 않는다. 바리공주는 고난에 빠뜨리는 동수자 역시 당금아기의 스님처럼 극악의 악인은 아니지만 바리공주가 고난의 과정을 통해 동정심을 얻는데 중요한 역할을 한다. 바리공주는 이러한 시련의 과정을 거쳐 자신의 원형인 선한 인물 캐릭터를 완성한다. 바리공주가 시련을 겪으며 결국 '부왕구원의 길'에 도달함으로써 사람들에게 고조된 연민의 감정을 끌어낸다. 사람들이 바리공주 무가에 흡입되도록 고안된 고도의 설정이며 이는 대중성이 강한 드라마의 방식과 유사한 것으로 볼 수 있다.

대중을 끌어들이기 위한 당금아기와 바리공주 연행의 특징은 이처럼 대중성이 강한 드라마의 공연과 인물의 성격 면에서 유사한 면을 보이는데 이는 멜로드라마의 특징과도 상통한다. 멜로드라마의 유형화된 인물과 그들의 극적 기능을 다음과 같이 설명[15]된다. 첫째, 악한은 멜로드라마에 있어 가장 중요한 인물로 극의 전체 액션을 이끌어가지만 그의 악행의 동기는 존재하지 않는다. 악한은 수동적인 여주인공에 비해, 매우 이기적이며 간교한 지능의 소유자이다. 이들의 궁극적인 운명은 죽음 또는 그 사회에서의 추방이며, 종종 악한의 죽을 때 하는 마지막 대사는 극의 도덕적인 교훈을 강조하는 것으로 끝을 맺는다. 둘째, 여주인공은 미덕과 순수함으로 상징화된 인물이다. 그녀는 지위와 미덕이 수동적인 연약함으로 드러나야 하며 이러한 성품에서 비롯되는 여주인공의 갈등이 멜로드라마의 감정적 정서를 불러일으킨다. 셋째, 남주인공은 여주인공과 비슷한 성격을 지니나, 여주인공에게 없는 특질인 공격적인 힘, 재치, 그리고 지능을 갖고 있다.

---

15 김성현(1998), 「오닐과 밀러극에 나타난 극적 기법으로서의 멜로드라마」, 고려대학교 박사논문, 20~28쪽 참조.

당금아기의 스님과 바리공주의 동수자의 경우 멜로드라마의 악인형 인물과 동일하지는 않지만 악인형 인물이 유도하는 대립구도 설정과는 동일하다고 볼 수 있다. 스님과 동수자는 특별한 동기 없이 나약한 여주인공을 시련에 빠뜨리며 그 과정에 다소의 속임수까지 넣는다. 자신의 목적을 감추기 위한 위장술에도 능하며 의외의 상황으로 여주인공을 몰아가 난관에 빠뜨린다. 바랑에 구멍을 뚫어놓는다거나 생명수가 있는 곳을 알면서 힘든 일을 부과하면서 자신의 목적을 이루어 나간다. 스님과 동수자는 모두 아이를 낳을 목적을 갖고 있다. 스님의 경우는 자신이 가진 신으로서의 능력을 과시하고 확산시키려는 의도가 있다. 동수자는 아들을 낳아야 승천할 수 있기에 바리공주를 통해 아들 세 명을 낳고자 하는 것이다. 동수자는 아들 세 명을 낳고는 사라진다.

그러나 스님과 동수자가 추방되거나 죽음을 맞이하는 것은 아니다. 다만, 스님과 동수자의 행동에서 교훈적인 면모를 읽을 수 있는데 이 또한 대중적 요소를 확인시키는 부분이다. 스님은 마지막에 당금아기를 삼신할매로 만들고 세 아들은 각각 문수보살, 사해용왕, 골매기신으로 만든다. 부인과 아들들에게 무조신이나 생명을 관장하는 지위를 부여하여 이전의 행동과는 배치된다. 이런 행동은 교훈을 강조하는 모습으로도 볼 수 있다. 고진감래의 교훈을 보여주어 이전의 행동을 불식시키는 의도로 볼 수 있다. 관객들도 스님을 악한으로 바라보기보다 당금아기와 아들들을 도와주는 선인으로 바라보는데 이런 교훈적 행동에 영향받은 탓이라고 할 수 있다.

동수자는 부인인 바리공주가 세 명의 아들을 낳아 주자 홀로 승천해서 사라진다. 동수자는 자신의 목적 달성을 위해 바리공주를 철저히 이용하는 인물인 것이다. 하지만 동수자는 승천하기 전에 바라공주가 아버지 오구대왕을 살리는데 결정적으로 필요한 약물이 있는 곳을 알려준다. 당금아기의 스님처럼 대립구도를 형성하는 행동을 보이지만 마지막에는 교훈적 행동으로 마무리한다. 바리공주는 북두칠성의 가장 빛나는 별이 되고 세 명의 아들들은 삼태성이 된다. 동수가 직접 그렇게 되도록 한 것은 아니다. 바리공주의 아버지 오구대왕이 한 일이다. 하지만 동수자의 협조가 없었다면 바리공주와 그 아들들이 별이 되는 일은 없었을 것이다. 난관 속에서도 효심 가득한 인물의 역할에게 주어진 복덕은 교훈적 내용을 전달하려는 목적 때문일 것이다. 그리고 많은 사람들이 공유하는 보편적 도덕가치의 승리를 보여주는 교훈적 내용을 담아 대중성을 확보하려는 의도로 보인다.

여주인공이 미덕으로 상징화된 인물이어서 감정적 정서를 불러일으키는 내용으로 전개되는 특성은 당금아기와 바리공주에서도 선명하게 나타난다. 이런 특성은 대중성이 강한 요소의 드라마에서도 공통으로 나타나는 특성[16]이다. 스님은 당금아기는 크게 두 가지를 요구한다. 시주와 같은 방에서 잠자기이다. 스님의 요구에 계략이 숨어 있지만 당금아기는 이를 눈치 채지 못한다. 당금아기에게 시주를 직접 요구하는 행동과 당금아기 방에서 밤을 같이 보내겠다는 요구 속에 숨어 있는 계략을 눈치 채지 못하는 것이다. 당금아기의 순수성을 드러내는 부분이다. 당금아기에게는 이러한 순수성과 함께 자신에게 주어지는 상황을 저항 없이 수용하는 미덕도 있다. 아이를 갖게 되고, 아이들을 출산하여 키우는 과정 등은 자신의 의도와 무관하게 진행되었다. 그렇지만 이 상황에 대한 불평을 하지 않는다. 미덕이 가득한 한 인간의 모습만을 보여 준다. 연민과 동정을 유도하여 몰입을 결과할 의도의 설정인 것이다.

바리공주도 순수하고 미덕의 상징 같은 인물이다. 산신령에게 공부를 배우던 중 어머니 길대부인을 만났을 때 자신을 왜 버렸는지에 대한 원망도 없으며 버려진 딸을 찾으러 온 이유에 대한 의문도 품지 않는다. 자신이

---

16 위의 논문, 31~37쪽 참조.

버려진 인물이었다는 사실을 알게 되었을 때도 불평보다는 자신에게 주어진 임무나 상황에 열심히 순응하는 인물일 뿐이다. 버려진 공주를 찾았던 이유는 어려운 임무를 부과하기 위함이었다. 그렇지만 바리공주는 이런 상황에 대처하는 자신의 행동에 고민하지 않는다. 오구대왕을 살릴 약물을 가져오는 일은 매우 힘든 일이라는 것을 인식했을 때도 실제로 여러 난관을 거치면서 자신의 행동에 회의를 품거나 후회를 하지 않는다. 이러한 성품은 자연스럽게 동정과 연민을 유도하게 되고 몰입을 결과한다.

이처럼 두 서사무가의 인물은 유형적 성격만큼이나 대립구도가 분명한 양상을 보인다. 대중성이 강한 드라마의 주인공도 대체로 선하고 도덕적인 성격을 지니며, 이에 대한 대립항으로 악인기능을 하는 장애물이나 상황이 등장하여 주인공을 시련과 고통 속에 빠뜨린다. 남녀주인공의 혼사장애를 다루는 수많은 드라마에서도 유형적인 악인이 등장하지 않으면 작품의 긴장은 약화되며 긴장이 약화되면 사람들은 작품에 몰입을 하지 않는다. 결과적으로 작품은 사람들의 관심에서 멀어지게 된다. 이를 방지하기 위해서는 유형적 악인 즉 대립구도를 형성하는 인물의 등장은 필수가 된다. 당금아기에서의 스님과 바리공주에서의 동수자가 바로 이 경우에 해당된다고 볼 수 있다. 스님과 동수자의 행동으로 지탄받을 대상의 악인으로 기능하는 것은 아니지만 대립구도를 통해 한 인물에게 동정과 연민을 유발하도록 설정하는 데는 매우 유용하다.

2) 슬픔의 과잉

대중성이 강한 드라마의 정서는 인물의 성격처럼 단일하여 대체로 슬픔이라는 단일한 감정이 과잉되거나 만연되는 양상을 보인다. 당금아기가 잉태를 한 후, 집에서 쫓겨나 돌함에 들어가 죽을 날만은 기다리는 장면과 죽음을 기다리는 당금아기가 궁금하여 당금아기를 찾아간 모친의 행동 등에서 슬픔의 감정이 과잉 유도된다. 아버지를 찾는 아들들의 모습도 비슷하다. 바리공주공주가 버려지는 상황이나 시련을 겪는 상황에서도 슬픔의 감정이 유도된다.

　슬픔의 감정은 비극과 멜로드라마의 공통된 정서이기는 하지만, 멜로드라마의 정서가 단순히 관객의 눈물을 유도하기 위한 것이라면, 비극의 정서는 인간 존재 혹은 삶의 의미에 보다 근접해 있다는 점에서 차이가 있다. 대중극이 관객들을 유도하는 가장 주된 것은 '눈물'인데, 이 눈물은 멜로드라마의 필수조건[17]이기도 하다. 멜로드라마를 비판적으로 바라보는 입장에서 가장 빈번하게 들고 있는 '감상주의'는 멜로드라마가 작위적으로 슬픔을 조장할 의도를 지니고 있음을 보여주는, 멜로드라마의 가장 큰 특징이다. 그런 점에서도 당금아기와 바리데기 무가가 멜로드라마와 비슷한 점이 발견된다.

　「사랑에 속고 돈에 울고」에서 주인공 혜숙과 남편 사이의 사랑을 방해하는 불행한 상황의 연속은 슬픔의 정서를 자극하여 눈물을 유도한다. 「어머니의 힘」에서도 그렇다. 주인공인 어머니 '정옥'의 남편이 죽자 시댁에서 어린 아들을 강제로 데려간다. 어린 아들과 어머니 '정옥'이 서로 보고 싶어 하지만 이들의 만남은 철저히 차단된다. 이 과정에서 슬픔의 감정은 과잉상태로까지 고조된다. 영화 〈미워도 다시 한번〉에서는 미혼모 혜영과 어린 아들 사이의 애틋한 정도 최루적 장면을 연출한다. 함께 있지 못하는 모자간의 애처로움은 깊은 통찰을 통한 슬픔 인식과 관련되는 것이 아니다. 장면과 현상에 대한 즉각적 반응으로부터 유발된 슬픔이다. 세계와 인간 존재를 통찰하고 이로부터 서서히 얻어지는 슬픔이라면 비극적 슬픔이 되겠지만 당금아기와 바리공주에서의 슬픔은 즉각적 반응을 통해 생긴 슬픔의 감정이기에 멜로드라마적 슬픔인 '정서적 과잉' 혹은 '정서적 도

17　김미도(1995), 『한국 근대극의 재조명』, 현대미학사, 89쪽 참조.

박'[18]이라고 할 수 있다. 슬픔의 정서를 즉각적으로 유도하는 장치는 연극이 공연되고 무가가 연행되는 상황 속에서 작품 내용을 관객에게 전달하는 현장감을 높이기 위한 대중성 확보가 목적이라고 볼 수 있다.

당금아기와 바리데기의 정서는 임시적으로 심각한 행동을 모방한다.[19] 그래서 두 무가 공연의 경우 주요인물이 비록 극한 상황에 처했다 할지라도, 부수적 인물에 의해 혹은 예정된 결말을 통해서 반드시 구출되는 양상을 보인다. 그래서 두 무가 공연에서 등장인물의 행동은 심각하기보다 임시적일 수밖에 없다. 이러한 행동의 임시적 심각성이 정서적 과잉을 유발하는 것이다. 그래서 슬픔의 정서를 만연시키고 무가 연행에 반주되는 배경음악을 활용하는 대중적 요소를 적절히 구설하는 것이다. 이런 요소들은 관객의 공감을 유도하여 대중성을 배가 시키는 결과로 이어진다.

3. 구성방식

1) 우연성과 권선징악

대중성이 강한 드라마의 서사구조에서 가장 큰 특징이라 할 수 있는 것은 우연성이다. 사건전개는 논리적이거나 인물의 심리에 따른 인과성과는 별개로, 다분히 우연적이고 갑작스럽게 전개된다. 따라서 사건의 논리적이고 인과적인 관계를 기반으로 플롯이 구성되는 비극과 달리, 대중성이 강한 드라마는 우연적 사건의 전개에 따라 작위적으로 감정고조의 반복을 이끌어낸다. 위기에 처한 주인공을 구원해 주는 조력자의 우발적 등장은 내러티브의 우연성을 대표적으로 보여주는 예가 된다.

---

18 유지나(1999), 「멜로드라마와 신파」, 『멜로드라마란 무엇인가』, 민음사, 14쪽 참조.
19 Kent G. Gallagher, 오세준 편역, 앞의 책, 297쪽 참조.

일곱 명 혹은 여덟 명의 자녀가 모두 딸로 태어나는 상황, 스님이 당금
아기집을 찾아온 날에 부모와 오빠 모두가 집을 비워 당금아기와 하녀만
집에 머무는 상황은 우연성이 개입된 경우로 볼 수 있다. 가령, 한국의
경우 1930년대 동양극장의 최고 대중극이자 멜로드라마였던 이서구의
〈어머니의 힘〉에서는 주인공 정옥과 영구가 위험에 빠질 때마다 조력자
가 등장하여 이들을 구원하는데, 이는 인과적 관계로는 설명되기 어려운
부분이다. 특히, 작품의 마지막에 아들 영구가 엄마를 찾아가려는 찰나,
때마침 찾아온 정옥과 해후하는 장면은 우연성이 고조된 대표적 장면으
로 관객의 눈물을 자아내는데 효과적으로 작용하여 극의 하이라이트로서
의 기능을 선명하게 드러낸다. 그러므로 멜로드라마가 '숱한 우연성으로
인해 형식이 산만해지고, 사건들의 동기부여가 빈약하게 되어 있다 해서
작품의 호소력이 약화되는 것은 아니'[20]라는 주장처럼 당금아기와 바리공
주가 인과적 관계의 설정 없이 위험에 빠지고 구원되는 과정의 여러 우연
성이 오히려 작품의 호소력을 강화하는 결과를 낳는다. 이는 당금아기와
바리공주가 구설한 대중적 요소의 하나가 되는 것이다.

  당금아기에서 스님이 수많은 집 가운데 당금아기 집을 찾아온 것부터
우연인데 그 이후의 여러 장면에서 우연에 의한 행동이 연출된다. 스님이
시주를 요청한다는 하녀의 설명을 듣고 당금아기는 '분세수'[21]를 하는 등
'치레치장이 찬란하다'.[22] 머리 모양부터 옷맵시까지 치장을 하는 장면에
서 당금아기와 스님의 관계가 시주를 요청하는 사람과 그 요청을 받는
사람의 관계를 넘어선 새로운 관계형성을 짐작케 하는데 이런 짐작은 이
전의 내용에서 예고된 바가 없기 때문에 우연적이 된다. 당금아기를 남겨

---

20 김미도, 앞의 책, 85쪽 참조.
21 김선풍·김경남, 앞의 책, 208쪽 참조.
22 김헌선, 앞의 책, 108쪽 참조.

두고 가족들 모두가 '천하공사', '지하공사', '말공부 글공부'를 갔는데 가기 전에 스님이 찾아 올 것이라는 예고를 한 바가 없다. 스님의 시주 방문은 우연히 일어난 사건인 것이다. 그리고 시주를 요구하는 스님을 대하는 당금아기의 치레치장도 치장을 하고 만나야 하는 사람이라는 전제가 없었기에 우연적 행동이다. 사건 전개를 위해 작위적이고 인위적인 사건을 만들어 낸 경우가 되는데 이런 우연적 행동들은 대중성 확보를 위한 대표적 장치가 되는 것이다.

스님이 시주를 요구하자 당금아기는 아홉 방 고방문이 모두 잠겼다고 한다. 그러자 스님이 '철죽장'을 던지고 '경문경'을 외우자 모든 방의 문이 열린다. 스님의 신통력을 보여주는 사건인데 이 사건도 우연성의 사건이라고 할 수 있다. 전후 사건전개에 합리성이 결여되었을 뿐만 아니라 일반적 행동의 타당한 결과로 볼 수 없기에 우연적 사건이 되는 것이다. 당금아기가 낳은 아들 삼 형제가 자라는 과정이나 스님이 주고 간 박씨를 심었더니 하루 만에 박이 천장만장 자라난 사건도 우연성의 사건이다. 아들 삼 형제가 스님 만나 부자관계를 확인하는 과정에서 치르는 몇 가지 시험과정은 우연한 사건의 절정이라고 할 수 있다. 산붕어를 잡아 회를 해먹은 후, 산붕어를 토해 내는 장면, 삼 년 묵은 죽은 소뼈로 소를 만드는 장면, 짚단으로 닭을 만들거나 북을 만드는 장면도 합리성이 결여된 우연성의 사건이다. 이 사건 역시 사건 전개를 합리적으로 유도하지 않고 작품의 흥미를 위해 인위적으로 사건 전개를 강제하는 멜로드라마의 속성과 닮아 있음을 알 수 있다.

이러한 우연성의 사건이 연속되지만 사람들은 당금아기의 선한 행동이 보상받기를 바라는 마음이 강한 탓에 이런 우연성의 연속에 문제를 제기하기보다 오히려 몰입한다. 이런 우연의 연속이 지속되어야 착한 당금아기가 불행으로부터 벗어날 뿐만 아니라 불행의 연속에 보상을 받기 때문이다. 당금아기는 아들 삼 형제와 함께 천장만장으로 자란 박줄기를 따라

가서 결국 스님을 만나게 되는데 아들들은 각각 태산, 평택, 한강이 되어 태산은 제황신과 동격이 되고, 평택은 대관령 범일국사 성황신과 동격이 되고, 한강은 용왕신과 동격이 된다. 당금아기는 삼한석가세존과 동격인 삼신할머니가 된다. 우연성의 연속은 주인공을 불행에 빠뜨렸지만 이어진 우연성은 결국 주인공이 복을 받는 결과로 이어진다. 우연성이 작품에 몰입을 유도하는데 중요하게 작용한 것을 확인할 수 있다.

바리공주는 일곱 번째 딸이다. 왕자가 한 명도 없어 왕자 탄생을 기다렸지만 바리공주가 태어났다. 바리공주는 딸이라는 이유로 태어나면서 버려진다. 여섯 번째 딸은 버려지지 않았는데 일곱 번째 딸이 버려진 합당한 연유가 없는 점에서 바리공주의 버려짐은 우연의 사건이다. 버려졌다가 수년이 흘러 아버지 오구대왕이 사경을 헤매자 수양산 약물이 필요하게 되었다. 바리공주는 수양산 약물을 구하러 가기로 결심한다. 바리공주는 자신이 딸로 태어났기에 그 화병으로 오구대왕이 병을 얻었다고 생각하여 약물을 구하러 간다. 딸로 태어난 것이 오구대왕이 사경을 헤매는 원인은 작위적이다.

그리고 바리공주가 수양산에 도착하여 약을 구했지만 약값을 치르는데 삼 년, 약이 자라났던 산에게 산값을 치르는데 삼 년, 그리고 약을 구하러 오고 간 길에게 길 값을 치르는 데 삼 년을 보냈다. 구 년의 시간을 보낸 후 돌아왔는데 출발할 때 사경을 헤매던 오구대왕은 그 때까지도 생을 마감하지 않았다. 바리공주의 불행과 역경을 강조하는 의미는 있지만 오구대왕이 구 년 동안이나 극도로 병약한 상태에서 생을 유지했다는 점은 작위적이다. 그리고 바리공주가 돌아온 날 오구대왕은 죽는다. 이 또한 작위적이다. 게다가 바리공주가 구해 온 약물로 오구대왕은 다시 살아난다. 이미 죽은 사람이 특정의 약물로 다시 살아난다는 설정 또한 작위적이다. 합리적 상황 속에서 내용이 전개되지 않고 작위적 우연 속에서 전개됨을 알 수 있다. 작위적 우연 속에서 내용을 전개시킨 점은 대중적 요소를 강화하는 특성이 된다.

바리공주는 버려졌다가 갖은 고생 끝에 약물을 구해와 아버지 오구대왕을 살려 낸다. 불행의 연속이었지만 결국 이에 대한 보상을 받는다. 바리공주가 약물을 구하는 구 년 동안 무장승과 함께 살면서 아들을 7명 낳았다. 바리공주가 오구대왕을 살려 내자 오구대왕은 바리공주에게 복을 내린다. 바리공주는 생명의 탄생을 관장하는 신이 된다. 바리공주 역시 당금아기처럼 우연성의 연속 속에서 불행에 빠졌었지만 이 우연성은 결국 주인공이 복을 받는 결과로 이어졌다. 우연성이 작품에 몰입을 유도하는데 중요하게 작용한 것을 확인할 수 있다. 우연한 사건의 연속 속에서 사람들은 바리공주의 선한 행동이 보상받기를 바라는 마음을 유지한다. 그 때문에 작품에 몰입하게 된다. 사람들은 선한 인물이 불행한 상황이 아닌 행복한 상황 속에서 작품이 마무리 되는 것을 기대한다. 그래서 바리공주가 행복 상태에 들어가는 순간을 확인하기 위해 작품에 몰입하게 된다.

당금아기와 바리공주 연행에 이처럼 우연적이고 작위적이며 권선징악적인 요소를 구설하여 대중성이 강한 드라마의 일반 특징인 상상할 수 있는 것 중에서 가장 인습적이고 도식적이며 인위적인 장르, 즉 새롭고 자발적이며 자연주의적 요소들이 거의 들어갈 여지가 없는 하나의 공식과 같은 장르[23]와 동일하게 된다. 작품 전개에 의문을 품고 내용의 진위와 개연적 요소를 가려내려는 판단을 하지 않게 되는 작품이다. 낯설게 하는 작품이 아니고 편함과 익숙함을 통해 미적 체험을 갖게 하는 의도가 들어 있는 작품인 것이다. 그래서 당금아기와 바리공주 연행은 사건의 논리적 관계가 '거의 들어갈 여지가 없는' 내용 전개가 되어 단순하고 도식적인 플롯의 양상을 띠게 된다. 다시 말해, 주인공에게 불행과 위기가 연속적

---

[23] 아놀드 하우저(Arnold Hauser) 저, 염무웅·반성완 공역(1981), 『문학과 예술의 사회사(하)』, 창작과비평사, 235쪽 참조.

으로 찾아오게 만듦으로써 주인공을 고통과 불행 속으로 몰아넣고, 종국에는 고난에 대한 보상이 주어지는, 그러한 도식적인 플롯 안에서 사건이 전개되는 것이다. 이런 특징은 대중성 강한 드라마뿐만 아니라 멜로드라마의 특징이고 하여 상호 유사성이 발견된다고 하겠다.

한편, 대중성이 강한 드라마는 결말에 이르러 악인이 처벌되고 주인공에게는 수난에 대한 보상이 주어진다. 이 과정에서 선한 주인공이 큰 복을 받아 사람들은 감동의 쾌감도 경험하게 된다. 주인공이 겪던 고통과 번민도 해결되어 감동의 쾌감은 더 높아지기도 한다. 당금아기와 바리공주의 연행에서도 선한 등장인물이 난관을 극복한 끝에 목적을 이루고 큰 복을 받는 내용으로 마무리되어 감동의 쾌감을 경험하게 한다.

2) 인습에의 순응과 전복

멜로드라마는 표면적으로는 기존 인습에 순응하는 양상을 보이지만, 내면에 기존 관념에 대한 저항 혹은 전복의 가능성을 담은 내용도 어느 정도 구조화한다. 그런데 이는 기존 관념의 문제점을 지적하고 이의 시정을 요구하는 의지를 강하게 드러내는 것은 아니다. 기존 관념의 잘못된 점을 지적하는 이유는 작품에 대한 관심을 끌기 위한 목적 때문이다. 대중성을 확보하려는 장치를 구설하기 위함이다. 기존 관념과 다른 관점을 제시하면 사람들에게 관심의 대상이 될 수 있는 것이다. 기존 관념과 다른 내용을 제시하여 작품에 대한 관심을 유도하는 의도 내면에는 기존관념의 오류를 지적하는 측면이 없지는 않다.

당금아기는 처녀가 잉태한 상황이고, 바리공주는 연약한 여자의 몸으로 강한 육체를 가진 남자도 하기 어려운 일을 수행한다는 점에서 기존 인습을 전복시키는 내용을 구조화 시켰다. 당대의 가치관에 이반되는 내용을 구조화함으로써 사람들의 관심을 유도하는 의도가 구설된 셈이다.

이는 영화 〈자유부인〉이 내면에 구설한 전복성과 유사하다. 대중성 강한 대표적 작품으로 평가되면서 사회성을 담아 당대 가치관의 정당성에 대한 논란을 제공했던 영화 〈자유부인〉에서 아내는 오랫동안 여성에게 준수되었던 가치관에서 이탈한다. 이 부분 때문에 많은 사람들이 이 영화에 관심을 가졌다. 그런데 이들 모두 기존 관념의 수정을 요구하기보다는 작품에 대한 관심을 환기하기 위한 목적으로 구설 한다. 〈자유부인〉에서 아내는 남편의 이해와 용서로 다시 전래의 가치관을 준수하기로 한다. 오래전부터 여성들이 준수했던 가치관은 기혼여성은 가정 밖을 벗어나면 안 되며 수세적 자세로 가정을 지키는 것을 당연시 하였다. 만일, 이를 지키지 않을 경우 인간으로서의 존재가치도 부인 당했다. 〈자유부인〉은 이처럼 기존 관념에 배반되는 내용을 넣어 관심을 유도한 후에 다시 기존 관념에 순응하는 내용으로 마무리된다. 기존 관념에 전복되는 내용을 넣더라도 기존 관념의 변화를 강하게 요구하지는 않는 것이다. 전복의 내용을 관심의 환기 목적으로 활용하는 것일 뿐이다.

당금아기와 바리공주도 이와 다를 바 없다. 처녀인 당금아기의 잉태가 기존 관념에 배치되는 내용이라 관심환기에는 적절하였다. 그 과정에 처녀의 잉태를 정당화하는 내용은 전혀 없다. 하지만 처녀 잉태라는 사건을 앞세워 기존 관념의 잘못된 점을 지적하려는 의도까지 전혀 없었다고 말하기는 어렵다. 다만, 당금아기의 잉태를 통해 기존 관념의 전복을 의도한 점은 아주 미약했고 당금아기의 핵심도 아니었기에 중요한 부분도 아니었지만 기존 관념에 대한 전복성이 미약하게나마 들어 있는 것은 틀림없다.

바리공주는 당금아기보다 기존 관념의 잘못된 점을 지적하는 부분이 조금 더 많다고 말할 수 있다. 여자로 태어났기에 버려지는 상황에 이르렀지만 이를 극복하고 많은 난관을 극복한 후에 생명을 구하는 지점에까지 도달하는 여자의 이야기를 통해 기존 관념에 대한 반성을 요구하는 측면이 없지 않다. 물론, 이런 내용도 바리공주에 대한 흥미를 유도하기 위한 목적 때문이었지만 부수적으로 그런 반성적 인식을 요구하는 점이 드러났다.

대중문학의 기능 중에서는 동시대와 이반되는 가치관을 작품에 구설하여 오락적 측면, 독자의 저변 확대, 자기만족과 위안이라는 세 가지 측면[24]을 충족시키는 것이 있는데 당금아기와 바리공주에서도 스님의 파계와 공주의 육체적 고통감수를 대중적 요소를 충족시키기 위한 장치로 구설하였다. 당금아기에 등장하는 스님의 파계는 통상적으로 받아들여지는 일반 불교의 교리에 위배된다고 볼 수 있다. 이러한 위배, 특히 종교가 동시대 가치관에 위배되는 내용은 관객에게 흥미를 제공하고 이는 만족스런 작품 감상으로 이어지게 된다. 이 경우 위배되는 내용이 풍자로 이어지는 경우도 많다. 민속극의 풍자가 이런 경우인데 당금아기에서의 스님 파계는 풍자로 이어지지 않는다. 이것은 스님의 행동은 당금아기라는 인물을 부각시키기 위한 조연적 행동일 뿐이기 때문이다. 스님의 파계가 핵심내용이 되었으면 굿의 신앙적 요소에 균열이 생겼을 것이다. 하지만 당금아기에서는 풍자의 대상으로 위치시키지 않으면서 동시대의 가치관에 이반되는 요소를 구설하여 흥미도 충족하고 관객들이 무가 내용과 신앙적 요소가 내재된 굿 연행이라는 점도 충족하여 두 가지 성취가 가능하게 했다.

4. 결론

본고는 당금아기와 바리공주의 대중적 요소를 대중성이 강한 드라마의 특성과 비교 연구하였다. 당금아기와 바리공주에 들어 있는 대중적 속성이 어떤 모습인가를 찾아내는 것이었다. 이 과정에서 멜로드라마의 특성

---

24   천이두(1995), 「대중문학의 성격과 기능」, 대중문학연구회 편, 『대중문학이란 무엇인가?』, 평민사, 39~41쪽 참조.

도 비교하였다. 무가와 멜로드라마는 서로 내용면에서나 역사적 전개과 정에서 상호 특정한 영향관계도 없으며 장르적 특성도 서로 다르지만 대중을 작품에 몰입시키기 위한 여러 장치가 공통되는 특징이 있기에 상호 비교했다.

서사적 측면에서 두 개의 서사무가와 멜로드라마는 도식화된 윤리 강화, 우연한 사건으로 인한 전개, 캐릭터를 중심으로 드러나는 대립구도의 표출 등의 공통점을 보인다. 도식화된 윤리는 여러 가지 의미를 지닌다. 흔히 권선징악으로 표현되는 이 관습은, 서사 전개 과정에서 해피엔딩을 통해 사회 통념적인 윤리를 도식화한다. 우연한 사건으로 인한 전개는 대중성의 확보를 위한 전략이었다.

선한 인물이 고난의 과정을 지나 복을 받게 된 점, 슬픔의 감정을 유도 하고 만연시킨 점, 이를 통해 사람들이 무가내용에 흡입되도록 유도한 점, 그 결과 사람들이 자기만족을 느끼며 위안을 얻게 하였고, 평면적 인물을 등장시켜 인물의 캐릭터를 부각시켜 무가에 관심 갖는 사람들을 확대하려 한 점, 기존 관습에 이반되는 내용을 통해 작품에 대한 관심을 유도하면서 기존 관념의 잘못을 인식하도록 한 점 등이 대중성 확보를 위한 장치였다.

동해안별신굿과 오구굿의 구조와 제의성 비교연구

1. 서론

동해안별신굿(이하, 별신굿)과 동해안오구굿(이하, 오구굿)의 구조와 제의성을 비교연구한다. 두 굿의 형식적 측면과 연행적 요소에 대해 살펴보려는 것이다. 굿이 내적으로 어떻게 얽혀 하나의 형태를 유지하게 되었는가 하는 점이 형식적 측면일 텐데 형태를 유지하는 그 내적 얽힘은 곧 구조와 관련된다고 볼 수 있다. 그리고 굿의 제의성은 굿의 내적 요소를 실제화한 것으로 볼 수 있는데 이 실제화된 모습은 곧 굿의 연행적 요소다. 즉, 본고는 별신굿과 오구굿의 형식적 측면과 연행적 요소를 통해 두 굿의 구조와 제의성을 비교하려는 것이다.

고찰 대상이 되는 별신굿과 오구굿 동해안을 근거지로 연행된다. 별신굿은 안과태평과 부귀공명을 기원하며 일정기한을 주기로 반복되는 마을 굿이다. 신에게 굿이 시작됨을 고하면서 신을 청한 후 신에게 마을 사람들의 정성을 바치고 복이 내리기는 기원한 후, 신을 다시 환송하는 형식으로 진행된다. 오구굿은 망자의 극락천도를 기원하는 개인굿이다. 극락천도는 이승과의 완전한 이별을 의미한다. 오구굿에도 신에게 굿의 시작을 알리는 내용과 신을 청하고 신을 보내는 내용이 있지만 죽어 극락에 가지 못하고 떠도는 혼령을 극락으로 보내 이승과 완전히 단절시킨다는 의미가 더 크다.

별신굿을 연행하는 무당들이 대개 오구굿도 연행한다. 별신굿과 오구굿을 하는 무당들이 크게 다르지 않은 것이다. 무당들의 활동지역은 크게 강원 경북지역과 부산경남지역으로 나눌 수 있는데 서로 완전히 독립된 채 굿을 연행하는 것이 아니라 각각의 지역을 서로 넘나들기도 한다.

강원경북 지역은 빈순애·김장길을 중심으로 하는 무집단이 주로 연행하고 부산경남지역은 김영희·김용택을 중심으로 하는 무집단이 주로 연행하지만 이런 구분이 엄정한 것은 아니다. 서로 상대지역에서 금줄을 잡아 굿을 연행하는 경우도 있고 상대무집단의 굿에 동참하는 경우도 있다. 서로 교차소통하면서 굿을 이어가는 것이다.

빈순애와 김장길, 김영희와 김용택은 서로 굿 연행의 경쟁자이자 협조자이다. 굿의 내용과 형식에 있어 유사한 면이 많고 같은 스승으로부터 사사받았고 동문수학의 관계로 맺어졌기 때문에 협조관계가 끝나지 않는다. 반면, 서로 더 멋진 굿 연행자가 되려는 경쟁관계 또한 팽팽하다. 경쟁관계 속에서 무집단을 넘나드는 무당(양중)도 있다. 대표적으로 김용택이 그렇다. 김용택의 경우 부산경남무집단과 주로 활동하지만 동해시 강릉시 등에 거주처가 있고 김용택의 부인 김영숙이 강릉 출신이기에 빈순애·김장길 무집단과도 가까운 관계다. 그리고 이들이 굿을 사사받은 뿌리가 공유되는 관계로 서로간의 넘나듦이 빈번하다. 금줄을 잡는 지역, 즉 무권(巫圈)의 구별은 비교적 엄격하지만 2006년 이후 송동숙, 김미향, 송명희, 송정환 등의 별세 이후 무권이 일시적으로 흔들리는 양상도 없지 않다.

별신굿과 오구굿은 일정한 형식을 갖춘 제의다. '제의의 본질은 형식이며 제의 형식의 특징은 약호화되었고, 절차가 있으며, 불변하며 연행이 중요한 요소이며 이는 '초월적 존재와 소통되어 실제적인 효력'[1]을 지닌다. 즉, 제의는 일정한 형식 속에서 연행되며 그 연행의 요소들이 '인간과

---

1   Roy A. Rappaport(2000), 『Ritual and Religion in the Making the Humanity』, Cambridge Univ Press, pp.32-39.

초월적 존재간의 소통형식'[2]이 되는 것이다. 별신굿과 오구굿은 인간이 초월적 존재들과 소통형식인데 소통의 실질적 요인들은 연행되는 과정의 행위와 무가내용이 된다. 이 실질적 요인들에 대해 살펴보는 것이 본고의 목적이다.

두 굿에는 공통점도 있지만 변별되는 점도 있다. 신 혹은 망자를 청하여 위로하고 보내는 기본 구조는 비슷한데 마을굿이라는 점과 개인굿이라는 특성이 변별되고 별신굿은 일정 주기로 반복적인 데 비해 오구굿은 일회적이라는 점도 변별된다. 반복성과 일회성은 별신굿과 오구굿에 반영된 근원 사상이 서로 다르다는 점도 보여준다. 별신굿은 유교적 사상이 오구굿에는 불교적 사상이 반영된 것으로 볼 수 있다. 별신굿은 신들을 일정 기한마다 다시 청배하여 기원을 드리는 의례다. 망자의 기일에 맞춰 제사를 올리는 유교 의례와 유사하다. 유교적 세계관이 반영되었다고 볼 수 있다. 그런데 오구굿은 극락천도를 기본으로 하여 망자와 영원히 이별하는 의례로 볼 수 있다. 오구굿할 때 역대 조상들을 청신되기도 하지만 기본적으로 오구는 망자와 유족간의 영원한 이별을 전제로 한다고 볼 수 있다. 불교의 수륙재와 비슷한 내용을 가진 의례로 볼 수 있다. 불교에서는 윤회도 고통으로 해석한다. 윤회의 고통에서 영원히 벗어나는 것이 필요한데 이를 위해서는 여러 가지가 필요한데 그 중에 한 가지가 재를 지내는 것으로 보기도 한다. 이처럼 별신굿과 오구굿에는 유교와 불교의 성격이 일부 투영된 되었다고 볼 수 있다.

동해안별신굿에 대한 연구[3]는 많다. 무가집과 굿의 구조와 제차 무가에 대한 연구, 음악적 요소, 춤과 제구에 대한 연구 등 다양하다. 이 연구에서

---

2   Eric W. Rothenbuhler(1988), 『Ritual Communication-Form Everyday Conversation to Mediated Ceremony』, Sage Publications.

3   심상교·윤동환(2009), 「강릉단오굿 연구현황과 전망-동해안별신굿 관점에서」, 『강원민속학』 23, 강원도민속학회.

2009년까지의 동해안별신굿 관련 여러 분야의 연구사가 대략 정리되었다.

동해안오구굿 무가집은 별신굿 무가집과 중복되는 경우도 있지만 『한국무가집』[4], 『동해안무가』[5], 『동해안화랭이 김석출 오구굿무가 사설집』[6], 『한국의 오구굿 무가』[7] 등이 있다. 연구 관점으로는 '1) 현장을 통한 자료조사 보고, 2) 개별 연행요소 연구, 3) 구조 연구, 4) 지역 유형 연구'[8] 등이 있다. 김형근의 논문에 2006까지의 연구사가 정리되었다.

동해안오구굿에 관한 연구는 2005년 10월 1일부터 2일까지 이틀 동안 부산시 기장군 일광바닷가에서 열린 김석출 오구굿 이후 몇 년간 여러 편의 연구가 집중되었다. 윤동환, 김형근, 김창일, 김헌선, 조정현[9] 등의 연구 논문이 나왔다. 오구굿에 대한 각론으로 바리데기 무가에 대한 연구[10]가 있고 동해안오구굿의 문굿이 오구굿와 별신굿에 모두 있다는 점에 착안하여 오구굿에서의 문굿이 지니는 의미에 대해 고찰[11]한 연구도 있다. 별신굿에 대한 연구는 오구굿에 대한 연구보다는 좀 더 진전된 상태인데 앞으로 두 굿에 대한 세분화된 연구가 더 필요하다. 세분화된 연구의 예로

---

4   김태곤(1971), 『한국무가집』, 집문당.

5   최정여·서대석(1974), 『동해안무가』, 형설출판사.

6   김헌선(2006), 『동해안 화랭이 김석출 오구굿무가 사설집』, 월인.

7   박경신(2009), 『한국의 오구굿 무가』, 국학자료원.

8   김형근(2006), 「동해안 오구굿의 구조연구」, 『한국무속학』 12, 한국무속학회, 314쪽.

9   윤동환(2007), 「동해안 굿에서의 오구굿이 지니는 의의」, 『한국학연구』 26, 고려대한국학연구소; 윤동환(2014), 「동해안 오구굿의 축제적 성격」, 『한국도서연구』 26(2), 한국도서학회; 김형근(2007), 「동해안오구굿의 지역 편차」, 『한국학연구』 26, 고려대한국학연구소; 김창일(2006), 「동해안 오구굿의 무불 습합 양상-김석출 오구굿을 중심으로」, 『동남어문논집』 21, 동아대 국어국문학과; 김헌선(2007), 「동해안 오구굿과 한국의 굿 비교」, 『한국학연구』 26, 고려대 한국학연구소; 조정현(2007), 「동해안 오구굿과 별신굿의 상보관계」, 『한국학연구』 26, 고려대 한국학연구소; 김정은(2011), 「동해안무가 바리데기의 화자별 변이양상과 의미」, 『구비문학연구』 32, 한국구비문학회.

10 홍태한(1997), 『바리공주연구』, 경희대학교 박사논문; 김정은(2011), 위의 논문.

11 마소연(2011), 「동해안오구굿의 문굿 연구-문답설법을 중심으로」, 울산대학교 석사논문.

는 굿과 불교의례를 비교연구 하거나 불경이나 불교신화를 무가 내용과 비교하는 연구 등이 있을 수 있고 굿의 신성성과 신비함에 대한 연구가 있을 수 있다.

2. 본론

별신굿와 오구굿의 대표적인 사례를 통해 제차와 그 의미를 고찰한 후 별신굿과 오구굿의 공통점과 차이점에 대해 고찰한다.

1) 별신굿와 오구굿의 제차

별신굿의 일반적 제차와 오구굿의 제차를 알아보자. 두 굿의 제차는 연행되는 장소와 연행에 참여하는 무당, 굿이 진행되는 기간에 따라 다소 상이하게 진행된다. 별신굿의 경우 굿이 연행되는 지역의 특수성이 반영 되기 때문에 굿이 연행되는 지역마다 상이한 제차로 진행된다. 제차가 서로 다르게 연행되지만 굿 전체가 완전히 다른 것은 아니다. 부정굿과 신을 청해 들이는 굿, 조상을 기리는 굿, 세존, 축원, 심청, 군웅, 손님, 용왕, 거리굿 등의 굿은 대부분 지역에서 공통적으로 연행된다. 다만 마을의 풍습에 따라 굿의 순서가 바뀌거나 다른 지역에서는 연행되지 않는 굿이 연행되는 경우가 있다.

탈굿이나 범굿 같은 경우 연행되는 지역이 있는가 하면 그렇지 않는 지역도 있다. 범굿의 경우 특히 제한적이다. 감포, 강사리 등지에서 범굿이 연행되는데 연행되지 않는 지역이 더 많다. 울진 연지3리의 경우 다른 지역과 달리 칠성굿이 연행된다. 구룡포의 경우는 굿 종반부에 배를 타고 바다로 나가 용떡올리기를 하는데 삼척 정나진에도 이와 유사한 제차가 있다. 칠성굿이나 용떡띠우기 제차의 경우 다른 지역에서는 흔히 볼 수 없는 것이다. 그리고 지역에 따라 오락적 요소가 강한 놀이굿이 여러 차례 연행되는 경우가 있는가 하면 연행 숫자가 적은 경우도 있다. 연행 기간이 1박 2일에서부터 7박 8일까지 여러 경우인데 연행기간이 길면 굿의 종류도 많아진다. 연행기간이 긴 경우 축원굿이 여러 차례 연행되는 경우가 많다. 드문 경우지만 참여 무당에 따라 제차가 바뀌는 경우도 있다. 대개 그 마을의 특성에 맞춘 무당의 구성으로 굿이 진행되지만 예상치 못한 사정으로 주요 무당이 결원될 경우 축소된 제차로 굿이 진행되는 경우도 있다.

오구굿의 제차는 대개 비슷하다. 오구굿은 대개 1박 2일로 연행되고 망자의 극락천도라는 목적성이 뚜렷하기 때문에 제차가 서로 달라질 이유가 적다. 달라질 경우 지역적 특성보다는 연행 무당에 따라 굿의 제차가 달라진다. 그리고 오구굿 의뢰자인 재가집의 관습이나 굿비용에 따라 제차가 달라지기도 한다. 한 무집단 안에서는 제차에 큰 차이가 없지만 무집단 간에는 제차가 다소 달라진다. 빈순애·김장길 무집단의 강원경북유형과 김영희·김용택 무집단의 부산경남유형의 제차 차이점을 살펴보자.

먼저 별신굿의 제차를 알아보자. 지역마다 제차의 차이가 있지만 공통점이 많은 제차를 중심으로 살펴보겠다. 다음 제차는 경상북도 포항시 계원)[12]에서 행해진 별신굿이다. 이 유형은 빈순애·김장길 무집단의 일반적이면서 대표적 형식으로 볼 수 있다.

1-부정굿, 2-청좌굿, 3-당맞이굿, 4-뱃고사, 5-하회굿, 6-어촌계공동작업장굿, 7-조상굿, 8-세존굿, 9-중도둑잡이, 10-지신굿, 11-놀음굿, 12-산신굿, 13-축원굿, 14-성주굿, 15-심청굿, 16-천왕굿, 17-축원굿, 18-군웅장수굿, 19-손님굿, 20-제면굿, 21-용왕굿, 22-대내림굿, 23-

12 2012년 경상북도 포항시 계원마을.

꽃노래, 24-뱃노래, 25-등노래, 26-상제반, 27-범굿, 28-대거리 순으로
진행되었다.

김영희 · 김용택 무집단의 경남부산유형의 별신굿 제차는 대략 다음과
같다. 1-부정굿, 2-골매기(당맞이굿), 3-나룻굿, 4-문굿, 5-하회굿, 6-가
망굿(조상굿), 7-세존굿, 8-제석굿, 9-성주굿(지신굿), 10-부인굿, 11-축
원굿, 12-천왕굿, 13-손님굿, 14-황제굿, 16-걸립굿, 17-대신굿, 18-계
면굿, 19-심청굿, 20-장수굿(놋동이굿/군웅굿), 21-탈굿, 22-호탈굿, 23-
용왕굿, 24-산신령굿, 25-월래굿, 26-영산맞이굿(꽃노래굿/ 뱃노래굿/ 등
노래굿), 27-거리굿 순으로 진행되었다.

이런 형식은 울산의 신암마을별신굿[13]과 부산의 대변항별신굿[14]을 바탕
으로 한 것이다. 신암마을별신굿은 1-굿준비, 2-제주집안굿, 3-부정굿,
4-당맞이굿, 5-문굿, 6-가망굿, 7-세존굿, 8-도둑잽이, 9-제석굿, 10-
성주굿, 11-부인굿, 12-손님굿, 13-천왕굿, 14-대왕굿, 15-대신굿, 16-
심청굿, 17-황제굿, 18-군웅굿, 19-걸립굿, 20-용왕굿, 21-장수굿, 22-
월래굿, 23-꽃노래 · 등노래 · 뱃노래굿, 24-거리굿 순서로 진행되었고
대변항별신굿은 다음 순서로 연행되었다. 내당굿은 1-가망굿, 2-세존굿,
3-제석굿, 4-산신령굿, 5-성주굿, 6-부인굿, 7-천왕굿, 8-손님굿, 9-대
왕굿, 10-걸립굿, 11-황제굿, 12-대신굿 순으로 진행되었다- 외당굿은
1-가망굿, 2-세존굿, 3-도둑잡이굿, 4-제석굿, 5-장군굿, 6-선생굿, 7-
군웅굿, 8-(물국)제석굿, 9-부인굿, 10-용왕굿, 11-심청굿, 12-천왕굿,
13-장수굿, 14-걸립굿, 15-월래굿, 16-영산맞이, 17-뱃노래굿, 18-등
노래굿, 19-대거리굿 등의 순으로 진행되었다.

별신굿의 날짜를 정하고 제관을 정하고 하는 일은 몇 달전부터 이뤄지

---

13 2015년 2월 20일~24일/ 부산광역시 기장군 신암마을(20일-제주집안굿)
14 2003년 2월 4일~9일/ 부산광역시 기장군 대변항.

는 일이지만 이상에서 보듯이 별신굿은 굿날 하루 전에 굿의 본격적인 제차가 시작된다. 제당이 있는 경우 제당을 청소하고 제당 앞에 천막을 설치하는 일, 어판장에 제당을 마련하는 일, 지화 등을 제작하는 일 등은 굿 시작 최소 일 주일 전에 이뤄지지만 제단에 올릴 지화, 굿당 내부에 진설될 탑등·초롱등·수박등, 굿당 외부에 허개등과 같은 제단장식물을 설치하는 것은 하루 전에 본격적으로 이뤄진다. 굿준비 과정에 제주집안 굿 혹은 당맞이굿을 하는 경우도 있다. 제주집안굿이나 당맞이굿을 굿을 시작하는 날 아침에 하는 경우도 있지만 굿을 시작하기 하루 전에 하는 경우도 있다.

  본격적인 굿은 부정굿으로 시작된다. 부정굿에 이어 마을의 입향시조를 모신 골매기당에서 굿이 시작됨을 알리고 굿당에 좌정하기를 청한다. 청좌굿이나 나릇굿 등을 통해 신의 좌정을 다시 기원하기도 한다. 이어 문굿을 연행하여 무당일행과 제관, 마을 사람들이 굿당으로 들어간다. 이어 무당의 조상이나 마을 사람들의 조상신들을 청하여 굿당으로 모시고 본격적인 굿을 이어간다. 여러 존신들을 청하고 기리는 굿과 마을 사람들에게 복이 내리기를 기원하는 축원성격의 굿을 한다. 그리고 마지막으로 굿당에 좌정하지 못했던 잡귀잡신이나 영정을 위무하는 대거리를 마지막으로 연행한다.

  오구굿은 개인굿으로 망자를 기리는 내용을 담고 있다. 생전에 하는 경우도 있지만 대개의 경우는 망자를 위로하는 굿이다. 망자의 유형도 병사, 숙환사망, 수망 등 여러 경우가 있을 수 있는데 동해안의 오구의 경우는 수망의 사례가 그 중에서 제일 많다. 오구굿은 별신굿에 비하면 매우 드물게 연행된다. 그래서 일반적 유형을 추출하지 않고 연행된 사례 자체를 대표 유형으로 한다. 빈순애·김장길 무집단의 오구굿은 경북 영덕군 영해면 사진1리 개인집에서 연행[15]된 형식으로 제차는 다음과 같다.

  1-망자자리말기, 2-부정굿, 3-골매기굿, 4-초망자굿, 5-조상굿, 6-용

왕굿, 7-놋동우굿, 8-발원굿, 9-망자넋일굼, 10-대받기, 11-염불, 12-꽃노래, 13-초롱가, 14-등노래, 15-뱃노래, 16-길가름, 17-제반, 18-거리해반 순서로 연행되었다.

김영희·김용택 무집단의 오구굿 제차는 경북 영덕군 병곡면 병곡리 고래불해수욕장에서 연행[16]된 오구굿의 제차는 다음과 같다.

1-안비나리, 2-대잡이, 3-망자자리말기(굿당이동), 4-부정굿, 5-골매기굿, 6-문굿, 7-청혼, 8-정정밟기, 9-문답설법, 10-오는뱃노래, 11-조상굿, 12-초망자굿, 13-극락다리놓기, 14-놋동우굿, 15-발원굿, 16-시무염불, 17-넋일굼, 18-대내림, 19-판염불, 20-꽃노래, 21-초롱등노래, 22-뱃노래, 23-등노래, 24-길가름, 25-소진, 26-시석 순으로 진행되었다.

오구굿은 망자자리말기를 먼저 한다. 망자자리말기 이전에 안비나리를 하는 경우도 있다. 안비나리는 망자 조상들에게 망자를 위한 굿이 시작됨을 고하는 굿이다. 망자가 거처하던 곳과 다른 곳에 굿당이 차려질 경우 안비나리와 망자자리말기를 한 이후에 가설 굿당으로 이동하여 부정굿을 치고 이후 굿을 시작한다. 부정굿 이후 골매기신을 기리는 굿을 하고 망자의 혼을 불러오는 굿을 한다. 이후 망자 외의 다른 조상들을 굿당으로 좌정시키는 굿을 하고 이어 망자가 극락천도하기를 기원하는 내용의 굿을 한다. 굿 종반부에 길가름을 통해 망자가 극락에 도달을 확신하는 의례를 연행한다. 굿 마지막에는 제단장식물을 소각하고 잡귀잡신을 위하는 시석도 진행한다. 오구굿의 각 굿거리는 연행시간은 별신굿에 비해 상대

---

15   2015년 2월 2일, 3일. 경상북도 영덕군 영해면 사진1리 박통일영가. 고 박통일은 2015년 1월 17일 배사고로 사망하였다. 박통일의 동생도 일찍 사망하였고 박통일의 첫째아들도 몇 년 전(오구굿 당시 기준)에 사망하였으며 둘째 아들도 큰 교통사고로 오구굿 당시에 병원에 입원 중이었다.

16   2014년 9월 20일-21일. 83세로 사망한 김만구 할머니를 위해 선주인 아들이 의뢰한 오구굿이었다.

적으로 짧다. 보통 한 시간 이내의 시간으로 연행된다. 발원굿 연행시간은 다른 굿거리보다 훨씬 길다. 새벽시간에 주로 연행되는 발원굿에서는 바리데기무가가 불려진다. 발원굿은 보통 두세 시간 연행된다. 서사구조가 선명한 이야기가 무가로 불려지는 관계로 새벽시간 졸리고 지친 구경꾼들을 즐겁게 한다. 이상 별신굿과 오구굿의 일반적 형식을 알아보았다. 다음으로 각 굿거리의 의미에 대해서 알아보자.

2) 별신굿과 오구굿의 거리 의미

① 별신굿 각 거리의 의미

별신굿과 오구굿의 각 거리에 대한 간단한 설명을 통해 상호비교의 단초를 만들고자 한다. 먼저 별신굿의 각 거리 내용에 대해 알아보자.

부정굿은 굿당의 제악(諸惡)을 제거하여 굿당이 정화되게 한다. 굿당이 청정상태이어야 신의 좌정이 용이한 것이다. 나쁜 기운이나 잡귀가 굿당을 차지하고 있으면 굿의 신성성이나 제의성이 훼손된다고 보는 것이다. 부정굿은 굿의 시작을 알리는 내용을 포함한다. 부정한 요소를 갖고 있는 제악은 영정으로 대표되는데 사방에 흩어진 영정을 불러 굿이 시작되는 곳으로부터 축출한다. 부정굿은 불경의 하나인 천수경문이 많이 인용된다. 불교의 진언을 암송하여 나쁜 액살을 물리친다. 골매기굿(당맞이굿)은 골매기신(성황님)을 모셔 굿청에 봉안하는 하는 굿이다. 골매기신은 입향시조를 지칭한다. 마을의 가장 조상되는 신을 청하고 기리는 굿이다. 무가는 굿이 열리는 마을의 위치와 굿을 시작하는 날짜를 고하면서 세상의 영예로움을 가졌던 서울이나 명승지들처럼 우리 마을도 경사와 좋은 인재가 많이 발복되기를 기원하는 내용을 담고 있다.

골매기굿은 마을 성황당에서 연행하는데 마을 성황당은 할매당과 할배당으로 구분된 경우가 많다. 그래서 골매기굿을 하려면 굿 일행들이 길놀이하는 것처럼 마을을 왔다갔다하게 된다. 마을 사람들에게 굿의 시작을 알리는 역할도 하는 것이다. 골매기굿에서는 소지와 음복례의 제례까지 행한다. 나룻굿은 각 배의 풍어와 안녕을 비는 축원굿이다. 나룻굿은 특정지역에서만 행하는데 나룻굿을 별신굿 종반에 행하는 마을도 있다. 문굿은 문을 열어 골매기신 등 모든 존신을 굿청으로 모시는 굿이다. 당맞이굿을 마친 후 굿당에 도착하여 굿당 안으로 들어가지 않은 상태에서 연행한다. 마을 제관을 포함한 마을 사람들이 굿당으로 들어가는 입구를 막아선채 무당들이 문굿을 잘 해야 굿당으로 들어가는 문을 열어 준다고 한다. 문굿에서는 무당들이 중모리장단에 양중이 나와서 춤을 추기도 한다. 양중의 춤은 남녀대무로 발전한다. 무녀와 양중이 손대를 들고 휘저으며 등맞추기 동작으로 대무를 춘다. 화해굿(하회굿)은 청신의 연장이면서 오신의 시작에 해당한다. 여러 신들이 편하게 굿당에 좌정하기를 기원하는 굿이면서 신과 인간과의 화합을 시도하는 의미도 있다. 가망굿(조상굿)에서는 마을 사람들의 조상이나 무당의 조상을 모신다. 가망은 조상을 의미하는데 마을 공통의 조상인 골매기신보다는 하위의 신으로 여기지만 굿당에 좌정하여 굿의 위로를 받는다. 세존굿은 각 가정의 자손들을 위하여 비는 굿이다. 서사무가 '당금아기'를 구송하며, 세존굿 말미에는 골계적 내용을 담은 '중도둑잡이'가 연행되기도 한다.

제석굿은 영등 할머니를 위한 굿인데 세존을 위하며 자손의 번창을 바라는 세존굿과 집안의 제신을 위한 성주굿의 성격이 혼합되어 있다고 볼 수도 있다. 성주굿(지신굿)은 각 가정에 성주 토공 대신을 위하여 비는 굿으로 지신굿과 분리하여 연행하는 경우도 있고 한 곳에 뭉뚱그려 연행하는 경우도 있다. 부인굿은 금성부인 금성마누라를 위하여 비는 굿으로 나라에 주요한 역할을 했던 부인들을 위로 하는 굿이다. 축원굿은 가정과 마을에 번창과 풍요 안녕을 기원하는 굿으로 부인굿, 조상굿, 걸립굿, 나룻굿 등을 범칭할 때 쓰기도 하지만 독립된 명칭으로 쓰기도 한다. 축원굿은 굿에 참여하는 주민들의 신명을 고조시키는 기능도 한다. 천왕굿은 천왕신에게 액살을 물리치며 보호해 주어 나쁜 것들을 극기 하도록 기원하는 굿이다. 무당이 자기 집안에 무당이 생기지 않도록 비는 부분도 있었다 한다. '도리강관 원놀이'를 골계적으로 연행하는 경우도 있다.

손님굿은 천연두 마마신을 위로 하며 그 병에 걸리지 않기를 희망하는 내용을 담고 있어 무병장수를 비는 굿으로 볼 수도 있다. 자손의 무탈을 비는 노인들의 희망도 반영되어 있다. 황제굿은 가축을 위하면서 집안의 번창과 풍요를 비는 굿이다. 대왕굿은 윗 조상에게 자손의 번창을 기원드리는 굿이다. 걸립굿은 옛날에 돌아가신 무당을 위하는 내용을 근간으로 마을 사람들 개인의 염원과 집안 번창을 기원하는 굿이다. 집안번창을 기원하는 내용을 포함하는 점에서 성주굿의 성격이 걸립굿에 포함되어 있다고 볼 수 있다. 대신굿은 무당 대신을 위하는 굿이다. 계면굿은 자손들을 많이 '불콰주는' 내용과 무당자신들을 위한 내용이 함께 들어 있는 굿이다. 대신굿과 계면굿은 자손번창을 기원하는 내용을 공통으로 포함한다. 세존굿의 성격이 포함되어 있는 것이다. 걸립굿, 대신굿, 제면굿은 마을주민의 복을 비는 성격과 함께 무당자신을 위하는 성격도 포함되어 있다. 심청굿은 세상을 보는 밝은 눈을 갖게 해달라는 의미와 어부들이 밝은 눈을 갖기를 희망하는 내용을 담고 있다. 어부들이 밝은 눈을 갖게 되면 물고기 지나가는 길을 쉽게 볼 수 있다는 의미를 부여하는 것으로 해석한다. 요즘은 어군탐지기 등의 전자장비로 어군을 탐색하지만 어군탐지기를 사용하지 않던 이전의 관행에 기대어 어부들의 눈이 밝아지기를 기원하는 것이다. 풍어를 비는 내용이 포함된 것이다. 놋동우(장수굿/군웅굿)은 장군, 장수의 돌아가신 영을 위하는 굿이다. 가정의 모든 재산을 지켜 주는 내용으로 진행하는 군웅굿과 함께 연행하기도 하고 분리하여 연행하기도 한다. 유희성이 강한 탈굿과 제의성이 강한 호탈굿을 하는 지역도 있다. 용왕굿은 사해 팔방 용왕님께 풍어를 기원하며 해상안전을 기원하는 굿이다. 바다에 나가 제물을 바치는 경우도 있다. 산신령굿은 산신령님을 위하는 굿이다. 월래굿은 선망, 후망한 여러 조상님을 위하는 굿이다. 조상굿이나 가망굿의 성격과 유사하다. 용왕굿에 참여하지 않는 마을 사람들 상을 가져 나와 조상신을 바래기도 한다.

꽃노래굿 · 뱃노래굿 · 등노래굿은 굿이 진행되는 동안 굿당에 좌정했던 선망, 후망 조상님 및 여러 신들을 다시저승으로 잘 돌아가시게 기원하는 굿이다. 좌정했던 신들을 송신(送神)하는 내용의 굿이기 때문에 굿이 막바지에 이르렀을 때 연행한다. 거리굿은 굿당 안에 좌정할 수 없었던 잡귀잡신을 위하는 굿이다. 익살과 골계가 풍부하다.

② 오구굿 각 거리의 의미

오구굿은 인간을 바라보는 관점이 불교의례의 영산재, 수륙재, 49재와 비슷하다. 사람이 죽으면 몸은 땅에 묻는다. 망자의 몸은 썩어 그 형체가 영원히 사라진다는 것을 매장에서 확인된다. 그러나 영혼은 육신처럼 영원히 사라지는 것이 아니라고 생각한다. 영육분리의관점이 오구굿에 나타나는 것이다. 몸과 분리되는 영혼이 있어 저승 그중에서도 윤회의 고통마저도 사라진 극락으로 보내는 천도의례가 오구굿인 것이다. 망자 유족은 천도의례가 끝나면 망자는 유족들에게 복을 주기도 하고 유족들에게 정성을 받는 존재가 된다고 생각한다.

민간신앙에서는 인간이 죽으면 그 영혼은 좋은 곳으로 갈 수도 있고 나쁜 곳으로 갈 수도 있다고 생각한다. 불교에서는 망자의 생전행적에 따라 지옥, 아귀, 축생, 인간, 아수라, 극락 등의 새 세계로 나뉘어 가게된다고 설명하지만 민간신앙 그 중에서도 오구굿에서는 망자유족의 정성에 따라 좋은 곳으로 갈 수도 있고 나쁜 곳으로 갈 수도 있다고 믿는 경향이 있다. 망자 유족의 정성이 부족하다고하여 나쁜 곳으로 간다는 설명은 구체적이지 않지만 망자 유족의 정성이 충분하다면 좋은 곳으로 간다는 확신은 분명하다. 오구굿은 이 확신의 결과물이라고 볼 수 있다.

본 장의 오구굿 제차설명은 병곡에서 행해진 오구굿을 중심으로 한다. 사진1리의 오구굿의 경우 병곡의 오구굿과 뚜렷이 차이나는 경우에 사진 1리 경우라는 전제하에 제차를 설명한다. 오구굿이 본격적으로 시작되기 전에 망자넋을 받고 조상신과 가신들에게 오구굿을 지낸다는 고유의식을 행한다. 이 때 망자의 넋을 돗자리에 누이는 의식도 진행한다. 안비나리를 위한 부정을 치고 이어 망자가 거처하던 집 안방에 망자상과 조상상을 차려놓고 조상과 세존, 성주 등의 가신들에게 오구굿이 있음을 고유하는 굿을 한다. 이 굿을 안비나리, 조상비나리, 조상시준굿으로 칭한다. 이후 망자의 넋이 오구를 받으러 왔는지를 확인하는 대잡이(넋내림)를 한다. 이 후 망자자리말기를 한다. 대잡이와 망자자리말기를 하나의 거리로 볼 수도 있다. 망자자리말기는 '배석자리', '오귀자리', '영둑'이라고도 불린다. 전라도 씻김굿의 영돈말이와 유사하다. 망자자리는 굿 후반부 넋일굼에서 풀어진다. 망자자리를 망자가 누운 관으로 보기도 한다. 병곡오구굿은 오구굿 가설굿당이 제가집에서 백여 미터 이상 떨어져 있었으나 사진1리 오구굿은 제가집 마루와 앞마당에서 연행하였다. 사진1리의 경우는 안비나리를 하지 않았다.

가설굿당에서 오구를 진행하는 경우 가설굿당을 위한 부정굿을 먼저 연행하고 굿을 망자집에서 행했던 안비나리·대잡이·망자자리말기 이후의 굿을 이어간다. 오구굿의 부정굿도 여느 굿에서의 부정굿과 마찬가지로 굿부정한 기운을 정화하고 본격적으로 굿을 시작한다는 의미를 담고 있다. 이어 골매기굿을 연행한다. 골매기굿은 망자가 굿을 받을 수 있도록 문을 열어주는 굿이면서 굿을 잘 받고 극락으로 잘 천도되도록 극락문도 열어달라는 내용도 포함된 굿이다. 오구굿에서 골매기신이 별신굿과 다소 차이가 나는 부분은 오구굿의 골매기신은 문을 여닫는 존재다. 골매기신이 문을 열어 주어야 망자가 굿을 받으러 올 수 있고 또 굿을 잘 받은 후 극락으로 갈 수 있기에 동서남북문과 시왕문, 극락문을 열어달라고 기원한다. 갖은 액살도 막아달라는 기원도 드린다. 골매기굿에서는 골매기대와 인로왕대를 들고 춤을 추기도 하며 유가족들에게 축원하듯 골매기대와 인로왕대를 흔든다. 이 과정은 망자에 대한 그리움을 달래고 소통하는 한 과정으로 볼 수 있다. 골매기굿은 조상굿, 초망자굿, 놋동우굿, 발원굿, 용왕굿 등과 같이 신이 모셔지는 굿으로 쾌자를 입고 연행한다. 다른 굿에서는 일상적 한복을 입고 연행한다.

문굿에서는 망자를 추념하는 사설과 함께 넋이라도 돌아오라고 구송한다. 그리고 망자가 이승을 완전히 떠나 극락정토로 좌정하기를 기원한다. 문굿에서는 신태집을 든 무녀와 장구를 맨 화랭이 맞춤을 춘다. 청혼은 굿당 밖에서 연행한다. 무당은 망자를 극락으로 인도한다는 인로왕보살의 의미가 담긴 인로왕대를 잡고 망자의 이름을 세 번 부른다. 고복의식과 비슷하다. 이후 망자의 집으로 간다. 사진1리의 경우 망자가 바다에서 사망하였기에 넋건지기를 오구굿이 시작되기 하루 전에 하였다. 바닷가에 용왕상을 차리고 자그마하게 굿과 넋을 건져내는 청혼 목적의 작은 굿을 하였다.

정정밟기는 망자가 거처하던 집 안방에서 진행한다. 망자가 이제는 영원히 이곳을 떠나 극락정토로 간다는 의미를 지닌 굿으로 조상님께 이 사실을 고하고 자손들의 복락도 기원한다. 문답설법에서는 명부책에 망자 이름을 적어 대왕전에 바치면 망자가 극락에 갈 것이라는 내용을 중심으로 연행한다. 남무인 양중이 무녀와 하늘의 유래, 사재법, 땅의 유래, 나무아미타불의 의미와 함께, 굿당을 장식하고 있는 지화, 오색초롱등, 용선, 탑등, 굿당 밖의 허개등 내력 등을 묻고 대답한다. 지화는 지장보살의 피가 피워낸 것으로 사람을 살리는 영험을 갖고 있으며 초롱등은 인로왕보살이 망자를 극락으로 인도할 때 밝히는 것이라는 문답이 오고간다. 용선은 노도 없고 닻도 없으며 용선은 오직 염불로만 움직인다는 문답도

한다. 굿당 안팎에 진설된 여러 장식들에 종교적 혹은 신화적 의미가 들어 있음을 알려주는 내용인데 이 문답설법의 내용은 실제, 망자에게 하는 것이다. 망자가 오구굿의 의미를 듣고 그 뜻에 감응하여 극락왕생하라는 의미를 담고 있다고 한다.

오는뱃노래는 망자와 그 윗 조상들이 용선을 타고 굿 받으러 오는 모습을 묘사한다. 용선에 무명천을 길게 늘어뜨리고 무녀들이 잡아당겼다 놓으며 노래를 부른다. 청혼에서 망자의 혼을 좌정시키기 위한 굿을 하고 정정밟기에서는 망자와 조상이 이별을 고하는 굿을 하였는데 오는뱃노래에서는 망자와 조상이 확실하게 굿당에 좌정함을 선언하는 굿이다. 조상굿은 크게 세 가지 내용을 담았다. 조상에게 본격적인 굿이 시작되었음을 고하는 내용, 망자도 조상신 반열에 오르게 됨을 고하는 내용, 망자와 조상을 만나게 하는 내용이 담겼다. 조상굿을 하기 전 정정밟기를 통해 조상에게 망자의 오구굿이 열린다는 점을 고하였고 오는뱃노래를 통해 망자와 조상이 굿당에 좌정하였음을 선언하였는바 이제는 본격적으로 굿이 시작된다.

본격적인 굿의 서두에 조상 기리는 굿을 연행하는 것이다. 부정을 치고 골매기신의 문열음이 있어 굿의 서두 부분이 마무리되었기에 굿이 본격적인 단계에 접어들었음을 알 수 있다. 그 본격 단계의 첫머리에서 조상굿을 하는 것이다. 조상굿의 내용에는 조상에 대한 내용보다 망자에 대한 내용이 더 많다. 망자를 조상신들에게 소개하여 망자와 조상신의 만남을 주선하는 형식이면서 망자도 조상신 반열에 오름을 알리는 목적이 있는 굿이라 할 수 있다. 망자의 삶을 구송하면서 극락에서 선망조상들 만나 잘 지내라면서 오구굿을 마련한 자손들에게 복도 내려주기를 기원한다.

초망자굿은 망자의 혼을 불러와 망자의 서러움을 풀어주는 내용과 유가족에게 자신의 지나 온 삶을 풀어 놓는 형식 속에서 축원을 내려주는 내용으로 구성된다. 유가족에게 넋두리하듯 과거 이야기를 하면서 축원

을 내려주는 이 시설은 유가족과 아름다운 이별을 보여주는 내용의 굿이
라 할 수 있다. 유가족과 망자가 슬프지 않게 그리고 섭섭하지 않게 이별
하도록 한다. 이런 이별이 있은 후에야 망자가 극락에 갈 수 있을 것이다.
시설은 초망자굿 외에도 골매기굿, 조상굿, 놋동우굿에서도 연행되지만
초망자굿의 시설이 제일 길고 구슬픈 내용으로 연행된다. 초망자굿에서
무녀는 손대를 들고 굿을 한다. 손대는 대나무에 한지를 매단 형태가 아니
고 한지만으로 수술모양으로 만든다. 손대는 망자가 강신하는 신대역할
을 하거나 시설을 하면서 나오는 눈물을 닦는 수건역할도 한다. 초망자굿
에는 오귀쌀이 등장하는데 망자가 저승갈 때 먹을 양식이다. 발원굿에서
도 오귀쌀이 등장한다. 초망자굿 끝부분에서는 망자가 극락갈 것을 확신
하는 듯 극락소리를 하겠다면서 시조창과 청춘가 등의 민요도 부른다.

극락다리놓기는 망자의 극락천도를 위한 굿이다. 정성공덕 많이 받아
극락으로 잘가시오라면서 극락천도를 기원한다. 이때 망자뿐만 아니라
선망 조상들의 극락천도를 함께 기원한다. 굿비용이 많은 큰 굿에서 주로
연행된다. 극락다리놓기에서는 여러 명의 무녀와 한 명의 양중이 도포에
고깔을 쓰고 나와 망자상에 연봉을 놓고 그 주위를 돌며 연행한다. 마지막
에는 반야심경을 암송한다. 놋동우굿은 사자의 힘을 빌어 망자가 극락가
는데 방해받는 일이 없도록 기원하며 망자의 넋을 불러 유가족에게 축원
을 내린다. 별신굿에서는 군웅장수의 넋을 불러주지만, 오귀굿에는 시설
로 망자의 넋을 불러주는 것이다. 별신굿에서는 쾌자 위에 활옷을 하나
더 입지만, 오귀굿에서는 활옷을 입지 않는다. 별신굿의 놋동우굿에서 모
셔지는 신격은 장수신으로 액을 막아주는 역할을 한다고 믿어지는데 놋
동우굿은 영가의 극락길에 동행하여 잡귀잡신을 막아주는 의미로 생각한
다. 신태집과 망자자리를 들고 놀리기도 한다. 청춘가와 백구사를 부르기
도 한다.

발원굿에서는 서사무가 바리데기가 불려진다. 바리데기는 남대 경남부

산지역오구굿에서 주로 불려졌는데 이제는 경북이북의 지방에서도 불려진다. 오구굿은 밤을 새워 진행되는 경우가 많은데 이럴 경우 발원굿은 보통 새벽시간에 연행된다. 연행시간은 대략 네 시간 전후가 된다. 바리데기가 불려지는 이유는 첫째 망자를 위로하기 위함이다. 망자가 굿당에 좌정한 후 극락천도를 기원하는 여러 굿이 진행된다. 이 과정에 망자에게 즐거움을 주는 굿도 진행한다. 발원굿은 이 목적을 위해 연행된다. 둘째 발원굿은 망자와 높은 신격과의 만남을 주선하면서 신격상승의 목적도 담는다. 오구굿이 모시는 신격은 골매기신이나 조상신, 성주신 등이다. 이러한 신들은 무속 신격의 변방에 위치한다고 볼 수 있다. 오구대왕이나 바리데기 공주는 무속 신격의 중심에 위치한다고 볼 수 있다. 망자가 극락에서 신의 반열에 들었을 때 변방이 아닌 중심에 위치한 신들과 만날 수 있는 가능성을 열어주면서 바리데기처럼 변방에서 중심으로 이동한 예를 통해 망자 역시 정성공덕 많이 받아 중심의 신이 될 수 있다는 신격상승의 목적을 내포한 굿이라고 볼 수 있다. 발원굿에서는 민요와 대중가요도 불려진다.

시무염불은 망자의 극락천도가 점점 분명해지는 내용을 담고 있다. 주로 저승사자의 이야기로 구성되는데 저승사자가 오는 절차 즉, 저승사자의 길을 닦아주는 풀이라고 할 수 있다. 망자가 뜻하지 않게 저승사자에게 강제로 선택되어 저승으로 가게 되었는데 십대왕들한테 심판을 받던 중 이승에서의 업을 씻기 위해서는 오구굿을 해야 한다는 말을 듣는데 그 말처럼 오구굿을 하게 되어 망자의 극락천도를 확신하는 분위기를 고조시킨다. 발원굿이 새벽시간에 연행되고 나면 시무염불이 연행된다. 넋일굼은 오구굿을 시작할 때 망자자리에 눕혔던 얇은 한지로 만든 넋전을 지화를 이용하여 일으키는 굿이다. 망자자리를 풀어 눕혀 놓았던 넋전을 지화로 찍어 들어 올린다. 지화와 종이로 만든 넋전이 철과 자석처럼 잘 붙어 들려지지는 않지만 몇 번 시도하면 지화와 넋전은 살짝 붙는다. 지화에 붙은 넋전을 유가족 한 사람 한 사람 머리 위로 쓰다듬듯 지나가는데, 이때 넋전이 특정인에게 떨어지면, 무녀는 망자가 더 애착을 갖는 사람이라고 설명한다. 이 절차를 마친 후 넋전은 연봉에 붙인다. 이 순간부터 망자는 이승에서의 연과 업과 한을 풀고 극락세계로 간다고 생각한다.

대내림은 망자넋받기굿이다. 망자의 넋을 내림받는 의례다. 양중이나 무녀가 바라를 들고 내림을 시도하고 유가족 중의 한사람이 신태집을 잡고 앉아 망자의 넋을 받는다. 신태집을 잡은 유가족 중 한 사람에게 망자가 실리는 것이다. 망자가 실린 유가족을 통해 망자는 하고 싶은 말을 한다. 마치 공수내려 주듯 망아상태에서 이런 저런 이야기를 한다. 유가족과 망자가 마지막으로 소통하는 굿이다. 오구굿 시작할 때 안비나리를 하면서 망자의 혼을 내려받아 망자자리말기를 하는데 오구굿이 끝나가는 상황에서는 굿을 잘 받았는지 등을 묻는 굿이다. 판염불은 망자가 지옥을 면해 극락천도하라는 기원을 주 내용으로 한다. 불경인 천수경과 무가인 지옥풀이가 불려진다. 유가족들은 종이로 만든 지옥단의 철망을 걷어낸다. 지옥을 면하기를 기원하는 유가족의 바람이 표현되는 것이다.

꽃노래는 별신굿에서의 꽃노래와 유사하다. 제단을 장식했던 지화를 들고 춤을 추면서 연행한다. 지화는 지장보살의 피에서 피어난 것인데 죽은 사람도 살리는 불동화 꽃이다. 바리데기의 남편 동수자가 관리하던 꽃밭의 꽃이다. 극락세계에서 영생하라는 의미를 담은 굿으로 생각된다. 꽃노래굿에서 불려지는 꽃노래는 각종 꽃들을 비유적으로 노래한다. 초롱등노래는 오색초롱에 불을 밝혀서 극락을 가는데 불을 밝혀서 가야된다는 내용을 담은 굿이다. 뱃노래는 오는뱃노래의 댓구가 되는 굿이다. 가는뱃노래인 것이다. 배는 부처님이 냈고, 극락세계를 갈 때 이 배를 타고가야 한다. 여러 보살들의 도움으로 배는 유수강을 건너 극락으로 들어간다. 등노래에는 망자가 조상님네 모시고 등을 타고 극락을 들어간다는 내용이 담겼다. 수박등 탑등 등의 이름과 그 유래도 설명한다. 무가 구송이 끝나면 무녀는 탑등을 들고 춤을 춘다. 돌리기도 하고, 하늘에 던졌다 받기도 한다. 별신굿의 등노래굿에서도 이와 같은 춤을 춘다. 오구굿에서는 이런 행위에 덧붙여 가족들 머리 위로 쓰다듬듯 하며 시설을 한다.

길가름에서는 망자가 유가족들과 최종 이별한다. 이별을 고하는 하직 소리를 부르면서 무명천 위를 위패, 연봉, 넋전 등으로 쓸어가며 길을 닦는다. 이 굿에서는 제단 아래에 놓아두었던 쟁반 위의 밀가루 위의 흔적을 보고 망자가 극락으로 천도되었음을 확인한다. 새발자국표적확인이라고 하는데 밀가루를 뿌려 놓은 양철쟁반을 굿시작할 때 제단 아래에 놓아 둔다. 길가름이 끝난 후에 그 쟁반을 꺼내어 뿌려진 밀가루 표면을 보면 새발자국 같은 흔적들이 있는 지를 확인한다. 흔적이 있으면 망자가 극락 천도되었다는 것을 확신한다.

소진은 오구굿 연행에 사용되었던 지화, 극락문 등을 불태우는 의례다. 제구들을 불에 태우기 전 염불을 외면서 몇 바퀴 돈다. 시석은 굿에 따라 왔지만 굿당 안에 좌정하지 못한 채 굿당 밖을 서성이던 잡귀 잡신을 풀어 먹이는 굿이다. 별신굿에서는 여러 영정과 수부를 위로하면서 비어를 사용하는가 하면 재미있는 일정한 스토리가 있는 일인극을 보여주는데 오구굿에서는 잡귀잡신을 위로하는 간단한 구송으로 풀어먹이는 의례를 한다.

동해안오구굿은 의례적인 면에서 불교의 영산재, 수륙재, 49재 등의 내용과 형식면에서 유사한 부분이 적지 않다. 불교의례의 상단권공과 오구굿이나 별신굿에서 골매기신이나 수신, 가망, 말명, 바리, 당금신에게 예를 올리는 경우가 유사하다. 망자에게 제를 지내는 유교적 요소와 오구와 별신굿에서의 지내는 시식의례도 서로 닮았다. '시식은 유교제사의 정신과 형식을 그대로 실현하고 있을 뿐만 아니라, 무교 사령제와 동일한 관념 속에서 망자의 영혼을 대상으로 하는 의례다.'[17] 죽음과 관련된 점에

_____

17 구미래(2005), 「'사십구재'의 의례체계와 의례주체들의 죽음 인식」, 안동대학교 박사논

서도 오구굿과 불교는 유사한 점을 보인다. 사후세계를 인정하고 이를
바탕으로 굿과 종교 의례가 만들어졌다는 점이다. 유교의 경유 사후세계
를 인정하지 않는 경향이 있지만 제사의식은 사후세계를 인정하는 측면
이 있다. 우리의 민속신앙에서도 죽음은 또 다른 세상과의 소통이라는
점이 인정되는데 오구굿과 불교의례도 이와 유사한 점을 보인다. 민속신
앙에서는 불교의례와 오구굿을 유사한 내용과 형식으로 받아들이는 경향
이 있다. 망자를 위한 일이든 망자유족을 위한 일이든 망자를 극락천도하
기 위한 일이든 현생에서의 고통뿐만 아니라 윤회의 고통에서도 벗어나
기 위해서는 49재나 오구굿이 모두 필요하다고 생각하는 풍습에 불교의
례와 오구굿을 유사하게 받아들이는 민간신앙적 측면이 드러난다.

3) 별신굿과 오구굿의 구조

오구의 핵심은 망자의 넋을 이 세상과 절연시키고 극락으로 천도시키
는 것이다. 오구굿을 통해 극락으로 가야 마땅히 신이 되는 것이다. 그래
서 오구굿은 굿의 일반적 구조인 청신 - 오신 - 송신의 구조와는 다소 상
이한 점을 보인다. 오구는 객사 같은 횡액의 죽음, 수중고혼이 된 경우,
천수를 누린 무난한 죽음이라고 하더라도 고혼이 되었을 가능성을 전제
로 극락천도를 기원하는 굿이다. 즉, 오구굿의 대상이 되는 존재는 신격
의 반열로 좌정하기 직전의 상태다. 오구굿 전반부에 청혼의 과정도 있으
므로 오구굿에서 모셔지는 망자는 혼령의 상태로 볼 수 있다. 따라서 오구
굿의 구조를 굿의 일반적 구조에 대입시키면 청혼 - 오혼 - 송혼이 되는
셈이다. 이는 씻김굿의 역할[18]과 비슷하다. 그리고 굿의 일반적 구조를 청

문, 285쪽 참조.
18 나경수(1988), 「진도씻김굿의 연구」, 『호남문화연구』 18, 전남대학교 호남학연구원,
    1988, 429쪽. 나경수는 이 논문에서 씻김굿의 구조를 청신-오신-절연 및 천도-배송으

신 - 오신 - 위민 - 송신으로 보는 경우도 있다. 이 구조를 오구굿에 대입하면 청혼 - 오혼 - 위민 - 송혼이 되는 셈이다. 굿은 신성한 요소도 담고 있지만 굿을 통해 즐기고 굿을 오락의 대상으로 관람하는 축제적 요소도 적지 않다. 청신 - 오신 - 송신 구조 속에는 신을 모심으로써 사람을 위안하는 성격을 포함하고 있지만 굿의 축제성과 유희성은 빠져 있다고 볼 수 있다. 그런 점에서 청신 - 오신 - 송신의 기존 구조설명에 축제성과 유희성을 넣은 구조변화가 필요하다.

별신굿은 제(祭)의 의미와 불교의 천도 의례인 재(齋)의 의미가 복합되었다. 제는 일정기간을 주기로 반복된다. 반복은 영이 다시 돌아온다는 것을 의미한다. 반면, 재는 '영원히 이별하다의 의미를 지닌다'고 볼 수 있다. 재는 '먼저 가신 선조와 부모 등 이름을 올린 영가와 법계의 주인 없는 외로운 영혼 등은 윤회의 고통에서 영원히 벗어나 극락세계에 왕생하기를'[19] 바라는 의미로 지내는 의례다. 오구에는 이와 같은 순환적인 제와 일회적인 재의 의미가 복합되어 있다.

재의 의미를 보자. 망자의 극락천도를 담고 있는 점에서 재의 의미가 있다. 오구굿에서 청혼된 망자는 다른 조상신들과 함께 이승으로 왔다가 배를 타고 등을 타고 극락으로 가도록 기원된다. 길가름에서 망자는 유가족과 최종 이별한다. '이제 가면 다시 오지 못한다'는 사설도 불려진다. 길가름이 끝나면 '새발표적확인'을 통해 망자가 극락에 천도되었음을 확인하는 절차도 있다. 오구굿이 진행되는 동안 망자가 특정 시점에 다시 이승으로 돌아오기를 바란다는 내용은 연행되지 않는다.

제의 의미를 보자. 별신굿은 1년에서 10년 사이의 일정기간을 주기로

로 정리하였다.
김형근, 앞의 논문, 224쪽.
19 진관사(2011), 『진관사 국행수륙대재』, 진관사, 22쪽, 『천지명양수륙재의범음산보집』
(1723) '재후작법절차' 개계문에 적혀 있는 내용이다.

반복된다. 특정기한을 주기로 굿을 한다는 것은 신이 다시 돌아오는 것을 전제로 하는 것이다. 실제로 별신굿에서는 골매기신, 조상신, 성주신 등의 신들을 청배하여 그 신들에게 꽃과 술, 음식, 정성 등을 헌정하고 이에 감응하기를 기대한다. 이 신들은 별신굿을 지내지 않을 때도 사실, 사람들과 공존한다고 볼 수 있다. 별신굿의 신들은 언제나 사람들을 지켜주는 존재인데 별신굿에서 좀 더 정성을 모아 의례를 올리는 것이다. 별신굿 마지막 영산맞이(꽃노래·뱃노래·등노래)는 여러 신들을 다시 '저승'으로 돌아가도록 한다. 극락으로 돌아가도록 송신하는 것이 아니라 '저승'으로 돌아가도록 송신한다.

별신굿에서의 송신은 일종의 배웅이다. 별신굿의 신들은 이승에 머물지 않는다. 굿이 종료되면 신성세계로 귀환할 수밖에 없는 존재다. 굿 종반부에서 인간은 어차피 귀환할 신들을 배웅하는 것이다. 오구굿에서의 망자도 별신굿에서의 제신들처럼 이승에 머무를 수 없다. 그래서 망자를 배웅할 수밖에 없다. 이승을 떠날 수밖에 없는 망자를 배웅하면서 사람들은 망자가 극락에 가기를 기원하는 것이다. 별신굿은 확인된 신성성을 재확인하는 과정이고 오구굿은 신성성 확인의 시발점이 된다.

여기서 의문점은 신은 무당이 '오라면 오고 가라면 가는 존재'라는 점이다. '오라면 오고 가라면 가는 존재가 신'이라면 그 신성성을 포함하여 무속에서 환기되는 신의 영험성이나 신적 능력을 신뢰할 수 있을까하는 의문이 든다. 신성성은 인간과 초월적 존재 사이의 소통 과정에서 발생하는 것이다. 인간과 초월적 존재가 같지 않다는 점의 경계지우는 것이며 인간 스스로 초월적 존재를 인정하는 하나의 증거다. 그런데 초월적 존재가 인간의 명령에 따라 움직이는 것이다. 이런 특성은 초월적 존재가 인간이 상상을 통해 만든 정신작용일 뿐이라는 점을 확인시키는 것으로 볼 수도 있다.

아니면 인간과 신의 소통에서 무당의 역할이 확인되는 지점이 될 수도 있다. 인간이 신과의 소통을 원하는데 그 소통작용을 할 수 있는 신직을 부여받은 존재가 따로 설정된다는 점이다. 무당의 청신 능력은 무당의 위상에 대한 새로운 인식을 갖는 계기가 될 수 있다.

또 하나의 의문점은 모든 오구굿을 성공적으로 치렀다면 별신굿할 때 별신굿에 응대할 조상신이 과연 있을 수 있는가 하는 점이다. 오구굿을 통해 극락천도가 완성된 조상은 영원히 이승과 이별하였기에 별신굿을 지낼 때는 이승으로 올 수 없다. 유가족이 망자에게 극락에 가서 영원한 행복을 누리라고 기원을 드렸기 때문에 별신굿 때 예를 들어 가망굿이나 하회굿, 월래굿처럼 선망 후망 조상들을 배례하는 굿에 올 필요가 없다. 모든 망자들을 위해 오구굿을 하는 것은 아니기에 별신굿 때 많은 조상들이 이승을 찾아오겠지만 이승을 찾아오는 조상이라면 극락에 가지 못한 조상인데 극락에 가지 못한 조상들이기에 떠도는 고혼상태이다.

따라서 오구굿과 별신굿을 연계한다면 별신굿에서 모셔지는 조상신들은 극락을 가지 못한 채 구천을 떠도는 신들이거나 지옥에 있다가 별신굿 때 잠시 빠져나와 후손들의 굿상을 받고 가는 것이다. 그렇다면 별신굿에서 조상신을 모시는 의례는 좀 더 극진히 치러져야 할 것이다.

이상에서 보면 별신굿과 오구굿은 상호 모순적임을 알 수 있다. 유교적 세계관과 불교적 세계관이 반영된 점이 서로 비융합적이며 오구굿을 통해 망자를 완전하게 극락천도 성료하였는데 이후 그 망자를 별신굿에서 청배하는데 그렇다면 오구굿은 완전한 굿이 되지 못한다는 점을 스스로 드러내는 점에서 오구굿은 별신굿과 상호 모순되는 점을 확인할 수 있다.

4) 굿의 신성성과 제의성

굿은 특정 상황에서 인간 행위로 신비한 힘을 체험하거나 그런 힘과 소통하고 싶은 열망이 반영된 실행된 구체적 사건이자 현상이다. 그런데

지금까지의 굿 연구에서 굿의 신성한 힘과 이 힘에 의지하려는 인간의
희망이나 그 희망이 내재된 내면심리에 대한 고찰에는 다소 소홀하였다.
   별신굿은 신들에게 마을의 제액초복을 기원한다. 오구굿은 망자극락천
도와 유가족의 제액초복을 신들에게 기원한다. 가족공동체와 마을공동체
의 안위와 복을 기원하는 의식이 별신굿이자 오구굿인 것이다. 별신굿이
든 오구굿이든 사람들은 절대적 존재로부터 복이 내려지기를 기원한다.
그리고 그 기원은 현실화 된다고 믿는 경우가 많다. 별신굿을 지내고 난
다음 편안한 마음을 갖게 되었다거나 풍어가 이어지고 마을이 풍요로와
졌다는 어떤 증거들이 있었을 것이다. 별신굿의 축제성을 통해 유희의 기
쁨을 누렸을 수도 있다. 별신굿을 여러 차례 지냈음에도 그런 증거들이
나타나지 않았다면 별신굿이란 제의는 현재처럼 지속되지 않았을 것이다.
   융[20]은 꿈을 어둠의 세계에서 솟아올라 의식의 세계에 전달되는 통신으
로 보상의 기능을 담당한다고 말하였다. 보상은 정신적으로 균형을 이루
는 일이 되며 정신계에 내재하는 일종의 자기조절 장치라고 했다. 상징적
사고와 의식적 사고를 규정하면서 서로를 통일성을 지향하는 자기조절장
치라고 했다. 여기서의 꿈은 잠을 자면서 실제로 꾸는 꿈을 뜻하기도 하지
만 의식과 무의식 세계를 연결해주는 매개체로 볼 수도 있다. 굿과 같은
것이다. 별신굿이나 오구굿을 지낸 다음에서 경험한 꿈의 세계가 굿을
지낸 의미를 보상해 주는 기능을 했을 것으로 보인다. 무의식 세계에서
사람들이 생각한 굿의 신성성과 영험함이 실현된 경험을 하였고 그 무의
식 속의 내용이 의식세계로 전달되었을 것이다. 별신굿의 지속이 바로
바로 이런 신성성과 영험함을 증명하는 것이다. 오구굿도 마찬가지다. 오
구굿을 지내고 나서 망자가 후손들 꿈에 현몽하여 '좋은 곳'으로 갔다는
말을 남기거나 그와 유사한 꿈을 꾸었기에 오구굿이 지속되는 것이다.

---

20 Jung 저, 이부영 역(1983), 『인간과 무의식의 상징』, 집문당, 56쪽.

망자의 현몽이나 이와 유사한 현상을 통해 마음의 평온을 느끼지 못했다면 오구굿은 지속되지 않았을 것이다.

이처럼 별신굿이나 오구굿은 골매기신이나 조상신, 성주신 등 여러 신위의 신성 확인 과정이자 신성수용과정이다. 별신굿과 오구굿을 통해 신성과 인간이 소통하는 것이다. 별신굿와 오구굿을 지내면서 주어진 문제를 해결하기 위한 희생과정이 포함된 무가를 들려줌으로써 인간에게 주어진 과업을 달성하도록 자극하고 격려를 준다. 주어진 문제를 해결한 후 해피엔딩 되는 무가 내용은 인간에게 정신적 만족을 느끼며 현실에서의 여러 액을 제거하는 기쁨을 갖게 된다. 제의의 신성성은 제의의 참여자들에게 거룩한 실재를, 검증할 수 없을 뿐 아니라 오류가 없는 본질적인 것으로 인정하게 만드는 효과[21]를 보여주는 것과 같은 것이다.

신화는 전승과정에서 진실로 받아들여지는 경향이 있다. 제의는 의미를 산출하고 소통하는 과정으로 일정한 형식적 규칙을 가진다. 제의 속에서 신화는 메시지가 되며 신화는 신성한 이야기 진실한 이야기로 소통된다. 탄생(출현), 성장, 결혼, 즉위와 같은 제의적 신화소를 지닌 당금애기와 바리데기가 불려지는 점도 별신굿와 오구굿의 신성성을 확인시키는 과정이라고 할 수 있다.

'신화가 선행하고 그것이 의례로 재현 표출되면 신화의 내용이 제례행위로 재현'[22]된다고 하였다. 골매기신과 조상신 등 여러 신들에 대한 이야기는 항시 마을에 존재하고 있어 신화의 선행이라고 볼 수 있다. 이런 신화를 의례로 표출한 것이 굿이 되는 것이다. 신의 이야기가 담긴 무가나 제의 모두 '초월적인 것에 대한 지향을 담고 있어 서로 짝이 되며 서로가 서로를 함축'[23]한다. 그래서 굿의 신성성은 확인되며 굿의 연행은 단순한

---

21 김성례(1997), 「무교신화와 의례의 신성성과 연행성」, 『종교신학연구』 10, 분도, 110쪽.
22 현용준(1992), 「한국신화와 제의」, 『무속신화와 문헌신화』, 집문당, 306쪽.

모방적 행위나 일상의 관습적 행위가 아니라 특정한 메시지를 산출하며 집단의 '공통된 경험을 축조하고 의미화하는 틀'[24]이다.

'일반적으로 제의는 특정한 상황, 사회적 개인적 삶에 있어서 중요한 국면을 맞아 변화가 요구되는 상황이나 공동체의 질서에 위험이 처한 상황에서 신비한 존재나 힘들과의 관계를 맺는 경우의 형식화된 일련의 행위[25]라고 지적한 것이 별신굿과 오구굿에도 적용될 수 있다.

굿은 음성적 현상으로 치부되었다. 조선시대의 유교적 합리주의와 근대이후의 과학주의는 굿에 대한 인식을 부정적으로 갖게 하였다. 하지만 합리주의와 과학적 사고가 지구상의 다른 나라보다 앞서고 있는 것이 여러 통계와 현상으로 나타나고 있는 상황은 별신굿과 오구굿에도 반영되고 있다. 이것은 마치 어린이의 종속적 사고가 어른으로 성장하면 하나의 주체로 거듭나는 삶의 행적과 유사하다. 어린 아이가 어머니와 자신을 동일시 하다가 아버지라는 존재를 인식하고 이 존재에 의한 원초적 억압이 상징 질서로의 진입을 가져오고 상징질서로의 진입으로 주체가 탄생한다. 주체의 탄생은 존재 차원에서 의미 차원으로, 자연 상태에서 문화 상태로의 일대 전환을 의미한다.[26] 별신굿과 오구굿의 현재 위상이 사회 속에서 하나의 주체로 자연 상태가 아닌 하나의 문화 상태로 존재하기 시작하였다고 본다.

---

23 W.G. Doty(1986), 『Mythography: The Study of Myths and Rituals』, The Univ of Alabama Press, p.73.

24 Catherine Bell(1977), 『Ritual Theory, Ritual Practice』, Oxford Univ Press, p.219

25 오세정(2003), 「한국신화의 서사규약과 소통원리 연구」, 서강대학교 박사논문, 7쪽. 논자는 위 논문에서 제의 개념을 다음책의 요약이라고 밝혔다. Emile Durkheim(1965), 『The Elementary of Religious Life(1st 1915)』, JW. Swain, trans, Free Press, pp.339~340; Victor Tumer(1970), 『The Forest of Symbols: Aspects of Ndembu Ritual』, Cornell Univ Press, pp.6~29.

26 박찬부(2007), 「오이디프스를 넘어서」, 『비평과 이론』 12, 비평과 이론학회, 14쪽.

결여를 메우기 위해 어떤 욕구가 신성성과 연결되어 굿이라는 의례로 발전하였고 이 의례에 대한 근원적 확신이 부족하였지만 굿을 하나의 주체로 인식하게 되면서 굿을 의식과 무의식 모두를 포괄하는 하나의 주체로 인식하게 되었다고 본다.

그래서 별신굿과 오구굿 같은 제의 연행은 신성성의 표현이라는 점을 더욱 확고히 인식하게 되었을 것이다. 이런 인식은 '신성성을 강제[27]'하게 되어 신성성을 수용하고 의혹의 여지가 없는 것으로 인식하게 된 것이다.

인간에게는 종교적 자아(Persona)가 있다. 사회적 자아가 있듯이 종교적 자아가 있어 삶 속에 각자의 방식대로 신앙형태가 구현된다고 생각한다. 사람들은 삶 속에서 자신만의 신앙방식을 갖는다. 같은 종교를 믿는 사람들이라고 하더라도 내밀한 종교 심리는 모두 같다고 볼 수 없다. 그리고 특정 종교를 신앙하지 않는 경우에도 자신만의 어떤 신앙형식을 갖는 경우가 많다. 운동선수가 득점을 획득한 후 손으로 하늘을 가리키는 행동, 수상소감을 말하는 과정에서 어떤 대상에 대해 감사를 표시하는 경우도 그렇고 종교를 표식하는 문장이나 기표를 몸에 지니는 경우도 신앙형식의 하나로 종교적 자아의 발현행동이다. 십자가가 건물첨탑 꼭대기에 설치된 경우, 절의 표식을 절 건물 등에 드러낸 경우, 일정 시간에 기도를 드리는 행위 등도 인간의 종교적 자아에 대한 반응기표다.

이러한 종교적 자아의 연장에 무속적 자아도 존재한다. 민속신앙의 습속이 사라지지 않는 현상이 바로 무속적 자아의 발현이다. 민속신앙은 여러 형태로 이어지고 있다. 부적, 금기 등 우리 삶 속에는 무속적 자아가 발현된 형식은 다양하다. 이러한 무속적 자아는 여러 무속의례를 통해 현실로부터 일탈하는 제의성을 부여받기도 하고 망자를 잊을 수 있는 권

---

27 Roy A. Rappaport(1979), 『Ecology, Meaning and Religion』, North Alantic Books, p.213.

한을 부여받기도 한다. 현실로부터 일탈하려는 경향의 제의성은 별신굿에서 강하게 나타난다. 별신굿은 민속신앙의 거대담론의 하나이고 오구굿은 민속신앙의 개인담론이라고 볼 수 있다. 별신굿에서는 마을 전체와 개인의 안녕이 기원되고 오구굿에서는 개인의 안녕이 기원되기에 거대담론과 개인담론으로 나뉠 수 있다고 본다.

거대담론인 별신굿은 현실로부터 일탈하려는 제의성을 보인다. 별신굿에서는 현실에서 쉽게 성취하기 어려운 기원이 발원된다. 제액초복, 풍어 등 별신굿에서 기원되는 내용들은 대개 인간의 의지만으로 성취되는 것이 아니다. 그렇기 때문에 골매기신 뿐만 아니라 여러 신들을 청신하여 도와 달라고 기원드리는 것이다. 현실 속에서 쉽게 성취하기 어려운 기원이기에 현실 밖에서 그 힘을 얻어오려고 한다. 그래서 현실로부터의 일탈이라는 제의성을 통해 거대담론이 실제화되기를 희망하는 것이다.

오구굿에서는 망자를 잊기 위한 권한을 부여받는 제의성이 발현된다. 죽음은 현실부재다. 죽음은 한 개인사의 종언이다. 현실부재에 대한 두려움을 굿으로 위안받는다. 개인사의 종언에 대한 숭고한 의례다. 한 개인에 대한 회상이면서 개인의 지나온 삶에 대한 조각이다. 망자 유족들은 망자의 한 개인사를 종식시키며 망자의 현실부재에 대한 두려움을 굿으로 위안받는 것이다. 망자의 지나온 삶에 대한 숭고한 의례인 것이며 망자 개인에 대한 회상을 포함하며 망자의 지나온 삶을 다시 돌이켜 보는 회억의 순간을 갖는 것이다. 망자를 잊기 위한 노력이며 망자를 잊기 위한 의무의 과정이다. 이런 과정은 종국에 망자를 잊을 수 있는 권한을 부여받는 생각에 이른다. 망자를 잊을 수 있다고 확신하는 단계는 망자없는 사는 삶의 시작을 의미한다.

오구굿의 제의성은 경험의 확인이기도 하다. 별신굿과 오구굿이 보여주는 상징과 함축을 통한 제의성의 핵심은 경험의 확인이면서 절대적 힘에의 의지라고 할 수 있다. 사람들은 많은 민속의례와 세시풍속, 제도와

교육을 통해서 여러 가지를 지식을 쌓고 학습을 통해 여러 가지를 배우게 된다. 죽음에 대한 인식도 이 과정을 통해 하나의 영역으로 확정된다. 신이 존재하는 지에 대한 의문과 확신, 신의 존재를 확신하더라도 신이 우리에게 복을 내려 주는 지에 대한 의문도 있다. 이에 대한 진지하고 심도 있는 답을 구하는 경우도 없지 않겠지만 대개는 신의 존재여부와 관계없이 신이나 어떤 절대적 존재가 인간에게 복을 내려준다는 생각이 경험을 통해 유습되어 온 점도 있다.

인간의 힘으로 어쩔 수 없는 일이 '있었다.' 그런데 신의 힘으로 이를 해결하였다는 간접경험이 분명 존재한다. 또는 인간의 힘으로 어쩔 수 없는 일이 '있었다.' 그런데 뜻하지 않게 이를 해결한 경험이 신의 힘으로 해결한 것으로 받아들인 직접경험이 있다. 이런 간접경험과 직접경험이 축적되어 굿의 상징과 함축의 핵을 형성하였다고 본다. 별신굿과 오구굿은 굿이 지닌 제의성은 경험의 확인이면서 절대적 힘에의 의지를 함축하며 상징한다고 볼 수 있다.

3. 결론

본고는 동해안별신굿과 동해안오구굿의 구조와 제의성을 비교연구하였다. 두 굿의 형식적 측면과 연행적 요소에 대해 살펴 본 것이다. 별신굿은 일정기한을 주기로 반복되는 마을굿이고 오구굿은 망자의 극락천도를 기원하는 개인굿이다.

별신굿을 연행하는 무당들이 대개 오구굿도 연행한다. 무당들의 활동지역은 크게 강원 경북지역과 부산경남지역으로 나눌 수 있는데 서로 완전히 독립된 채 굿을 연행하는 것이 아니라 각각의 지역을 서로 넘나들기도 한다. 강원경북 지역은 빈순애·김장길 무집단(巫團)이 주로 연행하고 부산경남지역은 김영희 · 김용택 무집단이 주로 연행한다.

두 굿에는 공통점도 있지만 변별되는 점도 있다. 신 혹은 망자를 청하여 위로하고 보내는 기본 구조는 비슷한데 마을굿이라는 점과 개인굿이라는 특성이 변별되고 별신굿은 일정 주기로 반복적인 데 비해 오구굿은 일회적이라는 점도 변별된다. 별신굿은 유교적 사상이 오구굿에는 불교적 사상이 반영된 것으로 볼 수 있다. 별신굿과 오구굿이 상호 모순적임도 확인하였다.

별신굿과 오구굿에서의 무당 역할을 통해 초월적 존재에 대한 인식이 변화될 수 있음을 확인하였다. 초월적 존재가 인간이 상상을 통해 만든 정신작용일 뿐이라는 점을 확인시키는 것으로 볼 수 있는 것이다. 아니면, 무당의 청신 능력은 무당의 위상에 대한 새로운 인식을 갖는 계기가 될 수 있다.

모든 오구굿을 성공적으로 치렀다면 별신굿할 때 별신굿에 응대할 조상신이 없을 수 있다는 점도 확인하였다. 오구굿을 통해 극락천도가 완성된 조상은 영원히 이승과 이별하였기에 별신굿을 지낼 때는 이승으로 올 수 없다. 이승을 찾아오는 조상이라면 극락에 가지 못한 조상이 되고 극락에 가지 못한 조상들이기에 떠도는 고혼상태다. 굿은 특정 상황에서 인간 행위로 신비한 힘을 체험하거나 그런 힘과 소통하고 싶은 열망이 반영된 실행된 구체적 사건이자 현상이라는 점도 확인하였다.

굿의 현대적 변용과 창조적 계승

1. 서론

굿의 현대적 변용과 창조적 계승에 대해 고찰한다. 계승은 선행했던 것을 이어간다는 의미가 있으므로 '굿의 창조적 계승'은 '굿'의 정신과 공연적 특성을 현재적 공연에 응용하거나 그 콘텐츠를 현대적 공연에 맞게 재창조 한다는 뜻이다. 그런데 '굿의 현대적 변용'에는 현대의 공연적 특성을 굿에 적용하여 '굿'을 현대적 상황에 맞게 변용시킨다는 의미도 있다. 굿의 변용을 연구함에 있어 굿을 현대적으로 변용하는 관점에만 초점을 둘 것이 아니라, 현대적 상황에 맞게 굿을 변용시키는 관점에도 초점을 둘 필요가 있다.

본고에서 굿은 무속일반의 형식이나 신(神) 혹은 사자(死者)와 관련되는 연희형태 일반을 지칭한다. 청신 – 오신 – 위민 – 송신의 형식과 연관되면서 살아있는 사람들이 신이나 사자와 어울려 유희하는 광범위한 일반 형식을 굿으로 정의한다.

본고에서는 굿의 정신과 콘텐츠를 현대적 공연에 어떻게 창조적으로 변용하고 계승할 것인가를 고찰함과 동시에 현대적 공연의 특성을 굿에 어떻게 적용하여 굿을 현대적으로 변용하고 계승할 것인가도 고찰한다. 전자는 굿과 현대 공연예술의 구조와 성격을 비교하는 관점에서, 후자는 관객과 공연자의 구분이 엄격하지 않은 공연물의 특성을 논의하면서 고찰한다. 관객과 공연자의 구분이 엄격하지 않은 공연이란 관객이 공연의 순수한 감상자가 아니라 공연의 일부로 활용되거나 공연자가 관객에게 직접 대사함으로써 관객과 공연자가 직접 소통하는 공연을 의미한다. 공연자와 관객을 엄격히 구분 짓지 않는 공연은 굿의 특성인데 현대공연에서는 이를 굿의 장점으로 받아들여 현대공연에 많이 활용했다. 서사극이나 마당극과 같은 장르의 공연에서 특히 이를 많이 활용하였다. 현대공연예술의 한계를 극복한 것처럼 논의되기도 한다. 그런데 이 장점이 과연 굿에도, 현대 공연예술에도 이익이 되는가를 살핀다.

현대적 변용과 창조적 계승의 공통점은 둘 모두에게 어떤 대상이 있고, 그 대상은 새로운 관점과 연관되며, 현재적 상황을 반영한다는 점이다. 대상, 즉 근원적 형태인 모작(母作)이 있어, 이를 새로운 형태로 꾸며내거나 이종교배처럼 서로 다른 것들을 엮고 섞어서 새로운 어떤 형태를 만들어 낸다는 것을 의미한다. 장르의 분화라는 점에서도 공통된다. 장르는 시대의 흐름에 맞춰 다양하게 분화된다. 따라서 현대적 변용과 창조는 시대의 흐름을 반영하는 장르분화 현상을 설명하는 것이다. 이에 따라, 굿의 여러 특성을 반영하고 있는 현대공연물들을 굿과의 관련성 속에서 살펴보려는 것이다.

지금까지 굿에 관한 논의에서는 굿 정신을 절대적인 것으로 받아들이는 경향이 없지 않았다. 굿을 분석함에 있어 굿의 부정적인 측면이나 굿의 불합리하고 불완전한 측면을 비판적으로 바라보려는 관점이 희소했던 것이다. 굿의 의미를 분석함에 있어 굿을 하나의 완전체로 수용한 후 이에 대한 분석에만 치중하는 경향이 없지 않았다. 굿의 특성이 이 사회와 관련되어, 인간의 행복과 자유를 위해 소용되는 것인지에 대한 논의는 거의 없었다. 굿의 정신은 완벽하고 절대적인 것으로 받아들여온 측면이 있기 때문이다. 이를 비판하고 이것이 정당한 것인지에 대한 논의가 필요하다고 본다.

굿은 오랫동안 연희되었다. 때문에 여러 장르를 흡수하고 새롭게 재창

조해 왔다. 그러나 굿이 완벽한 연희였거나, 완벽한 제의였다면 예술에서
나 종교에서 지금같이 변방의 위상에 위태롭게 서 있지는 않았을 것이다.
따라서 본고는 굿 정신과 굿놀이 정신이 완전하다는 전제에서 출발하지
는 않는다. 오히려 굿은 불완전하며 현대정신과 현대문화를 선도하려는
노력이 부족했다. 그래서 현대사회에서 굿은 도태되고 있는 현실에 집중
하고자 한다.

굿의 장점으로 인식되어 현대적 계승 및 재창조에 반영되어 온 대표적
인 요소는 굿의 민중성과 해원성, 개방성 등이다. 굿에 민중들의 삶이 반
영되어 있으며 굿은 민중들의 아픔을 씻어주며, 굿이 진행되는 상황에서
연희자와 관람자가 하나로 융합된다는 것이 이들의 주요특성이다. 그런
데 굿의 민중성, 해원성, 개방성이 굿의 특성을 잘 드러낸 것인지, 그리고
이러한 특성이 굿에 반드시 긍정적으로 작용했는지, 나아가 이런 특성이
현대공연물에 반영되면서 굿 정신을 제대로 반영하고 있었는지 등에 대
한 논의를 해야 한다. 굿의 이런 특성을 강조한 결과가 굿이 연희로서
혹은 종교로서 형식화하는 데 방해가 된 것은 아닌지 논의해야 한다.

1) 굿을 반영한 장르

굿의 여러 특성을 계승하고 재창조한 경우는 문학, 현대무대극, 민족극
등이다. 문학, 현대무대극, 민족극은 동일한 차원에서 논의되기에는 이질
적인 장르이나 굿의 형식과 내용을 반영하는 영역 중에서 문학, 현대무대
극, 민족극이 대표적인 경우다.

세 영역이 반영하고 있는 굿의 의미는 청신-오신-위민-송신의 형식에
합당한 굿만을 의미하지는 않는다. 사자 혹은 신과 관련되는 연희형태의
광범위한 굿을 지칭한다. 특히, 「다시라기」와 「너도 먹고 물러나라」가 반
영하고 있는 다시래기와 장대장네굿이 그러하다.

문학부터 보자. 『무녀도』의 경우 주인공 '모화'가 입은 무복이나 굿의 상황이 동해안별신굿과 닮았다. 『장마』의 경우도 굿이 파생하는 심성과 관련된다. 현대무대극의 대표적인 경우는 다음과 같다.

'「다시라기」는 1979년 제4회 「대한민국 연극제」에 출품되어 연출상을 받은 작품[1]이다. 다시래기는 진도에서 전승되는 대표적인 호상(好喪)놀이다. 다시래기를 굿으로 보기 어려운 측면도 있지만 살아있는 사람이 사자와 관련되어 연희하는 형식이라는 점에서 굿의 일반적 형태로 보고자 한다. '다시래기'의 어원은 '다시 낳는다. 다시 생산한다'는 의미와 '여러 사람을 즐겁게 한다. 함께 즐긴다'는 의미가 있다고 한다. 장례가 치러지는 장소에서 행해지는 다시래기가 죽음을 통해 삶의 새로운 의지를 확인하는 의례가 된다. 다시래기는 ①가상제놀이, ②거사 · 사당놀이, ③생이(상여)소리, ④가래소리, ⑤여흥으로 구성되었다.[2] 허규는 이 다시래기의 내용 중에서 '중'은 등장시키지 않고 '저승사자'의 비중을 높여 '저승사자'의 왕성한 생산욕을 삶의 일반적 모습으로 하여 작품의 근저에 위치시킨 채 삶과 죽음의 순환적 연결을 형상화한다. '다시래기'를 크게 변형시키지 않은 채 보여주는 정도라고 할 수 있다.

'윤대성의 「너도 먹고 물러나라」'는 1973년 3월에 「실험극장」에 의해 공연되었다. 「너도 먹고 물러나라」는 황해도 해주 지역에서 전승되던 장대장타령의 일부인 「장대장네굿」을 토대로 하여 현대의 물질문명이 가져온 부패와 타락을 비판한다.[3]

'이윤택의 「오구-죽음의 형식」은 1989년 서울연극제 출품작[4]이다. 낮

1   김미도(2006), 『한국현대극의 전통수용』, 연극과 인간, 101쪽 참조.
2   박병천 · 강준섭 구술, 이두현 채록(2004), 『진도다시래기 연희본, 진도다시래기』, 국립문화재연구소, 2004.
3   김미도, 앞의 책, 126쪽 참조.
4   위의 책, 157쪽 참조.

잠을 자던 칠순 노모는 꿈에 염라대왕을 만난다. 노모는 아들에게 산오구굿을 벌여달라고 조른다. 노모의 소원대로 산오구굿이 열린다. 굿판이 벌어지고 오구대왕풀이가 절정에 달했을 때 노모는 정말 죽음에 이르게 된다.

문학, 현대무대보다 굿 양식과 정신을 더 적극적으로 반영하고 있는 장르는 민족극이다. 민족극에 대한 대표적인 논의는 연극적 관점과 리얼리즘적 관점에 의한 것이었다. 연극적 관점은 굿놀이의 양식적 측면을 해명하는 데는 유용했지만, 굿놀이의 근본적 실상을 해명하는 데는 이르지 못했다. 리얼리즘 관점은 굿놀이의 반금기적[5] 특성의 일부는 해명했으나 당위만을 앞세웠던 까닭에 굿놀이의 축제성과 표현구조는 온전히 반영하지 못하는 한계를 드러냈다.

본고 논의를 위해 굿의 특징과 관련지어 분석하는 민족극은 「꽃등들어 넘오시면」, 「밥꽃수레」다. 두 작품은 2000년대 민족극으로 굿의 특징을 많이 원용하였고, 완성도 높은 작품으로 평가된다. 2000년대 민족극의 대표작 두 편을 대상으로 굿과의 관련성을 고찰한다.

민족극이 시작될 당시의 여러 작품[6]에도 굿의 요소가 많이 들어갔다. 그러나 이보다 20년 정도 경과한 작품을 대상으로 하면 민족극의 변화된 양상과 굿의 여러 요소가 함께 고찰될 것이기 때문에 2000년대 작품을 분석대상으로 고찰한다.

2) 굿 특성 반영의 문제점

민족극[7]은 굿의 특성을 민중성, 해원성, 개방성으로 정리하고 이를 민

---

5 심상교(2005), 「영남 동해안지역 풍어제의 연행특성과 축제성」, 『한국무속학』 10, 한국무속학회, 154~159쪽 참조.

6 채희완 · 임진택 편(1985), 『한국의 민중극』, 창작과비평사, 15쪽 참조.

7 민족극은 마당극, 마당굿류의 공연물이다. 본고에서는 이런 류의 극을 총칭하여 민족극이라 하겠다.

족극 공연에 많이 반영하였다. 그런데 민족극이 파악하고 있는 굿의 세 가지 특성은 굿의 성격을 잘 드러낸다고 볼 수 없다. 굿의 구조를 일반적으로 청신 - 오신 - 송신이라고 하는데 이 구조에서 보면, 민중을 위하고, 해원하는 성격은 거의 드러나지 않는다. 민중보다는 신과 무당이 굿의 중심이라는 점이 부각된다. 이 구조에 따르면, 신을 청하고, 위로하고, 송신하는 것이 굿의 핵심이다. 핵심을 실연하는 존재는 무당이다. 굿의 전반이 신과 무당의 관계로만 이루어짐을 보여준다.

결국, 이 구조에 따른 굿은 신과 무당이 중심일 뿐 민중은 부각되지 않는다. 무당이 신을 청하고 위로하는 과정이 민중을 위한 것이 분명한데, 굿의 구조를 해명한 기존논의 안에서는 민중이 중시되지 않는다.

그리고 굿은 민중만을 위한 것이 아니다. 굿이 민중을 위한 것이라는 점은 분명하지만 민중의 전유물은 아니다. 청신에서 송신까지의 과정에 나타나는 기복성은 민중과 관련된다고 할 수 있으나 기복은 비민중에게도 해당된다. 따라서 청신 - 오신 - 송신의 과정에는 굿이 민중을 주체로한 것이라는 어떤 특성도 분명하게 드러나지 않는다. 결국, 민족극에서 굿을 민중성, 해원성, 개방성으로 해석할 때의 근거가 청신 - 오신 - 송신인데, 청신-오신-송신 어디에도 민중이 굿의 주체라고 확언할 수 있는 부분이 없다. 굿 연구자들이 굿의 구조를 잘못 해석했거나 민족극 연구자들이 굿 연구자들의 결과물을 오독한 것이다.

그러나 굿의 일반적 구조를 '청신-오신-위민-송신'의 구조[8]로 설명하면 상황은 달라진다. 이 구조 속에서는 굿이 신에게 기복하는 희구의 내용과 굿이 민중을 위하고 해원한다는 설명 모두가 어느 정도 해명된다.

청신 - 오신 - 위민 - 송신은 굿의 주요존재인 무당과 신의 위상을 설명하며 그 가운데 위민이 자리 잡고 있어 굿이 인간 중심의 제의임도 드러난

---

8   심상교, 앞의 논문, 153~154쪽 참조.

다. '위민'은 민중만이 아닌 모든 사람을 위한다는 의미다. 게다가 굿은 민중만을 위한 제의는 아니었다. 굿은 인간 모두를 위한 제의였다. 민족극의 이론가들은 굿에서 민중만을 읽어내는 경향이 있는데 이는 명백한 오독이다.

굿에는 민중성만이 있는 것이 아니라 신을 위하는 의례, 지배자를 위하는 의례, 국가와 무당 자신을 위하는 의례, 단독자로서의 개인을 위하는 의례도 있다. 굿의 민중성을 강조하는 것은 나름대로의 전략일 수는 있지만 굿을 현대적으로 변용하고 창조적으로 계승하기 위해서는 굿의 여러 면모를 살피는 것이 필요하다.

굿이 민중만을 위한 의식이 아닌 관계로 해원성은 지배자, 무당, 국가, 개인과도 관련된다. 해원성이 민중하고만 연결되는 것이 아니다. 지금까지의 해원성은 민중과의 관계에서만 조명되었는데 이 부분도 수정되어야 한다. 굿의 개방성과 관련된 문제를 살펴보자.

굿의 개방성은 연희자와 관람자가 융화되고 밀접하게 소통한다는 것이 핵심이다. 공연상황으로부터 관람자가 소외되지 않으며, 공연을 함께 만들어가고 관람자의 생각을 공연에 반영할 수 있다는 것이다. 이전에 없었던 새로운 공연방식이고 현대 공연물의 한계를 극복하는 기법처럼 인식되었다.

그러나 굿의 개방성은 굿의 작은 부분이라 할 수 있다. 굿의 전과정에 연희자와 관람자가 하나 되어 어우러지는 상황은 실제로 많지 않다. 굿에 관람자들이 몰입되어 굿을 내적으로 향유하는 동화 상태까지를 연희자와 관람자가 하나 되었다고 가정한다면 이는 개방성이라고 할 수 없다.

모든 공연물은 몰입을 요구하기 때문에 개방성은 모든 공연물의 공통성이 되고 굿만의 특성으로 볼 수 없게 된다. 따라서 굿의 개방성은 연희자와 관람자가 경계 없이 굿당에서 손잡고 함께 춤추고 노래하는 상황을 주로 의미하게 되는데, 이런 상황은 굿 진행시간 중 일부이기 때문에 굿의 개방성에 대한 이해는 과장되었으며, 굿의 개방성을 필요로 하는 일부 현대연희자들의 아전인수식 해석으로 볼 수 있다.

그리고 굿의 개방성이 굿의 형식적 발전을 저해한 면도 있다. 예술의 형식화 과정에서 연희자와 관람자는 서로 분리된다. 연희자의 고유영역이 존중되기 때문이다. 공연은 관람자가 있어야 가능하지만 공연의 완성도는 연희자들의 몫이다. 고도로 숙련된 연희자, 연희에 탁월한 재능을 가진 연희자가 완성도 높은 대본이나 악보를 이용해 공연을 펼쳐야 완성도 높은 작품이 형성한다. 이런 과정의 반복 또한 공연의 완성도를 높이기 위해 필요하다.

숙련도가 낮은 관람자, 재능·대본이나 악보에 대한 이해가 부족한 관람자가 개입되면 작품의 완성도는 떨어진다. 따라서 개방성이라는 것은 고도의 기능과 능력을 가진 연희자의 예술적 가치를 폄훼하는 것이 되며 예술의 완성도를 높이려는 노력을 방해하는 것이 된다. 결국, 연희자와 관람자가 하나 되는 상황은 공연물에서는 반드시 필요한 것이 아니며, 이것을 공연물의 특성으로 내세웠을 때는 완성도를 높일 수가 없게 된다. 따라서 굿의 개방성을 굿의 주요 특성으로 이해하여 이를 굿에 이용해야 한다는 주장은 굿의 완성도 높이는데 그리고 굿을 형식화하는 일에 도움되지 않는다.

굿의 개방성이 현대 공연장르에 나타났다면 이는 굿의 개방성이 현대 공연장르에 적용되었다기보다 공연장르들의 장르분화과정에서 나타나는 하나의 현상이라고 할 수 있다. 서사적 특성이 강조되는 현대의 흐름 때문에 극적 공연장르에 서사성이 많이 개입되어 극적 특성은 약화되고 개방성이 확대된 것으로 볼 수 있는 것이다. 공연물에 나타난 일반적 현상을 굿의 주요특성으로 설명하면 굿을 정확하게 이해한 경우라고 할 수 없다. 즉, 작품 외적 자아의 개입이 없는 자아와 세계의 대결이라는 극적 특성에 작품 외적 자아의 개입이 있는 자아와 세계의 대결이라는 서사적 요소가 결합되어 나타난 현상이다. 이처럼 장르변형 혹은 장르 분화 과정에 나타나는 개방적 요소의 개입을 굿과 관련짓는 것은 굿에 대한 바른 이해에서 출발한 견해로 볼 수 없다. 굿은 관객과의 소통, 관객과 혼연일체가 되고자 하지만 이는 민족극에서 말하는 개방성과는 다른 차원이다.

3) 논의 관점

본고에서의 고찰은 형식적 측면과 내용적 측면으로 나눈다. 형식적 측면에서의 논의는 구조가 중심인데, 대조구조와 긴장과 반전구조로 나누어 논의한다. 내용적 측면은 감정고조를 유도하는 굿의 연행특성 그리고 축제성과 관련하여 논의한다.

구조는 한 작품을 구성하는 여러 관계들의 총체다. 때문에 구조를 살피는 것은 전체를 규명하는 효과적인 방법이다. 대조구조와 긴장과 반전구조는 굿을 형성하는 주된 요소이면서 현대극을 형성하는 요소이기도 하다. 굿과 현대극의 상호연관성을 고찰하면 굿을 창조적으로 계승한 현대극의 모습이 드러날 것이다.

굿의 연행 특성[9]에 동해안지역 마을굿의 특성분석 결과에 근거한다. 연행특성으로는 반금기성, 가시성, 통합성이 있다. 반금기성이란 금기를 넘어선다는 의미다. 금기를 넘어서기 위해 사용하는 것이 골계성, 사회비판성, 해학성, 풍자성 등이다. 굿의 반금기성은 현대극에서 다양하게 활용된다. 가시성은 굿의 여러 요소를 상징화시킨 경우다. 보이지 않는 것, 예를 들어 신성성, 신내림 등을 가상으로 보여주는 것이다. 통합성은 공연자와 연희자의 통합, 여러 계층의 사람이 굿을 통해 통합되는 상황 등을 의미한다.

축제성[10]은 신성성, 놀이성, 완전성, 융합성, 완전성 등인데 이런 특성은

---

9   위의 논문, 154~164쪽 참조.

축제의 일반적 현상인 화합의 장과 공유의 장, 추상과 구체를 나눔, 민속
음악을 나눔, 두려움을 없애주는 자기암시와 즐거움 확약, 삶의 새로운
에너지 획득, 전통사상 지키기, 권력 지향적 정치성 등을 통해 나타난다.
이런 굿의 특성들이 현대극과 어떤 관계로 설정되어 있는지를 살핀다.

4) 분석대상 마당극의 내용

「꽃등들어 넘오시면」(2001년/ 놀이패 신명)은 진도 다시래기를 원용한
작품이다. 무대에 불이 켜지면 무대 좌측에서 할머니가 비손을 하며 기원
을 드린다. 이어 난장이 펼쳐진다. 난장은 북을 맨 잡색들이 맡는다. 반주
는 북, 장고, 징, 꽹과리가 맞는다.

상주의상을 입은 가상제(假喪主)가 등장하여 관객과 대화하면서 극을
진행한다. '오늘이 어떤 날이냐', '입장료 안냈죠?' 등 사소한 여러 일들
을 열거하며 관객과 무대 사이의 거리를 좁혀 관객들이 작품에 장애 없이
수용할 수 있도록 유도한다. '굿판에 오신 것을 환영한다'라고 공연이 굿
의 형식으로 진행될 것이라는 점을 직접적으로 언급하기도 한다. 굿판
벌여놓고 노잣돈 준비도 안 했냐는 등, 굿판에서 흔히 일어나는 상황을
보여주기도 한다.

그리고 징을 무대 가운데 작은 단(壇)위에 놓은 다음, 노잣돈을 넣으면
소원을 들어주며, 명과 복을 나누어 주겠다고 대사하며 관객들의 참여를
유도한다. 비손을 하는 행동과 별비를 받는 행동 등은 굿의 기복적 성격을
그대로 보여주는 것이다. 굿의 종교적 성격을 공연적 상황에 맞게 재구성
한 것이다. 이 과정은 굿의 뒤풀이 형태로 진행한다. 북을 든 잡색들이
등장하여 경쾌한 굿가락에 맞춰 북춤을 추며 흥을 돋우기 때문이다. 놀음
굿의 형태라고 볼 수 있다.

---

10 위의 논문, 154~164쪽 참조.

소원을 들어주겠다며 부자 되라, 만사형통해라, 미스코리아가 되라는 등의 공수도 내린다. 굿의 공수과정을 놀이 속에서 그대로 보여준다. 공수 내리는 과정은 소리만 들어도 상황을 짐작할 수 있고, 놀이의 과정을 즐길 수 있다. 놀이의 서사적 특성을 느낄 수 있는 부분이다. 무가의 서사적 특성과 유사하며 무가의 서사성을 새롭게 변형시킨 경우로 볼 수 있다.

가상주의 이러한 놀이는 굿을 주관하는 사람들의 초대로 공연이 이뤄지고 있음을 알게 한다. 열린 형식의 굿이다. 이어, '다시래기'를 바탕한 연극이 펼쳐질 것이라는 정보를 전하기도 한다.

이어 이미 죽어 저승에 간 사람들이 등장한다. 이승에 있는 자신들의 딸이 이미 저승생활을 하고 있는 자신들을 불렀다면서, '구천원귀 면하러 간다'고 한다. 이승의 씻김굿에 초대된 것이다. 50년 12월 한국전쟁 중에 가족이 몰살당했는데, 가족 중 살아남은 딸이 그 슬픔을 가슴속에 담고 있다가 신원굿을 하게 되었다고 한다. '속시원'한 일이라고도 한다. 아직 저승 못가고 구천에 떠도는 혼령들을 저승 편한 곳으로 천도하고자 그 혼령을 불러내어 위로하고 저승으로 잘 가도록 씻김을 하는 것이다.

「밥꽃수레」(2003년/ 놀이패 한두레)는 어린 자식을 남겨두고 빨치산이 되었다가 목숨은 부지했으나 이제는 자식도 만날 수 없고, 함께 빨치산이 되었던 오빠는 죽고, 외로움 속에 참전군인과 결혼했으나 결혼생활마저 행복하지 못했던 밥 파는 한 여인의 삶을 보여준다.

어린 자식이 있는 젊은 엄마가 오빠를 따라 빨치산이 되어 산속 투쟁을 벌이다가 오빠는 죽고 젊은 엄마는 살아남았다. 전쟁이 끝난 후, 남편은 빨치산 엄마를 빨갱이라면서 내쫓았고 엄마는 아들과 오빠를 그리워하며 리어카 밥차를 운영하며 연명했다. 빨치산 엄마는 아이가 있는 참전용사와 재혼했다. 빨치산이라는 약점을 가리기 위해 참전용사와 결혼했다.

젊었던 빨치산 엄마도 나이가 들어 할멈이 된다. 어느 날, 중병에 걸려 더 이상 살 수 없다는 진단도 받는다. 남편은 밥차를 그만두고 남은 생을 편하게 보내라고 한다. 할멈은 그럴 수 없다며 밥차를 계속 운영한다. 빨치산 동지였던 오빠 혼령이 나타난다. 할멈을 데리러 왔다고 한다. 할멈은 이젠 더 이상 오빠를 따라가지 않겠다고 선언한다. 하지만 할멈의 몸은 더 이상 인간세상에서 살 수 없을 정도로 피폐해졌다.

오빠가 최후의 전쟁을 치르던 날, 빨치산 엄마는 두고 온 핏덩이 아들이 미치도록 그리웠다. 그래서 아이가 맡겨진 시댁에 가서 아이를 데리고 올 위험천만한 계획을 세운다. 이를 안 오빠가 빨치산 엄마를 위해 대신 위험에 뛰어든다. 오빠는 사살된다. 빨치산 엄마는 이런 과거를 추억하며 오빠의 뒤를 따라간다. 죽는 순간에도 아들에 대한 그리움을 드러내지만 아들을 만나지는 못한다.

2. 형식적 측면

본 항에서는 굿의 대조구조와 긴장과 반전의 구조가 민족극에 어떻게 변용·계승되었는지를 고찰한다.

1) 대조구조

굿의 대조구조는 청신과 송신을 통해 나타난다. 청신은 신을 청하는 의례지만 이는 실제로 신을 권력화하는 현실적 행위다. 굿을 위해 굿당에 신을 좌정시키는 것이지만 신의 현현을 가정하여 신에게 종속되기를 요구하는 무당의 의례다. 송신은 권력화되었던 신이 소외되는 것이다. 굿의 종료와 함께 신은 굿당에서 사라진다. 일시적이라고 할 수 있지만 신이 소외된 상황이다. 신이 소외되면 신에게 종속되었던 인간이 해방된다. 이로써 인간이 권력화 된다.

대조구조는 신과 인간에게서 나타난다. 권력화되었던 신과 권력에서 소외된 신이 대조되고, 권력화된 신에게 종속되었던 인간이 종속에서 벗어나는 상황이 대조된다. 신은 권력소유와 권력소외로 대조되고, 인간은 종속과 해방으로 대조된다. 이러한 대조구조 위에서 굿이 펼쳐지는 것이다. 이 구조 안에는 인간의 대조적 이중심리도 내재된다.

무속의 신은 인간 생명과 운명을 좌우하는 것으로 설명된다. 절대적 존재라고 표현할 수도 있다. 이러한 존재인 신을 인간이 마음대로 조정한다. 신을 청한 이유는 신을 위로하고 인간의 복을 빌기 위함이다. 그런데 복을 빌기 위해 청한 절대적 존재 신을 인간 임의로 보낸다. 절대적 존재인 신과 함께 있으면 항상 복을 받고 인간을 유익하게 할텐 데, 청했던 신을 왜 신을 다시 보내는가?

인간이 인간세상에서 독점적 지위를 갖기 위함이다. 신을 위로하고, 신에게 기복하지만 인간보다 존귀한 신이 인간과 함께 있으면 인간이 독점적 지위를 누릴 수 없다. 그래서 송신한다. 자기 이익을 위해 신을 청했다가 자기 이익을 위해 신을 보내는 것이다. 이를 인간의 대조적 이중심리인 사디즘과 마조히즘이 공존하는 상태라 할 수 있다.

사디즘과 마조히즘은 가학적 태도와 피가학적 태도로 정반대의 쾌감원리다. 권위를 드러내서 쾌감을 느끼는 경우와, 종속을 통해 쾌감을 느끼는 태도다. 인간은 둘 중 어느 하나에 특정되어 움직이기도 하지만 대개 두 특성이 복합되어 인간을 지배한다. 이 도령의 사랑에 종속된 춘향의 태도를 통해 쾌감을 느끼기도 하지만, 변학도의 가학적 행동도 희극적 쾌감을 준다. 춘향의 태도와 변학도의 태도는 상반되나 둘 모두 봉건제적 제도를 비판하지만 두 인물의 행동이 보여주는 태도는 상반된다. 하나의 지점에 모이는 두 행동에 가학성과 피가학성이 복합된다. 인간은 사디즘과 마조히즘이라는 상반된 특성이 복합되는 경우에 흥미를 더 느낀다. 이처럼 대조적 특성의 복합을 통해 쾌감을 느끼도록 고안된 장르가 멜로드라마다. 사디즘과 마조히즘의 복합은 가장 대중적인 장르의 특성"인 것이다.

굿에 이와 같은 대조적 특성이 복합되었다. 그래서 근대 이전, 오랫동안 인간의 마음을 사로잡는 대중적인 장르로 자리 잡아 왔다고 본다. 현대에 와서 굿에 대조적인 구조는 잔존하나 표현 방식이 현대화되지 못했기 때문에 대중적 장르에서 밀려났다고 본다.

「꽃등들어 님오시면」의 경우, 한을 안고 죽은 혼령들을 모아 이들을 씻김하고 다시 저승으로 보낸다. 이런 행동도 응집과 풀이다. 혼령들을 모았다가 다시 풀어헤쳐내는 것이다. 이러한 대조적 행동이 바로 굿의 대조구조와 같다. 굿의 대조구조가 가장 일반적이고 선호되는 구조라는 점이 창조적으로 계승되고 있는 것이다. 보고 싶었고 그리웠던 혼령들인데 이승에서 함께 공존해도 될 것이나 그러지 않는다. 신이 살아 있으면 내 권위가 흔들려 두려운 것이다. 그러나 신이 없어도 두렵다. 그래서 신을 불러 씻김한다. 권위적 행동과 종속적 행동 모두를 통해 쾌감을 갖는 인간의 대조적 이중심리가 대조구조를 통해 나타나는 것이다.

대조구조가 마조히즘과 사디즘을 복합시킨 절묘함 때문에 대중적이 되는데, 대조구조가 대중적인 또 다른 이유는 대조구조 가운데 카타르시스를 배치하기 때문이다. 굿이 각 석마다 독립된 내용으로 되어 있기는 하지만 발단 – 전개 – 절정 – 대단원의 과정을 밟는다. 리얼리즘 연극의 내용전개와 크게 다르지 않다. 리얼리즘 연극이 카타르시스를 배치해 관람자의 몰입을 요구하듯이 굿도 카타르시스를 배치한다. 대조적 이중심리를 교묘히 이용하여 관람자의 흥미를 유발한 다음, 이들의 마음을 정화시키는 것이다. 혼령들을 불러내 대화를 나누고 억울함을 씻김한 후, 송신한다. 송신의 과정에 감정을 고조시킨 후 마음이 정화되도록 한다. 리얼리즘

---

11 심상교(2009), 「고구려건국신화와 김수현드라마의 특성 비교 연구」, 『비교민속학』 38, 비교민속학회, 420~421쪽 참조.

연극의 전개과정과 많이 닮았다. 굿이 선행된 장르이니까 리얼리즘 연극이 굿의 이러한 전개과정을 현대적으로 계승했다 할 것이다.

씻김굿은 개인을 씻김하는데, 「꽃등들어 넘오시면」은 역사를 씻김한다. 굿놀이가 현대적 계승과 재창조를 통해 개인에 대한 관심을 전체에 대한 관심으로 관점을 확대한 것이다. 혼백이 담긴 옷을 영돈말이를 통해 역사씻김의 과정을 보여준다. 영돈말이 속에 갇혀 있는 혼은 개인의 혼이나 그 개인은 역사화된 존재다. 개인을 넘어선 역사화된 존재를 씻김하는 일이므로 역사를 씻김하는 것이다. 활유적 상상력이 요구되는 영돈말이는 신체를 쓰다듬고 향물로 씻는 과정을 통해 정성스러운 모습으로 외화되지만 실질적으로는 비극의 실체를 목도하게 하는 애절하고 안타까운 상황을 드러내는 장면이다. 비극적 역사를 구체적으로 드러내고 이를 씻김하는 고조된 표현술이다.

할멈과 할멈의 오빠가 만나는 설정은 산자와 사자가 만나는 설정이다. 청신의 상태다. 청신은 잠재의식의 현현 또는 잠재의식의 현재화다. 과거를 현재시점으로 옮겨와 장면화하는 공연물의 특성이 반영된다. 굿놀이의 재창조에 해당된다. 오빠의 등장도 청신의 상태면서, 잠재의식의 현현이다.

무사히 저승에 안착해야 이승에 미련을 갖지 않기를 기원하는 의식이기도 하다. 이는 송신 절차에 해당되는데, 이는 신이 이승에 남지 않도록 어떤 면에서 강제 송신하는 것이다. 혼이 빠져나와 이승에 남게 되면 이승의 질서는 흐트러진다. 신에게 종속되어 신의 존재를 높이 모시면서도 신의 존재가 이승에 남지 않도록 강제 송신한다. 신에 의지하면서도 신의 존재를 거부하는 인간의 이중성이 드러난다. 조상을 받들어 모시는 행위와 조상을 강제로 송신하는 행위가 동시에 나타나는 것이다.

영돈말이하면서 '나도 얼마 안 남았는가 보다'라고 한다. 청신과 송신의 과정이 마무리됨으로써 내겐 마음의 정화가 일어난 것이다. 즉 마음을 정화시키는 카타르시스 단계다.

「밥꽃수레」도 대조구조 안에서 전개된다. 밥수레를 끄는 할멈과 두 남편의 모습에서 대조구조가 선명하다. 할멈의 행동에서는 마조히즘적 특성이 나타나고, 두 남편의 모습에서는 사디즘적 특성이 나타난다. 자신이 낳은 아들을 보고 싶어 하지만 빨치산이었다는 이유로 이를 허락하지 않으며 부인을 가학하는 전남편과 역시 빨치산이었다는 이유로 할멈을 가학하는 참전용사인 두 번째 남편의 행동도 사디즘적이다. 두 번째 남편은 빨치산 아내의 생존근거가 자신이라면서 아내를 가학한다. 할멈의 행동은 마조히즘적이다. 아들에 종속되고 이념에 종속되는 모습이 그렇다. 고통을 통해 쾌감을 느끼는 정도는 아니지만, 삶의 근거가 고통인 점에서 마조히즘적이라 할 수 있다.

이상에서처럼 권위에 의존하고 종속되면서, 다른 한 편으로 권력을 혐오하고, 권력에서 벗어나고자 하는 인간의 욕망이 「밥꽃수레」에서 그대로 드러난다. 굿적 형식을 빌려 표현하는 작품에 굿의 내재적 특성인 인간의 이중적 측면, 즉 마조히즘과 사디즘도 빌려오고 있음을 알 수 있다. 「밥꽃수레」는 굿의 제차 형식과 이중적 대조구조의 내적 측면을 계승하고 있는 셈이다.

「밥꽃수레」에서, 지전을 들고 나와 혼령이 세상에 산재되어 있음도 보여준다. 지전이나 지화, 굿당 등 굿의 오브제들은 신이 그 곳에 깃들도록 의도되어 설치한다. 굿 정신이나 굿의 여러 오브제는 신의 응집을 의도하지 신의 확산을 의도하진 않는다. 지전을 이용해 혼령들을 모으고 이들을 위로해 저승에 안착하도록 한다. 꽃등에서도 혼령을 응집시켜 위로한 후, 저승에 안착하도록 한다. 굿놀이 방식을 계승하고 있는 것이다. 베가르기도 신의 응집을 통한 저승 안착의 경우다. 용선에 인간 세상에 떠돌 혼령들을 모아 저승으로 보내는 행동이다. 베를 가르는 행위는 용선의 이동을 통해 혼령의 떠나감을 표현하는 행위다. 가시적 효과를 노린 극적 행동이다.

대조구조를 통해 인간의 대조적 이중심리를 표현하였으며 이 표현 속에 카타르시스를 장치하여 관람자가 작품에 잘 몰입되도록 했다. 굿에서 이화효과를 읽어 내는 경우도 있는데 굿은 엄밀히 몰입을 유도 하고 있음을 알 수 있고, 이를 계승한 작품 역시 이화효과를 위한 기법을 활용하지만 전체적으로는 몰입을 유도하고 있음을 알 수 있다. 굿의 형식을 따르고 있는 것이다.

2) 긴장과 반전구조

해가 뜨고 지는 상황이 반복되듯이 일정한 반복은 인간에게 이미 습관이다. 습관은 사람을 편하게 한다. 사람은 그 편안함을 즐긴다. 그런데 편안함만 지속되면 긴장의 강도가 낮아지고 흥미가 상실되는 관계로 배반이 필요하다. 그런데 배반은 해결을 전제로 한다. 배반은 상황이 순리대로 흘러가지 않았거나 기대했던 대로 흘러가지 않은 상황이다. 순리대로 되지 않았는데, 기대했던 대로 되지 않았다면 왜 그렇게 되었는지, 아니면 다시 순리대로 되던지, 기대했던 대로 되든지 어떤 형태로든 해결이 되어야 한다. 그래서 배반은 해결을 전제로 한다.

이와 같은 배반과 해결이 여러 차례 반복되는 것이 현실이고, 이를 잘 반영하고 있는 것이 사람들의 관심을 끄는데 유효한 작품이 된다. 사람들의 관심을 끄는 것이 꼭 좋은 작품이 아닐 수 있다. 실제로 사람들의 관심을 끌지 못하지만 완성도 높은 작품이 없지 않다. 그러나 관심의 대상이면서 좋은 작품이 되면 더욱 의미 있을 것이다. 배반과 해결의 구조가 작품 속에 여러 차례 반복되도록 장치하는 방법이 관심과 좋은 작품이 되는 문제에 하나의 해답이 될 수 있을 것이다.

3. 내용적 측면

본 항에서는 굿과 분석대상 두 작품의 내용적 측면이 굿의 연행 특성 및 축제성을 어떻게 변용·계승 하였는가를 고찰한다.

1) 연행 특성 – 감정고조

앞 절에서 굿의 대조구조 안에는 카타르시스가 장치되어 있다고 했다. 카타르시스는 공연감상 과정에서 파생되는 감정 상태를 의미한다. 기쁨, 쾌감, 정화상태와 관련된다. 그러면 굿 안에서의 카타르시스는 어떻게 파생되는가. 굿의 연행적 특성[12]과 맞물리면서 파생된다. 연행특성이 굿 관람자의 감정에 변화를 주며 기쁨, 쾌감, 정화상태를 결과하는 것이다. 감정고조를 위해서는 굿의 연행특성인 반금기성, 가시성, 통합성, 독립성 등이 작품 안에 녹아 있어 가능한 것이다.

반금기성이란 금기를 넘어선다는 의미로 정의하고자 한다. 반금기성에서 반은 맞선다는 의미가 강해 넘어선다는 의미가 약해 보이기도 하지만 하나의 테제에 맞선다는 의미는 이를 넘어서기 위한 안티테제로 볼 수 있어 금기에 대한 안티테제로 반금기성으로 정의하고자 한다.

금기를 넘어서기 위해 사용하는 것이 골계성, 사회비판성, 해학성, 풍자성 등이다. 신성성이 중시되는 굿에서 신성성의 대척적 성격을 가진 반금기성은 굿을 흥미롭게 하는 근거다. 신성성의 심각한 상황에서 관람자는 경직될 수 있다. 이런 상황마저 흥미 영역으로 끌어들이는 것이 반금기성이다. 재밌게 고안된 말투와, 행동 등이 반금기성을 드러낸다. 이러한 반금기성은 굿의 표현을 다양하게 하고 인간의 감정을 자극하여 새로움을 깨닫게 하는 특성이 갖는다. 반금기성은 인간의 감정을 고조시켜

---

12 심상교(2005), 앞의 논문, 154~164쪽 참조.

새로움을 깨닫게 하는데 적절히 활용되는 특성이라 할 것이다.

가시성은 상징성이나 신성성을 구체화하여 장면화하고 현실화한 것이다. 명과 복이 사람에게 내린다는 것을 상징적으로 보여주는 것이다. 가시성은 위민의 상황을 분명히 보여준다. 신을 인간이 즐거움을 얻기 때문이다.

가시성은 신과 인간을 분리시킨다. 신성성을 상징으로 보여주기 때문에 인간과 신이 다른 위상에 존재함을 확인한다. 이는 연희자와 관람자의 구분을 통해 나타난다. 연희자는 신의 대리자이거나 신을 대신한다. 관람자는 이를 바라보며 몰입하는 존재다. 몰입과정에서 감정이 고조되고 자신의 염원이 투사되어 실현된다는 확신으로 이어져 카타르시스 같은 감정정화까지 경험한다. 가시성은 굿의 통합성, 독립성과 연결된다. 굿이 관람자를 끌어들여 연희자와 하나 되는 상황을 만든다는 점에서는 통합적이나, 관람자가 연희자와 일정거리를 둔 채 감정정화를 이루는 점은 독립적이다.

굿이 민중향유의 대표적인 장르이기 때문에 굿에서는 민중이 어우러지는 융합의 형식만으로 생각하는 경향이 있다. 굿은 통합된 공간에서 융합의 정신을 반영한 공연물이기는 하지만 굿이 연행되는 과정에 신성성을 유지하기 위해서 공연자와 관람자는 일정 거리를 유지하는 공연물이다. 통합과 독립이 동시적인 장르인 것이다. 굿의 독립성은 아무나 연희자가 될 수 없다는 점에서도 확인된다.

굿 연행은 고도의 예술적 능력과 숙련과정을 필요로 한다. 고도의 훈련과정과 재능을 가진 연희자가 아니면 굿을 실연할 수 없다. 굿이 민중적이라고 할 때, 또는 굿이 민중들이 향유하는 장르라고 하여 굿의 예술성이나 의식성이 낮은 것이 아니다. 그러나 아무나 굿장단을 연주할 수는 없다. 굿의 독립성을 보여주는 것이다. 누구나 굿장단에 맞춰 노래하고 춤출 수 있다. 이는 굿의 통합성이다. 굿의 통합성과 독립성이 동시에 작용하기 때문에 굿에 내재한 고도의 예술성이 확인되고, 이를 향유할 수 있는 장이 마련되는 것이다.

굿이 관객과 어우러져 통합된 융합의 장을 마련하는 것은 사실이지만 이보다는 공연자와 관람자의 엄격한 구분 속에 공연되는 상황이 훨씬 더 많다. 공연자와 관람자의 분리가 엄격하지 않고서 공연의 완성도를 높이기는 어렵다. 완성도 높은 공연은 관람자들에게 기쁨의 체험을 준다. 일하는 것과 노는 것, 노동과 연희가 포괄적이고 구분점이 없어졌다는 주장이 굿 정신을 반영한 대표적인 경우인데, 이런 주장은 굿이 한데 어우러지고 소통하는 행동만 담고 있는 것처럼 오해하도록 한다. 굿이 국악기로 반주되고 국악기는 우리의 전통음악기이며 우리의 전통은 분리된 예술이 아니라 민중들을 위한 예술이었기에, 통합적 특성만을 보이는 것으로 오해한다. 고도의 훈련과정을 거쳐 완성된 예술이라는 점을 간과한다. 민중이 향유했다는 것은 많은 사람들이 즐겼다는 설명이지 많은 사람들이 모두 연주할 수 있었다는 뜻은 아니다. 굿의 경우 고도의 숙련이 요구된 경우였기에 연희자와 관람자 사이의 독립성 뚜렷했던 장르다. 관람자들은 고도의 예술작품을 감상하고 이를 통해 기쁨을 갖게 된 것이다. 굿의 독립성 속에서도 감정고조를 체험하는 것이다.

통합성은 주민들이 굿에 직접적으로 참여한다는 의미만이 아니라 굿의 전과정에 주체적으로 참여한다는 의미도 포함한다. 이는 굿만의 특성으로 보기 어렵다. 모든 공연의 경우가 그렇기 때문에 굿의 주요 특성이 관람자의 참여라는 설명은 굿만의 특성을 논의할 때는 중시될 필요가 없다고 본다.

이처럼 굿의 반금기성, 가시성, 통합성, 독립성은 굿의 관람자들을 감정고조에 이르게 한다. 굿의 이 네 가지 연행특성이 민족극에 그대로 나타나는 것은 아니다. 민족극이 네 가지 특성을 감정을 고조시키는 내용에 이용하되 네 가지 특성이 파생하는 감정고조적 내용까지 함께 이용하는 것이다.

죽은 사람, 그것도 억울하게 죽은 사람, 젊은 나이에 비명횡사한 가족을 만난다는 것은 실제로 일어날 수 없는 일이지만 굿의 가시성 속에서는 가능하다. 감정고조가 가시성 속에서 유발되는 것이다. 이들을 위로하는 것도 감정고조를 유발한다. 몰입이라는 통합성 속에서 가능한 것이다.

「밥꽃수레」는 전편에 감정고조가 고루 배치된다. 핏덩이 자식을 둔 젊은 엄마가 오빠를 따라 빨치산이 되는 상황, 그 엄마가 어린 자식을 그리워하는 상황, 그 아들이 보고 싶어 격전을 뚫고 아들을 한 번만 보고 오겠다고 결심하는 상황, 위험한 상황에 여동생을 보낼 수 없어 오빠가 대신 위험에 뛰어드는 상황, 살아남은 여동생의 풍진 인생과 중병 걸린 상황, 오빠 혼령의 등장과 인생정리 상황, 이젠 할멈이 된 젊은 엄마가 과거를 회상하는 상황, 한국전쟁 속의 죽음과 이별 등의 기막힌 상황, 한으로 잠재되었다가 현재화되는 상황 등이 격정을 유도하는 상황이다. 가시성, 통합성, 독립성 등을 이용해 감정을 고조시킨다. 상황 중간 중간에 골계적 대사와 이런 상황들이 전개되게 된 전후 맥락, 이념의 대립, 그 속의 희생을 풍자하는 내용도 섞인다. 반금기성도 감정고조에 이용되는 것이다.

언니 오빠 등 혼령들은 얼굴에 탈을 썼다. 탈을 쓴 이유는 자신들이 신의 존재이며, 인간과 차별화된 존재라는 것을 보여주기 위한 상징적 행동이다. 굿에서 무당이 신을 대신하기도 하며, 소나무, 옷, 명두 등이 신을 대신하는 경우가 있다. 상징을 통해 신을 보여주는 것이다. 혼령 즉, 신들이 탈을 씀으로써 신의 존재를 상징화한 것이다.

민족극의 특성을 설명하면서 민족극의 서사구조는 열린 구조이며, 현실을 리얼하게 보여주고 있고, 현실에 대한 비판의식을 강하게 보여주며 세계를 희화화하고 풍자한다고 설명한다. 민족극의 이런 특성은 전통연희 여러 곳에 들어 있는데, 굿의 반금기성을 통해서도 잘 드러난다.

그런데 이런 민족극의 특성은 비판된 경우는 거의 없고, 수정될 필요도

없는 것처럼 생각해 온 경향이 있다. 민족극에 대한 비판은 공연되었을
때 예술성이 부족하다는 정도의 구체적이지 못한 근거에 의한 비판이 대
종이었다. 닫힌 서사구조도, 현실을 비현실적인 환상적 내용으로 보여주
어도 현실에 대한 비판을 담을 수 있으며, 세상을 희화화하고 풍자할 수
있다.

굿의 반금기성은 대조구조 속의 일부 장치로 기능하기도 한다. 그런데
반금기성만을 확대하여 작품 전체의 주된 흐름으로 유도할 때는 불균형
적인 작품이 될 수 있다. 현실을 리얼하게 보여주며 세계를 희화화하고
풍자하는 내용을 주된 흐름으로 할 경우, 불균형적인 작품이 될 수 있는
것이다. 작품의 전체 구조와 어울릴 때 희화화와 풍자 본연의 의미가 살아
나는 것이다.

더불어 굿의 통합성과 독립성도 동시적으로 작용할 때 그 의미가 살아
나는 것이다. 어느 한 쪽만을 지나치게 강조하면 균형 잡힌 작품이 만들어
질 가능성이 낮다. 따라서 작품의 완성도를 위해서는 구조와 장치, 이를
위한 내용의 뒷받침이 서로 조응해야 한다. 어느 한 쪽이 지나치게 부각되
면 불균형적 작품이 되는 것이다.

2) 축제성[13] - 리얼리즘

굿이 진행되는 과정에는 여러 현상들이 나타난다. 화합의 장과 공유의
장이 마련되고, 추상과 구체가 나누어지고, 민속음악을 감상하는 기회도
만나며, 두려움을 없애주는 자기암시와 즐거움 확약이 있고, 삶의 새로운
에너지 획득하는 기회가 주어지며, 전통사상을 지키는 의지도 확인된다.
권력 지향적 정치성도 나타난다. 이런 굿 현장의 현상은 신성성, 놀이성,

---

13   위의 논문, 167~176쪽 참조.

완전성, 융합성, 모방성, 회귀성, 기복성 같은 굿의 특성을 드러낸다.

굿의 이러한 특성은 리얼리즘적이라고 할 수 있다. 현실 속의 있는 그 대로의 실제를 이용해 실재를 추구하는 리얼리즘적 관점과 다르지 않다. 굿의 신성성, 공수 등을 상징화한 가시성도 실제로 존재한다고 믿어지는 상황이 굿이다. 상상일 뿐인 것이 굿이 아니라 상상이 현실 속에서 가능하며 실제로 일어난다고 믿게 하는 것이 굿이다. 굿 안에서는 모든 것이 실제로 존재한다. 신도 존재하며, 죽은 사람도 살아 돌아와 현존하며, 추상이라고 할 수밖에 없을 신성성과 공수와 명과 복내림이 구체가 되는 것이다. 축제성은 결국 상상을 현실화하는 굿의 특성인 것이다.

리얼리즘은 현실의 실상을 비판적으로 바라보며 불합리를 시정하고 좀 더 개선된 세상에 대한 희망도 드러낸다. 개선된 세상에 대한 희망을 드러내는 점에서는 굿의 축제성도 리얼리즘과 같은 것이다. 비판적 관점이라는 과정은 다르지만 도달점은 같은 것이다. 굿의 리얼리즘은 굿의 축제적 특성들을 이용해 더 나은 세상으로의 지향을 의미한다. 굿의 리얼리즘은 인간의 보편심리도 잘 드러나도록 한다. 굿 현장에서 일어나는 여러 모습들이 인간의 보편심리를 그대로 보여주는 것이다. 현실과 타협하고 현실을 극복하려는 행동들이 모두 들어 있는 것이다. 굿의 리얼리즘 안에는 놀이성과 종교성도 합일된다. 청신, 송신을 통한 질서 회복 및 유지도 포함된다.

저승을 현실에 옮겨 온 상황이 많다. 사자에게는 저승과 이승이 한 공간이고 이승과 저승 사이의 넘나듦이 자유롭다. 죽음은 저승과 가장 가까운 상황이다. 이승과 저승의 넘나듦이 현실 속에서 이뤄진다. 이것도 굿의 리얼리즘이라고 할 수 있다.

이승과 저승이라는 공간분할은 과거와 현재의 분할과도 상통한다. 즉 이승과 저승의 넘나듦이 자유롭다는 것은 과거와 현재의 넘나듦이 자유롭다는 것이다. 이는 과거도 현재 시점에서 자유롭게 관람자 앞에서 연희할 수 있다는 의미가 된다. 연극의 특성이 과거도 현재시점에서 공연된다

는 점인데, 연극의 이런 특성이 굿의 리얼리즘적 특성이 반영된 경우라
할 수 있다. 이런 특징은 현대적 계승은 아니다. 연극이 형식화되던 수천
년 전에도 그랬기 때문이다. 그렇지만 굿이 세계를 자유롭게 넘나드는
성격이 현재의 공연예술에 많이 반영된 것은 틀림없다.

「꽃등들어 넘오시면」에서는 제사상, 굿상에 올릴 전과 꿀떡 이야기도
한다. 실제 굿상, 제사상차림에 전과 꿀떡이 올라간다. 전과 꿀떡을 제사
상과 굿상에 올리는 것은 사자(死者)인 신들이 이승에 있는 동안 즉, 인간
이었을 때 가장 선호했던 음식일 수 있다. 신이 좋아하는 것으로 판단하는
음식을 준비하는 일도 전통을 지키며 추상과 구체를 나누는 현상의 일부
다. 저승의 문지기는 자신을 저승의 문지기라고 소개한다. 굿 안에서는
사실이다. 굿의 실제적 내용이 공연 속으로 들어와 리얼리즘적 성격을
획득하는 것이라 할 수 있다.

4. 굿이 계승해야 할 현대공연의 특성

굿이나 전통연희와 관련된 공연에서는 우리의 전통연희가 연희자와 관
객을 분리하지 않은 채 공연했다는 점을 중시[14]했다. 연희자와 관객을 분
리하지 않는 것이 공연물의 완성도를 높이는 관점이 올바른 것이라 하더
라도 남는 의문은 연희자와 관람객이 분리가 되면 작품의 완성도고 낮아
지는가 하는 점이다.

연희성격에 따라 연희자와 관람객이 분리되어 완성도를 높이는 경우가
있을 수 있고, 연희자와 관객이 일체가 되어 완성도를 높이는 경우가 있을

---

14 임진택(1980), 「새로운 연극을 위하여」, 『창작과 비평』 1980년 봄호, 창작과비평사,
    53~55쪽 참조.

것이다. 탈놀이는 일체를 지향해서 완성도를 높인 경우이고, 정재(呈才)는 분리 상태를 통해 완성도를 높인 경우이다. 대개의 음악공연도 분리 상태에서 완성도를 더 높인다 할 수 있다. 따라서 연희자와 관객이 분리되었느냐 일치되었느냐는 공연의 성격에 따라 그 필요성이 달라지는 것이지 작품의 완성도를 판가름 하는 잣대가 될 수는 없을 것이다.

그러면 굿은 일체와 분리 중 어느 것을 통해 더 완성도를 높일 수 있는가. 굿은 현대의 대표적 공연특성 중 관람객과 연희자의 분리에 더 관심을 가질 필요가 있다. 굿이 종교성을 강조하든, 공연물로서의 특성을 강조하든 연희자와 관람객의 분리를 더 우선한 일체를 지향할 필요가 있다. 그러면 예술성과 축제성이 혼합된 형식으로 완성도를 높일 수 있을 것이다. 굿에는 관객 확보를 위한 실질적 장치도 필요하다. 이는 대중이 선호하는 극적 장치를 굿 안에 내재시키는 것이 하나의 해결책이 될 수 있을 것이다. 그리고 고대 연극에서 현대 연극으로 흘러오는 과정에 역할을 분담하여 그 완성도를 높여간 것처럼 굿도 굿을 주관하는 무당외의 연행담당자들 역할을 더 확대할 필요가 있다. 대개 한 명의 무당이 한 석을 책임지는데, 여러 무당이 한 석을 책임지는 역할 분담을 추진하는 것도 필요할 것이다. 단독연희에서 분화된 연희로 형태를 변화시키는 것이 요구되는 것이다.

5. 결론

굿의 현대적 변용과 창조적 계승에 대해 고찰했다. 지금까지, 굿에 관한 논의에서는 굿 정신을 절대적인 것으로 받아들이는 경향이 없지 않았다. 굿은 오랫동안 연희되었다. 때문에 여러 장르를 흡수하고 새롭게 재창조해 왔다. 그러나 굿이 완벽한 연희였거나, 완벽한 제의였다면 예술에서나 종교에서 지금같이 변방의 위상에 위태롭게 서 있지는 않았을 것이다. 굿은 불완전하며 현대정신과 현대문화를 선도하려는 노력이 부족했다.

굿의 장점으로 인식되어 현대적 계승 및 재창조에 반영되어 온 대표적인 요소는 굿의 민중성과 해원성, 개방성 등이다. 그런데 민족극이 파악하고 있는 굿의 세 가지 특성이 굿의 특성을 잘 드러낸다고 볼 수 없다. 굿을 민중성, 해원성, 개방성으로 해석할 때의 근거가 청신 – 오신 – 송신인데, 청신 – 오신 – 송신 어디에도 민중이 굿의 주체로 볼 수 있는 부분은 없다. 굿 연구자들이 굿의 구조를 잘못 해석했거나 민족극 연구자들이 굿 연구자들의 결과물을 오독한 것이다. 그러나 굿의 일반적 구조를 '청신 – 오신 – 위민 – 송신'의 구조로 설명하면 상황은 달라진다. 이 구조 속에서는 굿이 신에게 기복하는 희구의 내용과 굿이 민중을 위하고 해원한다는 설명 모두가 해명된다.

본고에서의 고찰은 형식적 측면과 내용적 측면으로 나눈다. 형식적 측면에서의 논의는 구조가 중심인데, 대조구조와 긴장과 반전구조로 나누어 논의한다. 내용적 측면은 감정고조를 유도하는 굿의 연행특성 그리고 축제성과 관련하여 논의한다. 분석대상은 「꽃등들어 님오시면」과 「밥꽃수레」다.

굿의 대조구조는 청신과 송신을 통해 나타난다. '오고감' 대조구조 안에 굿의 펼쳐지는 것이다. 이 안에는 인간의 대조적 이중심리도 나타난다. 신을 청해 종속되고 신을 보내서 인간 자신이 권위자가 된다. 인간의 대조적 이중심리인 사디즘과 마조히즘이 굿에 들어 있다.

대조구조가 마조히즘과 사디즘을 복합시킨 절묘함 때문에 대중적이 되는데, 대조구조가 대중적인 또 다른 이유는 대조구조 가운데 카타르시스를 배치하기 때문이다. 굿이 각 석마다 독립된 내용으로 되어 있기는 하지만 발단 – 전개 – 절정 – 대단원의 과정을 밟는다. 리얼리즘 연극의 내용전개와 크게 다르지 않다.

「꽃등들어 님오시면」은 역사를 씻김한다. 굿놀이가 현대적 계승과 재창조를 통해 개인에 대한 관심을 전체에 대한 관심으로 관점을 확대한다. 「밥꽃수레」도 대조구조 안에서 전개된다. 밥수레를 끄는 할멈과 두 남편의 모습에서 대조구조가 선명하다. 할멈의 행동에서는 마조히즘적 특성이 나타나고, 두 남편의 모습에서는 사디즘적 특성이 나타난다. 배반과 해결이 여러 차례 반복되는 것이 현실이고, 이를 잘 반영하고 있는 것이 사람들의 관심을 끄는데 유효한 작품이 된다. 두 작품은 이런 대조적 특성도 잘 반영한다. 굿의 연행적 특성이 굿 관람자의 감정에 변화를 주며 기쁨, 쾌감, 정화상태를 결과하는 것이다. 감정고조를 위해서는 굿의 연행특성인 반금기성, 가시성, 통합성, 독립성 등이 작품 안에 녹아 있어 가능한 것이다.

「꽃등들어 님오시면」, 「밥꽃수레」는 전편에 감정고조가 고루 배치된다. 굿이 진행되는 과정에는 여러 현상들이 나타난다. 화합의 장과 공유의 장이 마련되고, 추상과 구체가 나누어지고, 민속음악을 감상하는 기회도 만나며, 두려움을 없애주는 자기암시와 즐거움 확약이 있고, 삶의 새로운 에너지 획득하는 기회가 주어지며, 전통사상을 지키는 의지도 확인된다. 굿의 이러한 특성은 리얼리즘적이라고 할 수 있다. 현실 속의 있는 그대로의 실제를 이용해 실재를 추구하는 리얼리즘적 관점과 다르지 않다. 리얼리즘은 현실의 실상을 비판적으로 바라보며 불합리를 시정하고 좀 더 개선된 세상에 대한 희망도 드러낸다. 개선된 세상에 대한 희망을 드러내는 점에서는 굿의 축제성도 리얼리즘과 같은 것이다. 비판적 관점이라는 과정은 다르지만 도달점은 같은 것이다. 그리고 굿이 종교성보다는 공연물로서의 특성을 강조하려면 대중들이 더 선호하는 극적 장치를 내재시킬 필요가 있으며 단독 연희에서 분화된 형태로 전환할 필요도 있다.

동해안별신굿에 나타난
연극적 연출의 축제성 의미 연구

1. 서론

동해안별신굿에 나타난 축제적 특성을 연극의 연출적 관점에서 고찰한
다. 고찰 방법은 동해안별신굿에 나타나는 극적 상황 전반에 대해 설명하
고 이어 연극적 특성이 나타나는 부분을 연출적 관점에서 논의하되 축제
적 특성과 어떤 연관을 맺는 지를 중심으로 고찰한다. 동해안별신굿의
축제적 특성을 설명하기 위한 기존의 연구 방법은 축제이론을 동해안별
신굿에 적용하는 것이었다. 이 방법도 중요 하지만 동해안별신굿 자체에
대한 다양한 분석과 논의를 하는 것도 필요하다. 동해안별신굿이 대표적
인 한국의 전통 축제이므로 동해안별신굿의 굿적 특성에 대한 다양한 분
석과 논의가 동해안별신굿의 축제성을 설명하는 연구가 될 것이며 나아
가 한국적 축제를 해명하는 근거를 만드는 일이 될 것이다.

따라서 본고는 동해안별신굿의 연극적 특성에 대한 논의이면서 굿적
특성, 즉 축제적 특성을 동시에 논의하는 것이 된다. 앞으로는 굿의 특성
을 논의한 결과가 축제적 상황을 설명하는 근거가 되어야 할 것이다.

연극적 특성은 여러 가지로 규정될 수 있는데 본고에서는 연극 일반에
대한 개념[1]을 중심으로 하는 연극적 특성으로 하되 한국 전통공연 양식을

---

1   아리스토텔레스, 천병희 역(1982), 『시학』, 삼성출판사 ; 이근삼(1983), 『연극개론』, 범

지칭하는 연희(演戱)적 특성도 포괄한다. 분석의 기준은 다음과 같다. 연극적 특성은 연출적 특성을 중심으로 고찰한다. 연출적 특성은 연출의 장치, 무대공간의 활용특징, 관객, 소품 등과 관련되는데 이러한 것이 어떤 의미로 이용되었는지를 고찰한다.

동해안별신굿의 연극적 성격에 대한 논의는 여러 차례 있었다. 논의는 대개 거리굿과 관련되었다. 최정여·서대석의『동해안무가』에서는 형식과 내용, 연극적 특징[2]의 세 부분으로 나누어 다루었는데 형식은 도구, 대사, 시간과 공간의 처리로 구분지어 논의했고 내용은 골계적 성격, 일상생활의 재현, 성적 노출로 나누어 논의했다. 연극적 특징에서는 연극의 전행예능(前行藝能)적인 성격을 보여주고 있다면서 세 가지로 연극적 특징을 설명했다. 첫째, 극과 이야기의 중간적 성격을 갖는다고 했다. 그리스 연극의 시작이 코러스와 지휘자가 디오니소스 신을 흉내 내고 코러스와 대사를 교환하는 것에서 시작되었다는 점을 그 근거로 제시했다. 둘째, 제의에서 행하여진다는 점을 들었다. 거리굿에 앞선 공연은 구나의식인 규식지희에 해당하고 거리굿은 골계희인 소학지희에 해당한다고 보았다. 셋째, 가면극과 일치하는 점을 들었다. 연기자가 반주자나 관중과 이야기를 나눈다는 점과 극중 장소와 공연장소가 일치한다는 점이다. 연극의 초기적 특성이라고도 설명하면서 거리굿이 민속극으로서 소극으로서 의미가 있다고 하였다.

서연호[3]는 무극에 관한 논의에서 무극이 시간성, 공간성, 행동성에서 연극과 일치한다고 하면서 거리굿을 예능성이 강한 무극으로 분류하였

서출판사. 이상에 나타나 있는 연극의 여러 개념을 근간으로 한다.

2 최정여·서대석 공편(1974),『동해안무가』, 형설출판사, 50~61쪽 참조.
   이 논문은 후일 서대석(1980),『한국무가의 연구』(문학사상사)에 재수록되었다.
3 서연호(1982),「한국무극의 원리와 유형」,『한국무속의 종합적 고찰』, 고려대학교민족문화연구소, 233쪽 참조.

다. 다니엘 키스터⁴는 거리굿을 일상적인 인간생활의 여러 면모가 익살스런 단막극 형식으로 흉내낸다고 하면서 거리굿을 '일련의 소극'으로 분류하였다. 내용은 평범한 인간생활의 코믹한 기복에 관한 것으로 해석하였다. 구성은 느슨하고 빈약한 연극적 수단을 이용하고 있다고 하였으며 재치 있는 대사, 장난스런 시늉, 그리고 상스러운 해학의 연극적인 도구를 적절히 배열하여 삶의 원초적인 혼돈을 보다 일상적이고 한국적인 양식으로 즐기도록 고안된 굿이라고 보았다. 이균옥⁵은 동해안 별신굿에 들어있는 연극적 굿거리를 모두 분석하는 과정에서 거리굿을 언급하고 있다. 거리와 장면, 등장인물의 종류와 갈등양상, 표현단위와 연행적 특성 등에 대해 공연판본 비교와 공연 상황의 실제 모습을 중심으로 논의하였다. 신동흔⁶은 거리굿은 굿판 그 자체를 극중 장소로 삼는 설정을 통하여 극적 효과를 얻는다고 하면서 삶을 살아있게 만드는 현장의 열린 연극이라고 하였다. 심상교⁷는 거리굿과 관련된 논의와 동해안별신굿의 축제성, 신화성과 관련된 논의에서 연극성을 언급했다. 조정현⁸은 동해안별신굿을 비롯해 전국의 민속연행예술에 나타난 도둑잽이놀이의 구조와 미의식에 대해 세밀하게 분석했다.

위에 언급된 논의들은 굿일반론이나 동해안별신굿 전체에 대한 논의 가운데 거리굿만을 주 대상으로 한다. 거리굿 외에도 범굿, 곤반, 용왕굿,

4   다니엘 키스터(1986), 「무당굿, 원형적 형태의 연극」, 『무속극과 부조리극』, 서강대출판부, 9~128쪽 참조.
5   이균옥(1996), 『동해안 지역 무극 연구』, 경북대학교 박사논문.
6   신동흔(2000), 「민간연희의 존재방식과 그 생명력」, 『구비문학연구』 10, 한국구비문학회.
7   심상교(2001), 「동해안별신굿 중 거리굿의 연극적 특징 고찰」, 『한민족문화연구』 8, 한민족문화학회 ; _____(2005), 「영남동해안지역 풍어제의 연행특성과 축제성」, 『한국무속학』 10, 한국무속학회.
8   조정현(1998), 「민속연행예술에 나타난 도둑잽이놀이의 구조와 미의식」, 안동대학교 석사논문.

심청굿, 세존굿, 성주굿, 꽃노래·뱃노래·등(燈)노래 등에서도 연극적 특성은 많이 나타난다. 그리고 거리굿, 곤반, 탈굿과 관련된 논의라 하더라도 공연되는 상황을 좀 더 구체화된 관점으로 논의하는 것이 필요하다. 그래서 본고는 연극 연출적 측면의 특성을 축제적 상황과 연결 지어 논의한다.

2. 굿의 극적 상황

동해안별신굿에는 연극적 놀이가 굿 사이 사이에 연행된다. 탈굿, 곤반, 범굿, 거리굿 등이 대표적이며 심청굿에 앞서 행하는 맹인놀이 등노래굿·꽃노래굿에서 행하는 놀이와 뱃노래굿에서 무녀들과 마을 사람들이 배(용선)에 광목천을 걸고 이를 당기면서 노래 부르는 공연 등의 장치는 연극적 놀이도 그 대표적인 예가 된다. 무가로 불려지기만 할 뿐 실제로 연행되지 않는 굿중에서도 연극적 요소를 갖고 있는 것이 있다. 성주굿, 장수굿, 계면굿, 세존굿, 손님굿, 심청굿 등이 그렇고 별비나 시주를 받기 위해 고안된 무당들의 연기술도 연극적 요소를 갖추고 있다.

동해안별신굿은 무녀 한 사람과 악사들에 연행되는데 이들 연극적 놀이는 악사를 하던 화랑(남자무당)들이 대사를 주고받으며 다양한 동작을 소품을 이용하여 어떤 이야기를 전달한다. 곤반에는 세존곤반, 천왕곤반, 부인곤반 등이 있다.

세존곤반에는 악사, 상좌(제관·중도둑), 중잡이, 얼사촌 2명이 등장한다. 중잡이가 얼사촌을 모아 마을의 도둑을 잡는 내용이다. 도둑은 고깔을 쓴 중으로 마을 제관이 맡는다. 중잡이가 중도둑을 잡아 마을에서 훔쳐간 재물을 다시 나눠준다. 불교에 대한 비판을 담은 다른 지역 탈놀이의 노장 과장을 연상시킨다. 중도둑은 대사가 없다. 중잡이를 맡은 남자무당과 악사가 대사를 주로 하며 얼사촌역을 맡은 남자무당 두 명이 객석을 오가며 기묘한 동작을 통해 관객을 웃긴다.

천왕곤반은 강관현신거리와 기생점고거리로 나뉘는데 사또현신거리에는 악사와 도리강관(監官), 고지기(창고지기), 사또,(무녀)가 등장하고 기생점고거리에는 춘향, 춘향오래비, 사또(마을제관)가 등장한다. 사또현신거리는 강관이 복색을 갖추고 사또를 맞이하는 내용으로 되어있고 기생점고거리에서는 춘향이 오라비와 함께 기생복장을 갖추어 사또에게 권주를 하는 내용으로 되어 있다. 양반의 허세와 비정상적 권력이 비판된다. 다른 지역 탈놀이의 양반과장을 연상시킨다. 대사에는 욕설이 많이 들어 있다. 대체로 내용 전개는 대사 위주라기보다 행위 위주다. 다리를 벌린다거나 무대와 객석을 왔다 갔다 한다거나 과장된 몸짓을 한다거나 하는 것으로 이어간다.

부인곤반⁹은 지체 높은 왕성마누라 금성부인을 위해 광대를 사오고 술상을 차리는 등 해학적이고 골계적인 내용으로 되어 있다. 다른 지역 탈놀이의 양반과장을 연상시킨다.

탈굿에는 악사와 할미, 영감, 서울애기, 싹불이, 의원, 간호원 등이 등장하며 내용은 처첩간의 갈등으로 되어 있다. 다른 지역 탈놀이의 영감할미 과장을 연상시킨다. 영감과 할미가 부부간인데 영감은 서울애기와 바람이 나 가출했다. 이 사실은 알게 된 할미가 아들인 싹불이와 함께 영감을 찾아간다. 영감을 찾아간 할미는 서울애기와 싸우게 되는데 이 과정에서 싸우는 당사자가 아닌 영감이 떠밀려 죽는다. 영감을 살리기 위해 의원과 간호원을 불러 치료를 하나 살리지 못한다. 무당을 불러 굿을 하니 영감이 살아난다. 갈등구조를 갖춘 굿으로 다른 굿에 비해 극적 장치가 분명하다.

범굿은 호탈굿이라고도 한다. 호환을 당하는 지역에서 이를 예방하고 호환을 당한 망자가 마을에 들어오기 때문에 이를 모시기 위해 하는 굿¹⁰이

9   박경신·장휘주(2002), 『동해안별신굿』, 화산문화.

다. 구룡포(강사리)·감포에서 대표적으로 행해진다. 등장인물은 악사와 포수, 호랑이다. 포수가 범을 찾아다니는 노정기를 말하면서 악사에게 범을 잡아야 마을이 안과태평 하겠다며 범을 잡겠다며 의지를 드러낸 후 무대 옆쪽에 은폐하고 있던 범을 총으로 죽인다. 대사는 많지 않다. 범이 등장할 때 굿 관람객이 범가죽에 살짝 닿기만 해도 관람객에게 안 좋은 일이 일어난다는 등의 설명이 이어져 무서운 분위기가 한껏 고조된 다음 범이 등장한다. 범의 가죽은 흰 종이에 검은색, 빨간색, 파란색 등의 사인펜으로 색칠하여 만든다. 범을 죽인 다음 범의 가죽(종이)을 태운다. 놀이성보다는 신성성이 강화된 형태다.

거리굿은 잡귀잡신을 '멕이는' 굿이다. 굿당에 진설된 제수와 지화 등을 모두 정리한 상태의 썰렁한 굿당에서 동해안별신굿의 마지막 순서로 연행된다. 다른 연극적 놀이들의 공연시간이 대개 30분 이내인 반면 거리굿은 최소 1시간이다. 등장인물은 수십 명이나 일인극 형식으로 진행된다. 악사와 화랑 두 사람이 연행한다. 수십 명의 등장인물은 갑자기 죽은 귀신, 억울하게 죽은 귀신, 어린 나이로 죽은 귀신, 익사한 귀신, 각종 질병으로 고생하다 죽은 귀신, 자살한 귀신 등 당사에 모셔질 만큼의 위치를 갖지 못하는 귀신들을 '먹이는' 굿이다. 질펀한 음담과 패설이 골계적 표현과 섞여 관객들을 즐겁게 한다. 신성성과 놀이성이 모두 강조되고 있는 굿이다.

이외에도 맹인거리나 등노래·꽃노래굿·뱃노래굿 등에서 보여지는 연행적 요소들도 연극적 놀이에 포함될 수 있다. 이들은 독립된 형식의 연극이나 놀이는 아니다. 굿이 진행되는 과정을 장식적으로 보여주기 위한 성격이 강하다. 그러나 신성성과 놀이성을 포괄하면서 동작만으로 특정한 내용을 전달하고 있기 때문에 연극적 놀이에 포함시킬 수 있다.

10　최길성(1980), 『한국무속의 연구』, 아세아문화사.

무당에 의해 무가로 불려지기만 하는 굿의 내용 중에서도 연극적 요소가 발견되는 경우가 있다. 이 경우 내용의 구성에 연극적 요소가 있는 경우와 연행 측면에서 연극적 요소가 있는 경우로 나눌 수 있다. 전자의 경우 세존굿이나 손님굿, 심청굿에서 발견되고 후자의 경우 성주굿, 장수굿, 계면굿, 심청굿 등에서 발견 된다. 전자는 내용의 구조에서 확인되나 후자는 무당의 움직임에서 확인된다. 무당은 통상 똑바로 선 자세로 무가를 부르나 몇 개의 굿에서는 무가에 다양한 동작을 섞어 무가의 재미를 더하는 경우가 있다. 후자가 이에 해당한다.

세존굿은 당금애기 이야기로 갈등이 설정된 다음 갈등이 고조되고 이를 해소하는 부분까지 전개되어 극적 요소와 재미를 갖춘 경우가 된다. 손님굿도 내용을 기대와 해소를 적절히 배합하여 극적 요소와 재미를 보여 주는 예가 된다. 성주굿의 경우 쾌자를 입고 갓을 쓰고 부채와 징채를 든 무녀가 집을 짓고 집을 치장하는 내용을 노래하고 사설로 이야기하면서 다양한 동작을 보여주는데 '사설'과 '발림'의 어우러짐이 관객에게 '보는 재미'를 충분히 제공한다.

장수굿은 무당이 '놋동이'이라고 하는 떡시루 정도의 놋그릇을 입에 물어 들어올리는 데 행위가 있는 굿인데 관객의 집중을 이끌어내기 위한 연행적 장치가 잘 구설되었다. 계면굿은 어른 엄지손가락크기만한 가래떡을 나누어 주는 절차가 들어 있는 굿인데 계면떡을 나누어 주면 이것을 바다에 던진 다음 절을 하거나 버리지 않고 먹거나 하는데 이 과정이 굿 진행 전체가 관객과 어우러져 연행되는 하나의 공연으로 볼 수도 있다. 심청굿이 진행되는 동안 무녀는 무가를 부르면서 다양한 동작을 함께 보여 준다.

그 외에 별비나 시주를 받기 위해 고안된 무당들의 연기술도 연극적 요소를 갖추고 있다. 하나의 문제를 제시하여 기대감을 갖게 하고 이를 해소하기 위해서는 돈(별비, 뒷돈, 시주)이 있어야 된다면서 관객이나 굿 진행 임원들에게 돈을 받아내는 방법을 사용한다. 돈을 받아 내면 기대가 해소되어 굿이 이어진다.

이상에서 보듯이 동해안별신굿에 나타난 연극성은 과장된 몸짓, 패설적 대사와 몸짓 등을 통해 볼 때 표현 형식은 세련되지 않았으나 내용 전달을 위한 상징성과 골계성이 강화된 특성을 보인다고 말할 수 있다.

3. 연출적 특성

연출은 공연에 참여하는 여러 요소들이 유기적으로 맞물려 완성된 작품이 되도록 하는 공연 제요소의 총체다. 동해안별신굿에 나타난 연출의 특성이 축제적 상황과 어우러지도록 어떤 고안들을 장치하고 있는가를 고찰한다. 여기서 논의 되는 연극적 특성은 동해안별신굿의 한 특성이 되며 이는 곧 굿적 특성, 즉 축제적 특성의 하나가 된다.

첫째, 예술작품임이 드러나도록 한다. 예술작품이 되도록 하는 요체는 놀이성이다. 이 놀이성은 굿의 주요특성인 기복의 신성성과 융합된다. 예술작품이 드러나도록 장치된 것은 서사구조 삽입, 행동의 다양화, 마을 제관의 배우화, 골계미의 삽입 등이다. 놀이성과 모방성[11]은 동해안별신굿의 대료적인 굿적 특성인데 이런 특성이 여기서 잘 드러난다. 예술작품이 되도록 의도하는 이유는 관객이 미적 체험을 통해 정신적 만족상태를 얻게 하려는 목적 때문이다. 굿 안에 들어 있는 연극적 상황이 굿 전체를 예술작품으로 인식하도록 유도하는 근간이 된다. 최근, 축제가 일어나는 동안 그 무엇보다 인간에게 주어지는 기쁨은 예술작품의 향유를 통한 기쁨이 될 것이다. 과거에는 치유의 기능을 중시했을 것이지만 21세기 후반

---

11 심상교(2005), 앞의 논문, 167~176쪽.

이후에 굿의 기능은 미적 체험을 통한 정신적 만족에 더 큰 비중이 있다고 보여진다. 굿이 열리는 상황 일체를 하나의 연행예술로 느끼고 그 속에 관객은 주인공으로 굿에 직접 참여하며 굿을 실제적 체험으로 기억하게 됨으로써 굿은 인간에게 무한한 총체적 만족감을 준다. 이 총체적 만족감의 핵심을 이루는 것이 연극적 상황이라고 할 수 있는데 연출이 이 부분이 두드러지게 하는 것이다. 총체적 만족감은 축제에서 느껴지는 희열과 동일한 것이다. 축제는 전체적으로 하나의 완성된 예술작품이다. 사람들은 그 안에서 다양한 장르를 체험하고 향유하면서 몰입하고 희열을 느낀다. 이처럼 동해안별신굿을 보면서 예술작품이 되도록 의도한 연출에 의해 체험하고 향유하면서 희열을 느끼게 되는 된다.

탈굿, 곤반, 범굿, 거리굿 등은 서사구조를 갖고 있으며 여러 사람 앞에서 공연되는 상황을 고려하여 움직임이 굿의 내용을 표현하기 위한 행동들로 구성된다. 탈굿은 서울지역 탈놀이의 영감 할미 과장 내용과 비슷하다. 서울애기와 눈이 맞아 가출한 영감을 찾아간 싹불이와 할미의 고난을 보여주는 것이 탈굿인데 바람난 영감과 일상의 시련 속에 자신의 외모 가꾸기보다는 우직하게 현실적 삶에 충실한 할미, 가족을 버리고 가출한 아버지에 대한 섭섭함과 아버지를 유혹한 서울애기에 대한 원망을 가진 싹불이 등의 인물이 자신의 캐릭터에 맞는 의상을 갖추고 있고 행동도 그렇게 한다. 종이로 만들어진 탈 역시 각 등장인물의 캐릭터에 맞도록 되어 있다.

곤반은 지배층의 부정한 모습에 대한 공격을 담고 있다. 짧은 시간동안 많은 내용을 보여 주어야 하는 것이 곤반이다. 이를 위해 선택한 장치들이 예술작품을 지향한다. 무구의 사용, 마을 제관의 배우화, 골계미, 행동의 강화 등이 장치된다. 안과태평을 기원하는 무가가 음악적 상황 속에서 관객에게 전달되는 것이 아니라 완성된 공연 작품이 관객에게 전달되도록 고안한 것이다. 등(燈)노래 꽃노래 굿은 서사구조는 없으나 형형색색의 지화와 등(燈)을 든 무녀들의 춤으로 구성된다. 춤과 다양한 색깔의 지화와 등이 무악 반주에 맞춰 여러 개의 곡선을 그리며 하나의 예술로 형상화된다.

범굿도 완성된 예술작품을 관객에게 전달하려는 의도를 드러낸다. 포수가 닭을 미끼로 던져놓고 호랑이가 나타나도록 기다리다 나타나면 사살한다. 종이에 호랑이 가죽모양의 그림을 그리고 가상의 종이 가죽을 뒤집어 쓴 사람이 호랑이 역할을 한다. 호랑이는 관객의 뒤쪽에서 나타나 관객의 앞뒤 좌우를 왔다 갔다 한다. 호랑이 가죽에 몸이 닿으면 재앙이 온다는 무당의 해설이 덧붙여지면 관객은 호랑이의 움직임에 민감하게 반응한다. 호랑이의 움직임과 관객의 반응이 상호 밀접하게 연관되게 고려하고 있다. 호랑이에 대한 두려움을 고조시켰다가 이 호랑이를 사살하는 쾌감을 갖는다. 짧은 공연 상황에 상징과 추상을 융합시켜 예술로 탄생시킨다. 극적 고조에 이은 결말 제시로 관객은 안도의 쾌감을 확보한다. 안도의 쾌감은 미적 쾌감을 통한 총체적 만족감과 합쳐져 관객을 예술작품 감상의 단계로 이끈다. 심리적 정화를 통한 쾌감획득이라는 카타르시스와 다르지 않은 경험이 된다. 호환에 대한 두려움을 제거해 주는 기원의 신성성과 예술 감상의 놀이성이 융합되어 총체적 만족감으로 확대되는 것이 동해안별신굿의 연극적 특성이 보여주는 축제성 혹은 굿적 특성의 핵심이다.

둘째, 초혼과 공수를 적절히 배합하여 치료기능을 분명하게 한다. 연극과 굿의 공통점으로 논의되는 것이 치료기능이다. 축제 또한 치료기능을 갖고 있다. 전체적으로는 굿에서의 치료기능이 제일 강하고 다음이 축제이고 그 다음이 연극이라고 생각되지만 정신적 만족감 면에서 예술작품 향유하는 특징을 보이는 연극의 그리고 축제의 치료적 기능도 굿 못지않다. 치료기능은 카타르시스와 관련된다. 카타르시스는 아리스토텔레스가 『시학』비극론에서 카타르시스를 논의할 때 비극을 감상한 다음에 생기는 고귀한 심적 상태라고 했지만 이는 실제로 좋은 연극을 보고 나면 생기는 미적 체험의 결과라고 할 수 있다. 따라서 이런 심적 상태는 비극이든 멜로드라마든 동일하게 생길 수 있다. 좋은 연극이라면 치료기능이 높게 된다. 연극에서의 치료적 기능은 미적 체험을 통해 기쁨과 희망을 갖게 하는 것이다. 굿도 이와 같은 기능이 있다. 이를 위해 굿에서는 초혼과 공수가 구조화된다.

굿에서, 그리고 연극에서의 초혼과 공수는 무엇인가. 굿에서의 초혼은 망자의 혼을 불러와 과거에 실재했던 이런 저런 사건들을 추상적 세계에서 다시 회상해 보는 것이다. 연극에서의 초혼은 과거와 관련되고, 실재했던 사건을 보이지 않는 세계에서 확인하는 것이다. 굿에서의 공수는 복을 내려 미래에 대한 희망을 주고 꼭 그렇게 될 것이라는 믿음을 준다. 연극에서의 공수는 미래와 관련되고 보이지는 않되 확신에 찬 것이 된다.

거리굿은 망자 혼을 하나씩 불러내어 달래는 내용으로 되어있다. 죽음의 원인은 다양하다. 해난사고, 교통사고, 질환에 의한 사망 등이다. 죽음을 가져 온 실재의 사건들을 나열하고 이들을 위로하며 살아 있는 사람들에게는 이런 일이 일어나지 않기를 바란다고 한다. 과거의 사건을 통해 희망찬 미래를 담보하는 내용이다. 치료적 기능이 극대화 되어 있음을 알 수 있다.

용왕굿에서 굿 종반부에 무녀가 선주의 부인들에게 공수를 내리게 된다. 이 과정은 치료기능이 극대화되는 경우다. 용왕굿은 무녀와 선주 부인들이 주인공이다. 선주 부인들은 관객이면서 극중 등장인물이기도 하며 오브제의 하나로 활용되기도 한다. 무녀와 선주 부인들은 만선과 무사 귀환을 기원하며 서로 덕담을 나눈다. 수십 년 전부터 지인관계를 형성해온 무녀와 선주 부인들은 과거사를 떠올리며 해원하면서 동시에 희망을 구축한다. 무녀와 선주 부인의 교감 속에 치료기능이 극대화되는 것이다. 초혼과 공수를 굿에 구조화함으로써 굿의 예술적 기능이 강화되고 이어 치료적 기능도 수반된다.

세존굿이나 심청굿도 치료기능이 강하다. 세존굿은 당금애기 이야기를 무악에 실어 들려주며, 심청굿은 심청전을 무악에 실어 들려준다. 관객의 대부분을 차지하는 사람은 중년을 넘어섰거나 고령인 여자다. 당금애기 내용과 심청전 내용에 익숙한 사람들이다. 두 개의 굿은 각각의 공연시간이 최소 4시간이다. 4시간 동안 쉬지 않고 이어지는 당금애기와 심청전은 중년 이상의 여자 관객을 초혼상태에 들어가게 한다. 과거의 기억을 떠올리며 회상하게 하는 것이다. 좋았던 것과 나빴던 것을 구분 짓고 좋았던 것에는 기뻐하며 나빴던 것과는 화해하며 공수로 이어간다. 치료기능이 극대화된 또 하나의 예가 된다.

셋째, 우회적 비판과 갈등의 지양을 선택한다. 이를 위한 장치가 골계다. 거리굿이나 곤반, 범굿, 탈굿 등은 짧은 시간동안 많은 내용을 보여주어야 한다. 압축적으로 극적 상황을 전달해야 하는 경우는 갈등을 첨예하게 만든다. 직접적 비판이 나타나고 갈등은 예각화된다. 그래서 짧은 시간 안에 관객에게 강한 인상이 남도록 한다. 그런데 이들 굿은 갈등은 밋밋하게 몰아가고 비판도 직접적이지 않다. 우회적 비판과 갈등의 지양이 나타난다. 이를 위해 선택한 장치가 골계다. 골계는 갈등을 첨예하게 하기보다 밋밋하게 한다. 골계는 해야 할 말은 하되 웃음 속에 그 핵심을 감추고 있는 꼴이다.

곤반은 지배층의 부정한 모습에 대한 공격을 담고 있다. 직접적 공격보다는 우회적으로 공격하고 웃음 속에서 갈등이 드러난다. 골계적인 것이다. 굿이 진행되는 상황을 고려하여 갈등을 부각시키기보다 우회적 비판을 통해 하고 싶은 말을 한다. 융합성과 기복성의 굿적 상황을 고려한 장치라고도 할 수 있다. 탈굿 또한 갈등을 골계적으로 표현한다. 서울애기와 싹불이와 할미의 갈등이 첨예해 질 수 있는 상황이지만 예각화하지 않는다. 처첩갈등이 드러나는 상황에서 갈등을 드러내되 치명적이지 않게 하거나, 갈등을 감추되 용서하지는 않는 상황으로 이끌어 간다.

위에서 논의된 것처럼 굿에서 직접적 공격보다는 웃음 속에서 우회적으로 공격하여 골계적 특성이 드러나도록 한 특성은 연출적 장치이면서 축제적 특성과도 연결된다. 축제가 벌어지는 상황에 갈등을 부각시켜 대립하지 않는 것처럼 동해안별신굿도 갈등을 부각시켜 대립하지 않으며 그런 것이 필요하다면 골계적으로 하고 있음을 보여 준다. 한국의 대표적 전통미학인 골계가 축제적 특성과도 연결됨을 알 수 있다.

넷째, 공동창작을 한다. 연출의 개념은 있으나 한 사람에 의해 연출이 이뤄지는 것이 아니라 여러 사람에 의해 공동으로 굿이 완성되는 것이다. 동해안별신굿은 백 년 이상의 세월을 두고 형식실험을 해 왔다. 정본은 있으나 굿을 연행하는 양중과 무당에 따라 조금씩 달라지며 연행되는 상황과 지역에 따라서도 내용이 조금씩 변화된다. 현재의 동해안별신굿은 김석출 무계에서 전해져 오는 것이 연행된다. 몇 몇의 핵심 전승자가 있으나 이들의 전승자가 공연자 자신은 아니다. 공연자는 내용을 전승해 주고 전승자는 학습한 내용을 바탕으로 자신의 굿을 만들어 간다. 이 과정에 무당은 자신이 배운 내용과 자신의 표현 역량 등을 고려하여 자신의 굿을 만들어 간다. 스승이나 동료 무당의 조언도 참고가 된다.

굿이 공연되는 상황에는 관객 즉 마을 사람의 협조가 필수적이다. 마을 사람들은 관객의 위치를 넘어 등장인물이 되기도 하고 소품이 되기도 한다. 거리굿에서 마을 사람들은 바다 속의 바위가 되기도 하고, 암초가 되기도 하며, 선원이 되기도 한다. 마을 이장이 주무의 상대역을 맡아 '얼사촌'이 되어 주요 등장인물 역할을 하기도 한다. 용왕굿에서는 갈매기가 되기도 하며 등장인물이 되기도 한다. 곤반에서는 마을 제관이나 마을 사람들이 등장인물이 되기도 한다. 함께 어우러지는 굿판의 특성이 공동창작을 통해서도 드러나는 것이다.

공동창작은 무당들의 협업과정에서도 드러난다. 무당은 보통 자신이 맡은 굿이 있다. 성주굿은 누가 주무를 맡고, 장수놋동이굿은 누가 주무를 맡고, 심청굿은 누가 주무를 맡는다는 등의 약정이 있다. 주무가 정해져 있지 않은 굿은 여러 무당이 번갈아 가면서 연행한다. 무당들이 주무를 맡든 그렇지 않든 굿의 내용은 모두 알고 있다. 그래서 서로에게 조언을 해주고 주무를 맡지 않은 경우는 주무를 위해 무악반주를 맡기도 한다. 주무가 명확하게 정해져 있지 않은 축원굿의 경우는 무당 각자의 장점이 잘 드러나는 형식을 취하게 되는데 이 경우가 공동창작의 좋은 예가 된다.

꽃노래·뱃노래·등노래굿과 놀이굿의 경우는 무당 여러 명과 마을 사람들이 굿판 가운데서 어우러진다. 뱃노래굿의 경우는 무당과 마을 사람들이 굿판 전체를 해원과 상생의 공간으로 만들며 흥겨움을 통한 미적 쾌감과 신성성 체험을 통한 쾌감이 절정을 이루게 된다. 하나의 형식이 여러 사람들에 의해 공동창작으로 연행됨으로써 완성되는 경우이다.

축제도 공동창작이다. 축제를 주도하는 사람은 제한적이나 이들 또한 많은 관람객의 성원이 없으면 무의미하다. 공동창작이지만 독창적 장치의 모두가 공동창작은 아니다. 근간을 만드는 소수와 근간을 완성하는 많은 주변의 장치들이 많은 사람에 의해 최종 완성되는 점이 동해안별신굿이 보여주는 굿적 특성이면서 축제적 특성이다.

다섯째, 신성공간과 놀이공간을 조화롭게 이용한다. 굿판은 제단, 무대, 객석 등 크게 세 부분으로 구분된다. 제물과 지화, 무가가 진설되어 있는 제단과 무당이 무가를 부르고 무악을 연주하는 무대, 마을 사람들이 앉아서 굿연행을 관람하는 객석 등으로 구분된다. 연극적 상황이 연출되는 곳은 무대와 객석 두 군데다. 무대와 객석은 다시 신성공간과 놀이공간으로 나누어진다. 굿당 안이 모두 신성공간이라고 할 수도 있지만 연행적 상황을 고려하면 무대와 객석의 구분은 필요하다. 놀이공간과 신성공간이 무대, 객석 등 공간적으로만 분리되는 것은 아니다. 의미상으로도 구분된다. 무대, 객석 등 공간의 위치와 무관하게 놀이성이 강화되면 놀이공간이 되고 신성성이 강화되면 신성공간이 된다.

신성공간은 일차적으로 신의 영역으로 받아들여지는 공간이다. 신이 좌정해 있거나 신이 좌정할 수 있는 부정 없는 공간이 신성공간이며 무당의 영역이다. 그래서 무의가 행해지고 기복이 발원된다. 제관이 앉고, 마을 사람들이 신께 예를 갖추는 곳이기도 하다. 제단과 무대가 일차적으로 신성공간에 포함될 것이나 연극적 상황과 관련되어서는 무대만이 의미를 갖는다. 무대라고 하여 굿당에서 제단처럼 분리된 공간인 것은 아니다. 무당이 무가를 부르고 무악을 연주하며 여러 굿을 연행하는 공간이 무대이다. 무대는 신이 좌정할 수 있는 부정 없는 공간임을 무당이 굿을 통해 보여 주고 있어 신성공간이 된다.

놀이공간은 여러 가지 연행과 놀이가 펼쳐지는 공간이며 관객의 영역이다. 놀이공간에서는 마을사람들이 잡담을 나누기도 하며, 술과 음식을 나눠먹기도 한다. 신성공간이 놀이공간으로 변화되면 놀이공간은 신성성 확대된다.

놀이성과 신성성은 독립적이면서도 융합적이다. 그래서 무대는 신성행위와 놀이의 연행적 상황이 동시에 펼쳐지기 때문에 무대는 신성공간이자 놀이공간이 된다. 객석은 놀이공간의 성격이 강하지만 굿에 따라 신성공간으로 바뀌기도 하고 놀이공간과 신성공간이 동시에 연출되기도 한다. 연출은 이러한 신성공간과 놀이공간을 조화롭게 이용하여 굿을 연극적 상황으로 몰아가고 조화와 화합이 형성되는 굿적 상황으로 이끌어간다.

범굿은 호환의 두려움을 놀이적 상황으로 보여준다. 놀이성과 신성성이 동등한 비중으로 연행되고 있음을 알 수 있다. 거리굿의 경우도 마찬가지다. 잡귀잡신을 먹이는 거리굿의 경우도 마을의 안녕과 개인의 기복을 발원하는 굿인데 욕설과 음담, 다양한 연기에 녹여 놀이성과 신성성이 동등한 비중으로 연행되게 한다. 거리굿이 열릴 때는 굿당뿐만 아니라 굿당 바깥까지를 신성공간과 놀이공간으로 만든다. 놀이굿의 경우 신이 좌정하고 무당의 고유공간이기도 한 무대에 마을 주민들이 등장하여 노래를 하고 춤을 춘다. 신성성과 놀이성이 융합되는 것이다. 곤반이나, 탈굿도 무대라는 신성공간에서 놀이성이 강한 연행을 펼침으로써 신성성과 놀이성이 융합되도록 한다. 연행적 상황과 굿적 상황, 즉 축제적 상황이 고려된 연출이라고 볼 수 있다.

여섯째, 개방형 무대를 쓴다. 굿이 놀아지는 굿당에서 무대와 객석의 구분 없이 즉, 신성공간과 놀이공간[12]의 공간적 구분 없이 굿이 펼쳐진다. 굿의 진행상 신성공간과 놀이공간의 형식적 구분은 있다. 그러나 관객과 함께 어우러지면서 관객을 등장인물로 활용하고 관객이 소품이 되기도 하는 연출 속에서 신성공간과 놀이공간의 형식적 구분은 의미가 없어진다. 통합된 공간 속에서 굿이 이뤄지는 것이다. 이러한 개방형 무대는 공연형식이기도 하지만 관객에게 심리적 만족을 주는 수단이 되기도 한다.

축제도 마찬가지다. 축제가 폐쇄적이 아니라는 점에서 축제는 개방적이다. 뿐만 아니라 축제는 신성성과 놀이성이 결합된다. 신성성과 놀이성을 충족시키기 위해 동해안별신굿은 신성공간과 놀이공간을 형성하며 이는 축제적 특성과 일치한다.

개방형 무대는 동해안별신굿의 굿적 특성과도 밀접하게 연결된다. 개방형 무대를 통해 신성성, 기복성, 융합성, 모방성, 놀이성[13]이 드러난다. 무대가 무당들만의 공간이 아니라 관객 누구나 접근할 수 있음을 보여주기 때문이며 제단과 가까운 공간만이 무대가 아니라 굿당 전체가 무대가 될 수 있음을 보여 주기 때문이다. 굿당 어느 곳이나 신성공간이 될 수 있으며 놀이공간이 될 수 있음을 보여 줌으로써 기복을 드리고 함께 화합하도록 한다.

관객 자신이 앉아 있는 공간이 놀이공간에서 신성공간으로 반복 전환

---

12 위의 논문, 167~176쪽.
13 위의 논문, 167~176쪽.

되는 상황은 자신을 공간의 주인공으로 느끼게 한다. 그래서 관객 자신이 신성공간의 주인공이었다가 놀이공간의 주인공이 되는 정신적 만족을 갖게 된다. 기복성을 충족하는 동시에 예술작품을 창작하는 과정에 참여했다는 쾌감도 갖게 된다.

  일곱째, 상징성을 극대화 한다. 굿은 실존하지 않는 대상과 관계되기 때문에 상징성이 강하다. 탈굿, 범굿, 거리굿, 곤반 등 연극적 상황이 강한 이러한 굿도 굿의 상징성 안에서 연행된다. 따라서 굿의 상징성을 이용한 연극적 굿이 연행된다. 범굿에서 종이를 이용해 호랑이 가죽을 대신한다거나, 곤반에서 동헌이나 기방 등을 실재하는 공간으로 설정하지 않은 채 상징적으로 처리한다. 관객을 무당의 상대역으로 이용하거나 소품으로 이용하는 경우도 상징성을 극대화하는 예에 해당한다. 거리굿에서 마을 이장을 주무의 상대역으로 등장시킨다. 마을 이장이라는 존재는 관객들에게 익숙하다. 그런데 무대에 등장시켜 새로운 역할을 부여하는 것은 익숙한 사실을 새로운 사실로 전이하게 하는 상징의 발생이다. 이장의 허리춤에는 짚으로 만든 성기를 매달기고 하는데 이 또한 굿의 상징성을 이용한 연출의 고안이라고 할 수 있다. 거리굿의 주무가 남자인데 여자역을 연기하기도 한다. 이 또한 익숙한 사실을 새로운 사실로 전이 시키는 상징의 발생이다. 곤반의 경우 제관이 하나의 배역을 맡기도 한다. 제관은 마을 사람으로 신성성의 상징적 존재인데 이러한 존재를 등장시켜 희화화하기도 한다. 새로운 사실을 창조하기 위한 상징의 극대화가 나타나는 경우다. 굿이 진행되는 동안 굿적 상황이 마을의 익숙했던 상황과 혼합되면서 새로운 상황으로 전이되는데 이 때 여러 가지 상징이 이용된다. 이러한 상징이 연출에 활용되는 것이다.

  이상의 연출적 특성을 공간분할, 관객의 역할, 조무(助巫)의 역할, 무대미술의 측면에서 분석한다.

4. 공간분할

신성공간은 공연과정에서 무의(巫儀)적 특성이 부각된 공간을 의미하고 놀이공간은 극이 실행되는 공간을 의미한다. 굿당이라는 동일한 공간이 상황에 따라 신성공간과 놀이공간의 역할을 모두 수행하는 것이다.

1) 신성공간

내당, 외당굿이 진행되는 동안의 굿당은 신성공간이다. 굿당 안에서 기본굿(24~36석)이 연행되고 탈굿, 범굿, 세존곤반, 중도둑잡이놀이, 향신거리 등도 연행된다. 굿당에서는 극적 상황과 제의적 상황이 동시에 발생한다.

그런데 용왕굿, 심청굿, 세존굿, 성주굿 등은 극적 상황이 많이 나타나는 굿이지만 기본적으로 제의적 요소가 핵심이 되는 굿이다. 이 경우 극적 상황도 제의적 요소를 위한 부속적 연출이 된다. 따라서 굿당은 신성공간으로 자리매김한다. 극적 상황이 강조되어 극적 공간으로의 일시적 전환이 있기는 하지만 전체적으로 신성공간을 핵심으로 한다.

탈굿은 축첩에 대한 경계와 조강지처에 대한 애정을 주제로 하면서 이 주제를 기원이라는 제의성에 의탁한다. 그리고 관객들에게 희극성을 통한 희열을 맛보게 한다. 이처럼 제의적 요소가 강화된 굿이 진행될 때는 신성공간을 중시하는 연출이 이뤄진다. 범굿은 호환에 대한 경계와 호환이 발생하지 않기를 바라는 기원이 포함된다. 기본 굿과 마찬가지로 제의성이 강화된 공연이 이뤄지기 때문에 공연이 이뤄지는 굿당을 신성공간이라 할 수 있다.

거리굿의 경우 거리마다 음식을 굿당 밖에 있는 잡귀잡신에게 시석하는 행위를 반복하는 과정에서 나타난다. 굿당 안은 연극적 상황과 제의적 상황이 일어나는 곳이고 거리굿 이전까지 신성공간에서 제외되었던 굿당

밖도 신성한 공간이 된다. 거리굿이 시작될 때 주무는 잡귀잡신을 청배해서 거리를 먹여야 한다. 그래서 욕을 많이 하게 된다. 주무는 할아버지, 할머니, 동네 어르신들께 이런 상황을 이해해 달라고 요청한 후에 거리굿을 시작한다. 연출된 상황이 전개된다는 점을 분명히 하는 것이다. 자신이 연기하는 내용을 사회 윤리의 기준으로 바라보아서도 안 된다는 점을 강조 한다. 거리굿이 시작되면 제단에 진설되었던 음식, 지화 등이 모두 치워지고 굿당은 누추한 모습으로 변한다. 그럼에도 거리굿이 진행되는 상황은 여전히 신성공간에서의 공연임을 강조하는 것이다.

공연자의 요구에 객석의 반응도 조응된다. 관객들은 '그럼, 귀신을 달래서 보내야지'라는 반응이 나타난다. 공연자는 '귀신은 욕을 해서 보내야 한다', '귀신들 얼마나 왔는지 나가보자'며 객석을 가로질러 굿당 밖에 나갔다 온다. 공연자의 동선과 움직임이 굿당과 주변이 신성공간임을 드러내는 행위를 하는 것이다. 그러면서 실제로 귀신이 있는 것처럼 행동하기도 한다. 귀신이 귀를 잡고 있는 것처럼 하기도 한다. '귀신이 귀를 잡고 있다'면서 누군가가 잡고 있는 것처럼 행동한다. '놔라', '우리 동네 귀신 떨거부라'라면서 공연자 옆에 즉, 굿당 안에 귀신이 실재하는 것처럼 행동한다. 이런 행동이 반복되면 관객은 연출이 의도한 신성공간에 서서히 동화된다. 욕설에 대한 저항감도 없어지고, 귀신이 실제로 주변에 있는 것처럼 반응한다.

2) 놀이공간

놀이공간은 극적 대사와 행동이 전달되는 공간을 의미한다. 공연자들인 무당과 양중들은 굿당 안에서 관객인 마을 주민들을 대상으로 특정 내용을 대사와 행동으로 전달한다. 무당 혼자 모노드라마를 연기하듯 하는 경우도 있고, 여러 명이 동시에 연기하며 내용을 전달하는 경우도 있다. 극적 행동 즉, 연기가 이뤄지는 공간이 놀이공간이다. 제의적 행위와 내용이 연출되는 신성공간과 동일한 공간이 놀이공간으로 분할되는 것이다. 극적 행동을 살펴보자.

성주굿에서는 징채를 들고 톱 벼르는 행위를 하고, 범굿에서는 포수가 범을 잡는 상황을 행위로 보여준다. 탈굿은 영감의 외도가 징치되는 과정이 연기되고 천왕곤반, 중도둑잡이놀이 등에서는 양중들이 병신춤을 추거나 기생점고의 연기도 한다.

거리굿에서는 20여 가지 상황이 설정되고 그에 따른 연기를 한다. 봉소거리에서는 맹인인 참봉이 치료하는 연기를 하며 교통사고거리에서는 자동차사고 장면을 연기한다. 자살한 귀신 거리에서는 마이크 줄에 목을 매 자살하는 연기를 한다. 해산거리에서는 아이 낳는 연기를 한다.

어부거리에서는 할머니들이 벗어 의 신발을 집어 던지며 '쥐치봐라', '곰치 봐라' 한다. 미역따기 거리에서는 잠수부 연기를 보여준다. 미역따기 거리에서는 신대를 이리 저리 흔들면서 미역을 건다고 한다. 울음 때문에 눈물, 콧물이 흘러내리는 연기를 한다. 눈물, 콧물을 닦아서 관객(할머니)의 머리에 바른다. 군대거리에서는 팔도사투리를 쓰며 제식훈련을 한다. '앞으로 가이소예', '앞으로 가랑께'하며 연기한다. 엎드려 사격하듯 연기하기도 한다. 수건을 감아 던지며 수류탄 투척이라고 하며, 누워서 철조망 통과 연기를 보여 주기도 한다. '돌격 앞으로'를 외치며 굿당을 한 바퀴 도는 연기도 한다. 해산거리에서는 출산하는 장면을 연기한다. 주무가 치마를 입고 있다가 짚단을 치마 속에서 꺼내며 출산의 상황을 연기한다. 탯줄끊기, 탯줄 먹기, 귀에 걸기, 짚단인형 성기만들기, 아이 어르기, 뒤집어 업기, '청풍이다'라고 하면서 큰 병 걸린 상황을 급박하게 연기하기도 한다.

관례거리는 마을 이장이나 어촌계장을 나오게 하여 주무와 함께 극적 상황을 보여준다. 사촌아 부르면 '와'라고 대답하라고 주문하면서 시작한다. 새끼줄 남근을 달아주며 관례의 상황을 만든다. 남근을 단채 움직이는 동작선이 희극적 효과를 극대화하게 한다. 별비받기, 재산분할, 상투로 변화하기 등에서 나타난다. 골매기수부할매거리에서는 며느리 흉을 보며 외설적 상황을 적절히 연결시켜 연기한다. 정숙하지 못한 며느리를 연기하기도 한다. 해설적 대사와 연기를 연결시켜 전달력을 높이는 연출이 나타나기도 한다. 불륜의 상황을 골계적으로 처리하는 장면도 있다. 어촌계장과 주무의 불륜도 보여준다. 그런데 주무는 남자다. 재밌는 상황을 전달하려는 것이지 불륜의 경계를 말하려는 것이 아니다. 금기시되고 배척되어야 할 내용이 허구적 상황 속에서 사실처럼 연기된다. 효과적이다. 긴장이 요구되지 않는 편안한 극적 상황이다. 사실이 아닌 것을 사실인양 연기될 때, 희극적 상황을 전달하는 가장 효과적인 방법일 것이다.

5. 관객의 활용

관객이란 굿을 보러 온 마을 주민을 의미한다. 동해안별신굿의 여러 굿 속에서는 관객을 적극 활용한다. 관객의 존재를 인정하고 무당들과 함께 어우러지는 상황으로 전개된다. 관객을 등장인물로 활용하기도 하고 소품으로 활용하기도 한다. 관객이 앉아 있는 장소가 바다가 되기도 하고 들판이 되기도 한다. 관객석을 무대로 활용하는 것이다. 관객의 존재와 객석을 이용하는 연출이다. 관객 활용은 관객의 반응을 유도하면서 굿에 적극 참여시키려는 의도가 들어 있는 것이다.

1) 관객배우

관객배우란 관객 한 명을 관객 앞(무대)에 등장시켜 하나의 역할을 실제

로 맡아 연기하도록 하는 연출을 의미한다. 관객을 이용하면서 관객의
반응도 중시하는 연출이다. 어촌 마을의 지도자인 마을이장이나 어촌계
장, 선주를 등장시켜 희화화 하면 관객들의 반응은 고조된다.

관객은 제당(어판장)에 신발을 벗고 앉아 있는 할머니들이다. 관객과
반주자는 앉아 있고 주무만 서서 연행한다. 관객들한테 '욕을 많이 하게
된다. 이해 해 달라'고 한다. 관객의 존재를 인정하는 것이다. 굿 중간
중간에 '물값내라', '미역값내라', '차비내라' 등, 관객들에게 별비를 받는
다. 별비 받는 장면도 관객의 존재를 인정하는 연출이다.

관례거리에서는 이장을 (얼)사촌으로 이용하는데 새끼줄로 만든 커다
란 성기를 허리춤에 달고 연기하도록 한다. 새끼줄 성기를 단 이장의 희화
화된 모습에 대한 객석의 호응은 높다. 할머니관객 중에는 '그만하면 이
장 자격 있다'고 말하는 경우도 있다. 주무는 '잔치를 해야 하는데 돈이
있어야 한다'면서 이장(얼사촌)에게 오른손으로는 꽹과리 들고 왼손으로
는 새끼줄 남근은 쥐게 하고 별비를 받도록 한다. 이장이 별비를 받는
동안 주무는 '사촌아 사촌아 내일모레 장개간다 너는 무엇을 줄고', '오촌
아 오촌아 양복값으로 받아라', '신발값으로, 넥타이값으로 받아라'라고
대사한다. 객석의 여자들 중에는 새끼줄 성기에 손을 대는 경우도 있다.
그러면 조무(助巫-반주자)는 '여자들은 거기 손대면 안 된다. 바람난다'면
서 관객의 호응을 유도한다. 이장이 별비를 받고 다시 주무에게로 오면
주무는 부주를 받았으니 살림을 내줘야 한다면서 바가지와 꽹과리 굿당
밖에 갖다 놓는다. 그러면 이장은 가서 주워온다. 바가지와 꽹과리가 세
간이 되어 살림 내주는 장면을 바가지와 꽹과리를 갖다 놓고 다시 제자리
에 놓는 행위로 보여 준다.

주무는 새끼줄 남근을 달고 왔다 갔다 하는 이장을 보고 '이기 무거워
잘 뛰지를 못한다. 이제 이게 위로 올라가야 한다'면서 남근을 머리 위로
올려서 상투처럼 맨다. 관객의 호응이 고조된다. 관객들이 박장대소하는

것이다. 얼사촌 역을 맡은 관객 중에는 '이장하기 되다(힘들다)'라고 호응
하기도 한다. 머리에 새끼줄 상투를 올린 얼사촌(이장)은 엉거주춤 앉은
채 조무의 장단에 맞춰 머리를 이리저리 흔든다. 머리 위에서 흔들리는
것은 상투를 나타내지만 방금 전까지 남근으로 사용하던 것이기 때문에
상투라는 암시보다 남근의 이미지가 강해 희화화되는 상황이 고조된다.

사대[14]에 있는 관객들을 가리키면서 주무의 사위 혹은 아들, 사돈이라
부르기도 한다. 이 경우도 관객을 활용하는 연출이다. 골매기수부할매거
리에서는 객석의 할머니들한테 다가가 쥐구멍에 실을 감춘다면서 치마를
들추기도 하고 바위에 붙은 조개를 따는 행위를 하면서 할머니들의 치마
를 들추기도 한다. 이런 식의 관객활용이 이어지면 주무가 객석 쪽으로
가는 시늉만 해도 관객들은 적극적으로 반응한다. 관객을 배우로 활용하
여 관객의 관심을 유도하고 호응을 고조시키는 점은 동해안별신굿의 연
극적 특성의 하나로 해석된다.

2) 무대장치로서의 관객

관객을 무대장치나 소품에 이용하는 연출도 동해안별신굿의 연극적 특
성이다. 무대장치로서의 관객이란, 객석에 앉아 있는 관객을 하나의 등장
인물처럼 활용하는 경우보다는 중요도와 활용도가 좀 떨어지나 극적 상
황을 전개시키는 데 필요한 무대장치나 소품으로 관객이 활용되어 관객
을 극적 전개를 위해 상징적 요소로 활용한다는 의미다. 관객은 굿당에
앉아 있는 마을 사람들이다. 할머니들이 제일 많다. 할머니들은 굿당에
앉아 있고 부녀회원들이나 어촌계지도급 회원들은 할머니들 주변에 선

---

14 마을의 지도자급 노인들이 앉아 있는 좌석으로 굿당 바닥보다 약간 높은 단상으로 되어
    있는 좌석이거나 의자 좌석이다.

다. 무대장치나 소품으로 활용되는 관객은 대체로 앉아 있는 할머니들이다. 관객은 바다, 산, 들판, 쥐구멍, 그물에 잡히는 물고기, 전복, 조개 등으로 활용된다.

3) 조무의 역할

조무는 굿에서 악(樂)을 맡은 사람이다. 반주자인 셈이다. 동해안별신굿에서는 장고, 꽹과리, 징, 쇄납, 제금 등이 사용된다. 극적 상황에서는 장고가 주로 쓰이며 장고를 잡은 조무가 주무의 상대역할을 맡거나 관객에게 극적 상황에 대한 설명 역을 맡는다. 조무에게 주어진 역할의 이름은 없다. 코러스역이라고 할 수도 있고, 무대지시문 역할이라고 할 수도 있다. 조무의 설명이 상황전개에 따라 적절한지의 여부가 극적 흥미를 고조시키느냐 저조하게 하느냐를 판가름하는 경우가 있다. 그래서 조무의 적절한 개입과 설명의 내용에 따라 굿의 극적 재미도 달라질 수 있다. 주무와 조무가 짧은 대사를 주고받거나 주무가 대사를 잊었을 때 기억을 되살리는 역할을 맡기도 한다. 조무가 '그렇죠'라고 대답하는 방식으로 추임새를 넣는 경우도 많다.

4) 무대의상 및 소품

거리굿에서 주무는 한복을 입고 오른손에 신칼을 든다. 극적 상황에 따라 여자 한복 치마를 입거나 머리에 흰 수건을 쓴다. 바가지, 한지, 관객의 신발, 관객도 소품으로 활용한다. 이때 할머니 자신이나 할머니의 신발이 소품이 된다. 제장 밖에 세워놓았던 신대를 들면서. 신대를 들고 미역도 거둬들인다. 군대거리에서는 신대를 총으로 활용한다. 신대를 어깨에 메고 예비군 모자를 쓴다. 수건은 수류탄으로 활용된다. 제금은 운전대로 마이크를 연결하는 줄은 자살할 때 목매는 줄로 짚은 출산되는 아이로, 남근으로 활용된다. 짚 한 단을 치마 밑에 넣고 다리 사이에 끼운다. 임신한 것처럼 배가 불뚝 나오게 한다. 바가지 활용하여 아이의 머리가 되게 한다. 실제의 물건을 소품으로 활용하는 경우보다 상징적으로 처리 하는 경우가 많다. 소품의 상징적 처리도 동해안별신굿의 연극적 특성이 라고 할 수 있다.

6. 결론

본고는 동해안별신굿에 나타난 축제적 특성을 연극의 연출적 관점에서 고찰했다. 동해안별신굿이 대표적인 한국의 전통 축제이므로 동해안별신 굿의 굿적 특성에 대한 다양한 분석과 논의가 동해안별신굿의 축제성을 설명하는 연구가 되도록 의도했으며 나아가 한국적 축제를 해명하는 근 거가 되도록 했다.

연출적 특성은 연출의 장치, 무대공간의 활용특징, 관객, 소품 등과 관 련되는데 이러한 것이 어떤 의미로 이용되었는지를 고찰하였고 그 결과 는 다음과 같다.

첫째, 예술작품임이 드러나도록 한다. 예술작품이 드러나도록 고안한 것은 서사구조 삽입, 행동의 다양화, 마을 제관의 배우화, 골계미의 삽입 등이다. 예술작품이 되도록 의도하는 이유는 관객이 미적 체험을 통해 정신적 만족상태를 얻게 하려는 목적 때문이다. 둘째, 초혼과 공수를 적 절히 배합하여 치료기능을 분명하게 한다. 연극과 굿의 공통점으로 논의 되는 것이 치료기능이다. 연극에서의 치료적 기능은 미적 체험을 통해 기쁨과 희망을 갖게 하는 것이다. 굿도 이와 같은 기능이 있다. 이를 위해 굿에서는 초혼과 공수가 구조화된다. 셋째, 우회적 비판과 갈등의 지양을 선택한다. 이를 위한 장치가 골계다. 넷째, 공동창작을 한다. 연출의 개념

은 있으나 한 사람에 의해 연출이 이뤄지는 것이 아니라 여러 사람에 의해
공동으로 굿이 완성되는 것이다. 다섯째, 신성공간과 놀이공간을 조화롭
게 이용한다. 신성공간은 일차적으로 신의 영역으로 받아들여지는 공간
이고 놀이공간은 마을 사람들의 영역이다. 이 두 공간이 조화롭게 융합한
다. 여섯째, 개방형 무대를 쓴다. 굿이 놀아지는 굿당에서 무대와 객석의
구분 없이 즉, 신성공간과 놀이공간의 공간적 구분 없이 굿이 펼쳐진다.
일곱째, 상징성을 극대화 한다. 굿은 실존하지 않은 대상과 관계되기 때
문에 상징성이 강하다. 굿이 진행되는 동안 굿적 상황이 마을의 익숙했던
상황과 혼합되면서 새로운 상황으로 전이되는데 이 때 여러 가지 상징이
이용된다. 이러한 상징이 연출에 활용되는 것이다.

굿이 진행되는 동안의 굿당은 신성공간이다. 굿당에서는 극적 상황과
제의적 상황이 동시에 발생한다. 놀이공간은 극적 대사와 행동이 전달되
는 공간을 의미한다. 공연자들인 무당과 양중들은 굿당 안에서 관객인
마을 주민들을 대상으로 특정 내용을 대사와 행동으로 전달한다.

관객을 등장인물로 활용하기도 하고 소품으로 활용하기도 한다. 관객
이 앉아 있는 장소가 바다가 되기도 하고 들판이 되기도 한다. 관객석을
무대로 활용하는 것이다. 조무는 굿에서 악(樂)을 맡은 사람이다. 조무에
게 주어진 역할의 이름은 없다. 코러스 역이라고 할 수도 있고, 무대지시
문 역할이라고 할 수도 있다. 조무의 설명이 상황전개에 따라 적절한지의
여부가 극적 흥미를 고조시키느냐 저조하게 하느냐를 판가름하는 경우가
있다.

동해안별신굿의 문화콘텐츠화 가능성 연구

「당금애기」를 중심으로

1. 서론

동해안별신굿 세존굿의 「당금애기」[1]에 내재한 극적 특성과 문화콘텐츠 활용가능성에 대해 고찰한다. 활용가능성이란 「당금애기」의 극적 특성에 대한 분석에서부터 얻어진 결과를 일반적인 문화콘텐츠 창조에 활용할 수 있는 방법을 연계 짓는 것이다. 본고에서의 극적 특성이란 서사성과 공연성을 의미한다. 서사성이란 작품 내에 서사구조와 그 의미, 대본으로서의 역할과 그 의미 등에 대한 것이고 공연성이란 공연되는 상황을 반영하고 효과적인 공연이 되도록 의도된 장치들을 작품 속에 내재시킨 방법에 대한 것이다. 연기자와 관객과의 만남, 연기자의 행위 및 행동이 관객에게 전달되도록 어떤 장치들을 사용했는지에 대한 것도 포함한다.

고찰 대상은 동해안별신굿의 세존굿이다. 세존굿은 상황에 따라 차이가 나지만 4시간 이상 공연된다. 이 중에서 「당금애기」 무가가 불려지는 시간이 3시간 정도 되고 나머지 시간은 놀음굿과 중도둑잡이놀이로 구성된다. 중도둑잡이굿은 도둑질한 중을 혼내주는 놀이성이 강한 짧은 공연물이다. 본고에서는 세존굿의 근간을 형성하는 「당금애기」 부분만을 논의의 대상으로 한다.

---

1   당금애기는 등장인물이고 「당금애기」는 무가 전체 즉, 작품을 의미한다.

문화콘텐츠는 형식과 내용, 기능면에서 여러 가지로 정의된다. '부호, 문자, 음성, 음향 및 영상 등이 자료 또는 정보, 인간의 사고와 감정을 표현한 내용물로서 문자, 소리, 화상 등의 형식으로 표현된 것, 혹은 그 장르가 영화든 문학이든 학습이든 뉴스든 저작권을 주장할 수 있는 모든 종류의 원작이며, IT라는 정보기술을 이용하여 소비자에게 생산, 전달, 유통되는 상품[2]'으로 정의된다. 사회에서 다양한 경로로 생산되고 유통 소비되는 재화나 소비재로 정의되기도 한다. 더 확대하여 온라인, 오프라인 등 모든 영역에서 '사람들이 지적·정서적으로 향유하는 모든 종류의 무형자산[3]' 즉 문화와 산업을 연결하는 매개체를 문화콘텐츠로 정의되기도 한다.

굿과 문화콘텐츠는 어떻게 만날 수 있을까, 굿을 어떻게 문화콘텐츠로 변주시킬 수 있을까? 굿은 아날로그적 성격의 대표적 소통물이다. 반면, 문화콘텐츠는 기호화 상징화하는 디지털 시대의 대표적인 소통물이다. 상반된 성격의 굿과 문화콘텐츠가 서로 만나고 전자가 후자로 재창조되기 위해서는 굿에 대한 분석이 문화콘텐츠화에 적절해야 한다. 각종 대본에 활용할 수 있도록 화소의 '문화기획화 유용성을 높이거나 상징성을 구체화하고 창의적 표현기법이 수용 가능한 소재[4]'가 되도록 분석해야 한다. 그리고 아날로그적 성격과 디지털적 성격의 균형을 고려해야 하고 재미를 유발할 수 있는 요소를 찾아내는 분석도 병행해야 한다. 시대의 변화에도 불구하고 변하지 않는 것이 인간의 본성이라는 점을 분석 기저에 두어야 한다.

굿은 인간문화 원형 중 가장 원시적 형태의 소통물이다. 수많은 시대의

---

2   백승국(2006), 「축제기획을 위한 문화콘텐츠」, 김영순 외, 『축제와 문화콘텐츠』, 다할미디어, 73~75쪽 참조.

3   위의 글, 74쪽 참조.

4   문경일·배상빈 공저(2006), 『문화경제분석 I』, 홍릉과학출판사, 192쪽 참조.

변화를 뚫고 현재에 이른다. 인간 삶의 다양한 요소를 반영하며 혹은 그런 요소들의 흐름에 밀리면서 독특한 세계를 구축해 왔다. 굿의 대중성과 여러 장르를 포괄하는 융합성 등을 잘 보여준다. 문화의 블랙홀처럼 다양한 장르를 흡수해 온 장르가 굿이기 때문에 굿 안에 집적된 다양한 요소가 새로운 경체가치로 창출되는 고찰은 적절하다.

「당금애기」와 관련된 지금까지의 연구[5]는 다양한 판본에 대한 분석과 서사구조 분석이 주류를 이루었다. 신화나 여성과 관련지어 연구한 경우도 있고 전승과 변이체계, 문학사적 의의에 대해 연구한 경우도 있다. 기존 관점의 연구도 더 요구되지만 관점의 변화도 요구된다. 그런 차원에서 「당금애기」의 극적 특성과 관련된 연구관점이 요구된다. 동해안별신굿 전반에 대한 극적 특성과 축제성에 대한 연구[6]는 있지만 「당금애기」만을 대상으로 한 연구는 없었다.

2. 문화원형의 세 가지 측면

1) 「당금애기」의 구성

「당금애기」는 '60개 정도의 채록본이 남아 있을 정도로 전국적 분포[7]'를 가진 무가이다. 분포도만이 높은 것이 아니다. 현재 구송되는 서사무가 중에서도 '가장 널리 불려지는[8]' 대중적인 무가이다. 많은 굿 관객이 「당

---

5   홍태한(2000), 『서사무가 당금애기 연구』, 민속원, 19~21쪽 참조. 여기에 연구사 및 연구서지 목록이 자세히 정리되어 있다.

6   심상교(2005), 「영남 동해안지역 풍어제의 연행특성과 축제성」, 『한국무속학』 10, 한국무속학회; ____(2006), 「동해안별신굿의 연극적 특성 연구」, 『강원민속학』 20, 강원도민속학회; ____(2007), 「동해안별신굿에 나타난 연극적 연출의 축제성 의미 연구」, 『비교민속학』 33, 비교민속학회.

7   홍태한, 앞의 책, 23~50쪽 참조.

금애기」를 선호하는 것이다.

　동해안별신굿의 경우 세존굿에서 「당금애기」가 구송된다. 무당은 삼오동 장단에 맞춰 중춤을 추고, 제마수장단에 푸너리춤을 추면서 당금애기를 구송한다. 의상은 활옷에 한지 고깔을 쓴다. 무당은 「당금애기」를 구송하면서 구송내용과 관련되어 양치질하기, 세수하기, 신발만들기, 잠자기, 이 잡기, 비듬털기 등을 행위로 보여주기도 한다. 시작할 때 무당은 한 손에 징을 든다. 무당의 신호에 이어 악사들이 일제히 장고, 꽹과리로 악을 울리며 구송이 시작된다.

　세존굿이 본격적으로 시작되면 장구만이 반주 악기로 사용된다. 사설의 중요성이 강조되는 굿에서 장고만을 반주로 사용하는데 세존굿 즉, 「당금애기」가 이에 해당된다. 민요나 현악기 연주시 장고가 반주를 맡는 상황을 연상하면 된다. 북 하나만을 사용하는 판소리 공연상황과도 비슷하다. 서사무가의 대표격인 「당금애기」의 서사단락을 알아보자. 「당금애기」의 판본은 여러 가지이나 본고에서는 빈순애가 구송하고 이균옥이 정리한 판본[9]을 논의의 대상으로 한다.

　　1. 삼한세존의 등장.
　　2. 삼한세존이 시주를 걷기 위해 서천서역국의 당금애기 집으로 감.
　　3. 부모와 형제는 모두 외출하고 당금애기는 하인들과만 집에 남음.
　　4. 삼한세존이 당금애기에게 시주를 청함.
　　5. 당금애기는 쌀을 시주하는데 삼한세존을 바랑에 구멍을 뚫어 쌀이 쏟아지게 함.
　　6. 삼한세존은 쌀을 젓가락으로 주워 담고, 주워 담는 동안 날이 저묾.

8　박경신·장휘주(2002), 『동해안별신굿』, 화산문화, 197쪽 참조.
9　빈순애 구술, 이균옥 채록(2000), 「세존굿」, 『한국무속학』 2, 한국무속학회.

7. 날이 저물자 삼한세존은 하룻밤 자고 가기를 청함.
8. 당금애기의 거절에도 삼한세존은 갖은 이유를 대며 하룻밤 머묾.
9. 당금애기의 거부에도 불구하고 두 사람은 운명처럼 동침.
10. 다음 날, 삼한세존은 집을 떠나며 콩 3개를 주며 심부(尋父)시 이용하라 함.
11. 집에 돌아 온 부모 형제들은 당금애기가 임신한 것을 알고 당금애기를 산에다 버림.
12. 당금애기가 돌함에다 세 명의 아기 삼태자를 낳음.
13. 당금애기의 어머니가 당금애기와 손자들을 데리고 귀가.
14. 잘 자라던 손자들은 어느 날부터 아버지 없는 자식이라는 놀림을 받음.
15. 삼태자는 아버지를 찾기 위해 어머니가 준 콩을 심음.
16. 다음 날 엄청나게 자란 콩의 줄기를 따라 삼태자는 길을 나섬.
17. 콩의 줄기가 끝난 곳은 어느 절이었고 거기에서 아버지를 만남.
18. 아버지는 세 명의 자식에게 통과의례를 시켜 자식임을 확인.
19. 통과의례는 생선회를 먹고 생선 토해내기, 삼 년 전에 죽은 소뼈로 소 만들기.
20. 삼태자와 당금애기는 신직을 부여 받음.

만남과 이별이 사건 전개의 근간을 이루는 가운데 결혼과 탄생, 시련이 플롯을 엮는 끈으로 사용된다. 뚜렷한 서사구조가 형성되어 있음도 알 수 있다. 서사구조 안에는 여럿의 등장인물이 있으며 각 인물들은 각각의 개성을 지닌 채 서로 갈등하고 자신의 목표를 성취하기 위해 노력한다. 축원성격이 강한 다른 굿에서는 발견되지 않는 점이 바로 이것이다. 개성 있는 인물이 등장하고 이로부터 갈등이 부수되고 사건이 생겨나 서로 얽힌다는 점이다. 세존굿의 「당금애기」외에도 손님굿, 심청굿도 서사구조가 뚜렷하다.

　무녀는 당금애기 내용을 여러 장단에 얹어 부르면서 짧은 놀음굿도 하며 내용과 관련되는 행위를 연기로 보여주기도 한다. 연기는 판소리의 발림과 유사하다. 무가 내용과 관련된 간단한 동작을 연기로 보여준다.

　한 명의 무당이 소수의 반주자와 함께 어떤 이야기를 들려주는 점에서 「당금애기」는 고대 그리스에서 연극이 형성되던 당시의 모습과 유사하다. 유사한 점을 구체적으로 살펴보자.

　첫째, 축제 즉, 굿이 열리는 가운데 연행되었다는 점이 유사하다. 초기 연극은 디오니소스축제와 관련을 맺고 당금애기는 마을굿과 관련을 맺는다. 신에게 제사를 올리며 다산과 풍요, 안녕과 행복을 기원하는 가운데 흥겹게 어울리는 점도 유사하다. 둘째, 극적 구조가 갖춰졌다는 점이 유사하다. 공연되는 작품에 근간되는 사건이 있고 등장인물들이 있으며 이들이 서로 갈등하고 갈등이 해소되는 점도 유사하다. 셋째, 신들을 주인공으로 내세우고 있다는 점이 유사하다. 고대 그리스의 초기 연극은 그리스 신화에 등장하는 인물들을 주인공으로 내세운다. 「당금애기」역시 신화 속에 등장하는 인물들이 주인공이다. 넷째, 한 명의 주연배우에 의해 공연된다는 점이 유사하다. 초기 연극에서는 배우 겸 작가가 이야기를 들려주듯 공연했는데 「당금애기」역시 무녀가 주연 배우처럼 혼자서 「당금애기」전 과정을 율격에 실어 들려준다. 다섯째, 코러스가 있다는 점이 유사하다. 초기 연극에서 코러스가 주요배역은 아니었지만 주연배우의 상대역을 맡기도 했다. 「당금애기」에서는 악사가 그런 역할을 맡는다. 코러스만큼의 비중은 없으나 굿이 진행되는 과정에서 없어서는 안 될 존재가 악사다. 악사는 사건 전개의 완급조절에 관여하며 내용 전개에 따른 관객의 감정변화와 진폭 조절에도 관여 한다. 긴 대사를 통해 사건전개에 개입하지는 않지만 악사 없이 무녀의 무가 구송은 불가하다. 여섯째, 율격에 실려 내용이 구송된다는 점도 유사하다. 운율이 있는 시처럼 구송된다. 초기 연극도 율격에 실려 시처럼 불려졌다. 이처럼 「당금애기」와 연극의 초기형태에 서로 유사한 점이 많다.

고대 그리스 시대의 연극은 이후 공연예술의 근간이 되었다. 「당금애기」에 들어 있는 고대 그리스 연극과의 유사점은 「당금애기」의 다른 장르로의 활용가능성을 보여 주는 것이다.

지금까지 동해안별신굿과 연극적 요소를 연결 지어 언급할 때 곤반이나 탈굿, 거리굿이 주로 논의되었다. 그래서 무극 혹은 굿놀이 등으로 불려지며 논의되었다. 그런데 위에서 논의 된 것처럼 「당금애기」의 기본적 구성요인만을 고찰했는데 곤반, 탈굿, 거리굿에 못지않은 극적 요소가 있음을 알 수 있었다. 당금애기 뿐 아니라 손님굿, 심청굿, 성주굿, 천왕굿, 용왕굿에도 「당금애기」에 못지않은 극적 요소가 많다. 서사성이 강한 무가를 부르는 경우를 '연희창[10]'이라고 규정하기도 하는데 연희창이라는 용어 역시 굿에 연극적 요소가 많다는 점을 보여 주는 경우다. 「당금애기」의 극적 요소를 좀 더 구체적으로 살펴보자.

2) 「당금애기」의 서사적 특성

「당금애기」의 서사적 특성에 대해 살펴보겠다. 「당금애기」의 등장인물들은 인간의 형상을 하고 있지만 신(神)적인 존재[11]다. 그들이 활동하는 장소나 내용도 인간세계와 닮았으나 비현실성이 짙은 가운데 허구적 세계의 환상성을 담고 있으며 신의 영역이라고 할 수밖에 없는 신성성을 보인다. 이런 점에서 「당금애기」는 신화라고 할 수 있다.

신들 사이에 일어나는 이러 저러한 사건들 대부분도 인간사의 그것과 유사하다. 다른 점은 인간 세상에 일어나는 여러 자연·생명·심리 현상을 관장하고, 현실적으로 가능하지 않은 이적을 보이는 점이다. 「당금애기」

---

10 서대석(1980), 『한국무가의 연구』, 문학사상사, 53쪽 참조.
11 환속한다는 판본도 있으나 대체적인 판본이 신직을 부여하고 부여받는 것으로 되어 있다.

에 이러한 신화적 특성이 그대로 나타난다.

당금애기는 대갓집 처녀인 듯하지만 그녀의 부모와 오빠들은 천하공사 지하공사를 나갔다. 당금애기 역시 신의 영역에 있는 존재임을 보여준다. 삼한세존의 등장으로 발생하는 사건도 인간세상의 일과 신의 영역의 일을 동시에 보여준다. 신의 세계를 인간을 통해 보여주는 신화의 예가 된다. 당금애기가 세존을 만나 하룻밤을 보내는 과정에도 인간의 영역과 신의 영역의 사건이 동시에 일어난다. 삼한세존의 행동과 심리에 신인(神人)의 복합적 모습이 특히 두드러진다. 당금애기의 임신 후 그에 대한 집안 식구들의 반응은 인간세상의 모습을 닮아 있으나 출산 후 자연과의 교감에서는 인간의 영역을 넘어선다. 출산 후 아들 세 명이 아버지를 찾아가는 과정과 아들로 확인받는 과정도 인간 세상에서는 현실적으로 일어나기 어려운 일들이다.

「당금애기」는 사이 사이에 내밀한 심리가 들어가고 시련과 고난에 빠졌다 극복하는 과정이 개입되어 흥미진진한 플롯으로 형성되지만 크게 다섯 개의 화소로 이뤄진다. ①만남, ②이별, ③출생, ④재회, ⑤입신(入神)[12]이 그것이다. 다섯 개의 화소는 세 아들의 출생 이전과 이후로 나눠진다. 전반부와 후반부는 각각 무엇을 의미하는가.

①만남과 ②이별은 인간의 감정을 자극하는 화소다. 당금애기와 삼한세존이 만나 하룻밤을 보낸 후 이별한다. 혼자 남은 여신은 임신의 이유로 핍박받는다. 신의 세계지만 남녀의 만남과 이별, 그 과정에서 발생한 임신 등은 관객들이 관심을 갖기에 충분하다. 주인공 당금애기는 신적 형상에 인간적 심성이 적절히 융합되었기 때문에 연민의 감정 등을 강하게 자극한다.

당금애기는 신적인 존재인데 자신의 정조가 위협받고 있는 상황에 대

---

12 여기서 입신은 입사처럼 '신의 세계에 들어가다'라는 의미로 쓴다.

해 조금의 의심도 하지 않는다. 당금애기와 합방하려는 스님의 의도된 행위도 의심 없이 수용한다. 이런 점에서 당금애기의 인간적인 면모가 드러난다. 스님과의 첫 만남을 앞두고 설레는 마음을 나타내듯 치장하고 상대를 궁금해 하는 모습에서는 호기심 많은 순진한 소녀의 면모도 나타난다. 신분이나 의상의 색깔과 종류까지를 고려한다면 당금애기를 순결한 처녀로 인식할 수도 있다. 순진한 소녀이거나 순결한 처녀로 인식될 수 있는 인물이 의외의 난관에 봉착하고 급기야 버려지는 상황에 이른다. 이러한 고난은 관객의 연민을 불러일으키기에 충분하다. 만남과 이별이라는 자극적인 화소와 연민을 불러일으키는 고난은 극적 재미를 느끼도록 고안된 구성이다.

　④재회와 ⑤입신은 신의 탄생을 알리는 화소다. 난관에 처했던 당금애기는 신이적인 도움을 받아 난관에서 벗어나고 헤어졌던 남편 삼한세존과 재회한다. 당금애기의 세 아들은 아버지와 만난 후 시험을 거쳐 입신한다. 탄생이 재회로 이어졌고 재회는 다시 입신으로 이어졌다. 입신으로 마무리 된 점은 당금애기의 난관이 감격으로 승화됨을 의미한다. 희망하던 일들이 성취되면서 화해적 결말로 마무리된 것이다.

　고난 극복은 우리 고전문학에서 많이 다뤄진 화소이다. 이 극복 과정에 감격적 요소가 들어가면 더 많은 애호층을 확보했다. 고난 극복은 화해적 결말로 이어질 수밖에 없는데 이런 내용이 남녀 간의 사랑 문제와 연결되면 더없는 대중적 요소가 되었다. 「당금애기」에는 고난 극복이 있고 감격적 요소도 있다. 남녀 간의 사랑문제도 중요한 부분으로 가미함으로써 여러 세대를 통해 대중적으로 애호되는 '대중적 고전문학'이 되었다.

　재회 이후의 장면에서는 당금애기와 삼한세존의 재회보다 세 아들과 아버지의 만남에 더 의미를 둔다. 어미와 아내로서의 당금애기의 위상은 가려진다. 그보다는 세 아들의 존재가 부각되면서 세 아들과 아버지와의 관계가 전개의 중심이 된다. 세 아들과 아버지와의 관계가 확인되고 세

아들은 신이 된다. 모자관계나 부부관계보다 부자관계가 내용의 축이 된다. 이는 작품 후반부가 신의 탄생에 초점을 맞추는 것임을 의미한다. 작품의 전반부에서는 남녀 사랑문제에 초점을 맞추었으나 후반부마저 사랑 문제 초점을 맞추면 굿에서 불려지는 무가적 성격을 잃지 않기 위한 고려로 보인다.

세 아들뿐만 아니라 당금애기도 신이 된다. 당금애기가 신으로 탄생되는 사건은 당금애기와 삼한세존의 관계가 완성됨을 보여주는 것이다. 신직부여를 통해 두 사람의 사랑이 완성되고 둘의 관계가 부부임이 확인된다. 작품전체를 완결 짓는 방식으로 사랑의 완성 즉 결혼의 확정을 선택한 것이다. 그러나 사랑의 완성을 남녀 간에 직접적 긴장 관계를 통해 성취하는 것이 아니라 간접적 관계 형성을 통해 완성을 일궈낸다.

그러면 「당금애기」는 왜 신의 탄생으로 초점을 이동하였는가? 그것도 생명의 신, 산신 탄생에 초점을 맞추는가? 그리고 그런 내용은 왜 오랫동안 관객들에게 애호되는가?

그 이유는 굿이 연행되는 이유와 연결될 것이다. 인간사에서 가장 중요한 일을 기원하려는 의도 때문이다. 「당금애기」를 통해 생명의 탄생과 안과태평, 시화연풍을 기원하는 것이다. 신의 탄생은 다산과 풍요, 안녕을 확약 받는 것을 의미한다. 굿이 연행되는 이유가 바로 이것이다. 굿에서 신의 탄생을 알리는 무가를 구송함으로써 다산과 풍요에 대한 기원과 이를 확약받는 기쁨을 누리는 것이다. 「당금애기」가 무조신화적 측면도 있지만 관객과의 관계 속에서 보면 신의 탄생을 통해 마을 사람들의 종교적 기원에 부응하고 있는 것이다. 공연의 대중적 요인과 굿의 종교적 요인이 모두 충족되도록 연행되는 것이 「당금애기」인 것이다.

신의 탄생은 굿의 향유층인 마을 사람들에게는 고난 해소의 기대감을 갖게 한다. 고난에 처했던 당금애기와 아들들이 절대적 존재인 삼한세존의 도움을 받아 어려움을 극복했다. 이와 마찬가지로 고난에 처한 마을

사람들에게 신의 탄생은 자신들을 구원해 줄 절대적 존재가 된다. 마을
사람들의 기원이 신의 탄생을 통해 해소되는 것이다.

이상의 논의에서 보면 「당금애기」가 대중적인 굿이 된 연유는 인간 감
정과 신이 영역이 적당한 비율로 섞인 서사에 원초적 심성에 부응하는
종교적 요인까지 갖추고 있기 때문인 것으로 보인다.

지금까지 당금애기의 서사적 특성을 구조적 측면에서 살폈다. 이제부
터는 당금애기의 서사적 특성을 무당의 구송적 측면에서 살펴보겠다.

첫째. 무녀가 전체 내용을 주로 서사한다. 무가는 관객을 상대로 구송
된다. 등장인물도 있다. 무당이 등장인물 한 역을 맡아 그 역의 대사를
하기도 한다. 그럼에도 소설처럼 상황전개나 인물의 심리를 전하는 서사
가 이뤄진다. 그런데 「당금애기」에서의 서사가 소설과 다른 점은 공연상
황을 반영하고 있다는 점이다. 일부에서 나타나는 특징이지만 '-같심니
더', '-는구나', '- 있나' 등 상황을 서사하되 무당이 서사내용의 전달자
역할을 하고 있음을 보여주기도 한다.[13]

> 주무 : 뒷동산으로 올라가서 개똥싸리를 꺾으러 가는데 또 이렇게 꺾으러
> 　　　　가는 거 같심니더.[14] (이하, 무가 인용은 페이지만 표기한다.)
> 주무 : 당금아가씨와 스님과 백년부부로 맺어져 있다.(p.174)
> 주무 : 짚었던 철쭉장을 갔다가 천상을 전주더니마는 세사 왕거미가
> 　　　　되 가주고 병풍 가에다가 거미줄을 쳐 놓고 그 거미줄을 올라가
> 　　　　타고 올라간다.(p.174)
> 주무 : 이때 저때 어느 땐고 느즛한 봄날이라.(p.178)

13　그리스 희곡에서도 등장인물의 대사 속에 소설의 서사 같은 부분도 있다. 그러나 배역을
　　각각 나눠서 하기 때문에 등장인물이 내용의 전달자처럼 대사하는 경우는 없다.
14　빈순애 구술, 이균옥 채록, 앞의 자료, 169~170쪽.

사건 전개를 예고하거나 사건이 전개되는 현재 상황을 들려줄 때 서사를 이용한다. 이러한 서사는 복잡한 상황을 요약한다. 그리고 비현실적인 상황을 압축적으로 보여주는 데 효과적으로 작용한다. 그래서 서술자격(格)인 무당이 그린 그림 속으로 관객이 끌려 들어오도록 한다. 이미 관객은 무당의 공연을 보는 구경꾼인데 거기에 그림을 하나 더 그려 넘으로써 관객에게 더 흥미로운 구경거리를 제공한다. 서사내용에 대한 흥미도 유발하고 공연되는 상황에 대한 흥미도 유발하는 장치다. 몇 가지 예를 덧붙이면 다음과 같다.

> '일락서산을 넘어가네(p.170)', '당금애기 쌀 가져오기만 기다린다.(p.170)', '당금아가씨가 쌀 가지고 오면 가라하는 줄 알고(p.170)', '소승이 두말 않고 돌아간다는구나(p.170)', '이때 저때가 어느 땐고 밤은 점점 야심하고(p.171)', '당금아가씨는 스님 때문에 잠을 이루지 못하는구나(p.171)', '양반의 귀인이라 어찌 스님을 두고 잠을 잘 수가 있나(p.172)', '대사 스님은 온갖 꾀를 다 부린다(p.173)', '당금애기가 맘을 푹 놓고 잠을 자는데(p.173)', '분통같은 저 방안에 월편같이 누운 당금아가씨 모습을 보니(p.173)', '이경에 꿈을 꾸네/ 한짝 어깨는 달이 돋고 한짝 어깨는 해가 돋고/ 구슬 세 개는 치마폭에 떨어지고 별 세 개는 입안으로 들어갑니다(p.177)', '이때야 참 말공부 글공부하다가 아홉 형제 오라버니들이 말을 바람결에 듣고 구름결에 들었구나(p.178)'

이 외에도 많지만 대체적인 예가 위와 같다. 이러한 서사는 행동보다 설명을 해야 될 부분에서 많이 발견된다. 내면심리를 드러내야 하고 비현실적인 내용 중에서 직접 보여주기 어려운 부분을 들려줄 때 서사를 이용하는 것이다. 많은 사건을 간략하게 요약해서 전달해야 될 경우나 집중적으로 보여주어야 할 경우에도 서사를 사용한다.

둘째, 무당의 구송은 소설[15]의 전지적 시점과 관찰자 시점을 넘나든다. 이러한 특성은 등장인물의 내면심리와 상황을 더 분명하게 드러내는 데 일조한다.

내용전개와 상황에 대한 설명을 무당이 마치 소설 속의 작중화자가 되어 서술하듯 구송하는 경우가 많은데 보이는 상황만을 사실대로 들려주는가 하면 등장인물이나 상황에 개입하거나 간섭하기도 한다.

주무 : 백미쌀이 모자라서 당금아기집을 찾아가네.(p.165)

스님이 당금애기 집을 찾아가는 이유를 설명한다. 서술자격(格)인 무당이 이미 알고 있는 것이다. 객관적 상황만을 들려주는 것이 아니라 내밀한 사연과 전후관계를 밝히고 있는 것이다. 이뿐이 아니다. 스님이 문밖에서 시주를 청할 때 예쁘고 좋은 옷으로 치장을 하고 분을 바르는 당금애기의 모습은 사랑의 호기심에 들뜬 순진한 처녀의 모습이다.

주무 : 의례치장 차려입고 스님 구경을 나가는데.(p.166)

치장과 단장에 대한 묘사는 객관적이나 그 내면의 심리는 서술자가 등장인물의 심리에 깊이 간섭하고 있음을 보여 주는 것이다. '당금아가씨 거동보시오', '스님의 거동보소'라며 상황 전개를 알려준다. 소설이었다면 서술하듯 하였겠으나 관객을 대상으로 공연하는 상황이기 때문에 명령조의 언사로 상황전개를 알려준다. 소설의 전지적 시점과 유사한 부분은 이외에도 더 있다.

---

15 조남현(1993), 『소설원론』, 고려원, 220~243쪽; 권택영(1992), 『소설을 어떻게 볼 것인가』, 동서문학사, 41~52쪽 참조.

주무 : 무정한 우리 님아 나를 두고 어디 갔노.(p.179)

주무 : 천 리라도 따라 가건만 가다가 갖가 내 생각하고 십 리도 못 가서
　　　발병 나오.(p.179)

이별 속에 고통받는 당금애기의 모습이 절절하게 드러난다. 당금애기
의 심리상태를 관객들에게 알려준다. 내밀한 내면의 심리는 관찰만으로
확인되지 않고 모두 드러낼 수 없다. 내면을 인지한 듯 들려주어야 한다.
그래야 관객의 연민이 일어나고 등장인물과 동화된다. 공연적 상황을 반
영하는 희곡(대본)에서는 전지적 시점은 개입될 수 없다. 그런데 「당금애
기」는 공연되는 상황임에도 소설에서 필요한 부분을 가져오고 있다. 관찰
자 시점을 통해 전지적 시점의 효과를 내는 경우도 많은데 한 가지만 보자.

주무 : 자 보자 배가 불러서 당금아가씨는 배가 불러 남산이가 되었구나.
　　　(p.185)

서술자격인 무당의 눈에 보이는 부분만을 표현했다. 그런데 '배가 불러
남산이 되었다'는 표현은 당금애기의 초조한 심리를 강조한다. 결혼하지
않은 여자가 임신하여 주변의 시선에 핍박받고 있는데 임신의 상황을 두
드러지게 하는 표현으로 핍박의 상황을 더 강화시킨다. 관찰자적 시점을
통해 전지적 시점의 효과를 얻고 있다.

주무 : 가슴이 답답하여 눈을 떠보니 낮에 오셨던 스님이 지를 품에다
　　　안고 잠을 자는구나.(p.174)

셋째, 대사 형식과 노래 형식이 반복된다. 「당금애기」가 대본이 역할을
하고 있음을 보여주는 경우다. 이 경우는 서사적 특성과 합쳐져 극적 흥미

를 더한다. 무당 혼자 서사만을 이끌어 가면 공연물로서의 생명력은 약화되었을 것이다. 그런데 사건 전개의 전환점이나 특이한 상황 전개가 시작되거나 사건의 심각성이 정점으로 치달을 때 악사가 순간 순간 개입한다. 서사에 호흡 조절을 하며 극적 흥미를 배가시키는 역할을 한다. 전개 상황을 서사하는 일은 없다. 그러나 드물게 특정 인물을 맡아 주무의 상대역이 되기도 한다. 노래는 무당이 부르는 것이지만 악사와 협연하지 않으면 안 된다. 서사성이 강하기 때문에 뮤지컬이나 오페라처럼 서사 내용을 노래에 얹어 풀어낸다. 공연적 상황에 재미를 더하기 위한 고안일 것이다.

> 주무 : 임아 임아 무정한 임아/ 나를 버리고 어디 갔나.
> 악사 : 얼씨구야.
> 주무 : 하룻밤 새 정들어 놓고 나를 버리고 어디 갔노.
> 악사 : 허이유.
> 주무 : 포도주가 단줄만 알았더이.
> 악사 : 허이.(p.178)

> 주무 : 낙양동천 지화자에 숙영낭자를 보러갔나?
> 악사 : 얼씨구나.(p.179)

'얼씨구나', '허이' 같은 추임새가 효과적인 대사로 기능한다. 흥겨움이나 탄식을 드러내는 짧은 감탄사가 복합적인 감정을 폭넓게 드러내는 데 적절히 이용되고 있는 것이다. 애절한 감정이나 회한의 느낌을 드러내기 위한 다른 어떤 수사보다 효과적으로 사용되고 있음을 볼 수 있다.

> 주무(스님) : 아버지를 찾아달라 쪼르거든 이 박씨를 고이고이 간직해
> 주십시오.

악사 : 네에.(p.180)

주무 : 아이고 내 딸이야 내 딸이야 에미가 왔다 상봉하자.
악사 : 어이.(p.191)

주무(아버지) : 저년을 당장 끌어내어 짝뚜 끝에 목을 얹어 죽이라는구나.
악사 : 에이.(p.193)

위 인용도 악사가 주무의 상대역을 하는 경우다. 당금애기가 되기도
하고 확정되지 않은 어떤 인물의 역할을 하는 경우다. 대개 주무가 일인다
역을 동시에 진행하는데 위 경우는 극적 재미를 높이기 위해 일시적으로
악사가 하나의 배역을 맡아 연기하고 있다. '어이', '에이'라는 추임새는
상황에 따라 긍정을 나타내기도 하고 부정을 나타내기도 한다. 반가움을
나타내기도 하고 절망적 상황에 대한 항변을 담기도 한다.

3) 「당금애기」의 공연적 특성

「당금애기」는 서사적 공연물이라고 할 수 있다. 온전한 서사물을 관객
에게 흥미롭게 전달하기 위해 서사성을 여러 가지 공연기법으로 분해하
여 공연상황에 적합하도록 변형시킨 것이다. 그래서 「당금애기」는 소설
이 희곡으로 각색되는 중간단계에 해당된다. 그리스에서 연극이 형성될
때 한 명의 배우가 한 개의 서사작품을 연행하듯 들려주었다. 「당금애기」
가 이와 비슷하다. 「당금애기」가 공연되는 상황에 근거하여 연기자의 행
위 및 행동, 공연 방법, 공연 기법 등에 대해 구체적으로 살펴보겠다.
첫째, 연상작용을 유도하는 서사기법이 있다.
서사성이 강한 내용을 공연상황에 적합하도록 변형시키기 위한 의도에
서 선택한 방법이다. 내용전개나 상황에 대한 설명을 하면서 좀 더 극적인

효과를 얻기 위해 서사가 관객 앞에서 실제로 공연되는 것처럼 보이도록 상상하도록 유도할 때 이 기법을 사용한다. 연상작용이 효과적으로 일어나면 관객이 극적 상황에 들어가는 착각이 발생한다.

'당금아가씨 거동보소(p.166)', '스님 거 거동보소(p.166)', '소승이 두 말 않고 돌아간다는구나(p.168)', '두께비 씨름을 하는데 나는(무녀) 보지는 못했어요(p.176)', '또 이렇게 올라가는 갑십니더(p.189)', '우리 딸이 가 죽어 혼이 되어 하늘 나라를 서천이라 하는가보다 죽어도 만나보자 살아도 만나보자(p.191)', '아들을 업고 또 사랑가를 하는데 또 이렇게 하는 것 같습니다(p.192)'

'-보소', '-니더' 라는 표현은 어떤 상황이 전개되는 것을 보여주듯 설명할 때 사용한다. 관객들에게 눈앞에 상황이 전개되고 있도록 연상에 빠지도록 유도하는 것이다. '-간다는구나' 같은 경우도 무녀가 전달자 역할을 하고 있을 뿐 실제의 인물이 아니라는 점을 확인시켜 공연되는 상황임을 분명히 한다. 그래서 서사물을 단순히 구송만 하는 것이 아니라 극적 상황 속에서 어떤 행위들이 어우러져 한 편의 연극이 공연되는 것처럼 착각하도록 한다.

둘째, 무대지시문이 있다.

무대지시문도 무당의 무가 구송이 공연되는 상황을 전제로 하는 것인데 한 명의 무당에 의해 연행되지만 여러 명의 배우가 등장해서 공연하는 것 같은 느낌을 주기 위해 설정되었다. 연상작용을 유도하는 서사기법과 기능면에서 거의 동일하다. 그러나 착각을 유도하기보다 좀 더 실연에 가까운 상황으로 유도하는 차이가 있다.

'옥당춘이 내다보더니(p.165)', '의례치장을 차려입고 스님 구경을 나가는데(p.166)', '신수 좋은 저 얼굴에 분세수를 정히 하고 감탁같은 체진 머리 동백기름에 광을 내어(p.166)', '아홉 병풍으를 둘러놓고(p.172)', '대사님 거동보소 바랑도 벗거서 걸어놓고 행장도 벗거서 걸어놓고(p.172)', '산에다가 밀어넣으니(p.196)', '한강물에 밀어넣는다(p.196)', '손톱발톱 다치지 아니하네(p.197)', '놀려대는구나(p.197)', '보따리를 글머지고(p.197)', '훈장선생님을 찾아가서-하직인사드리고(p.198)'

외양과 상황을 설명하는 서사[16]처럼 느껴지기도 하지만 공연성을 강화하기 위한 장치들임을 알 수 있다. 설명되듯 구송되지만 무대 위에서 어떤 상황이 연기 되고 있다는 느낌을 전달하려는 목적을 가진 부분들이다. 의상의 색깔과 분장의 색조, 무대장치와 배우의 동선과 연기에 대한 연출적 고안이 표현되어 있다. 배우들의 연기가 관객 앞에서 실연되고 있는 듯이 구송되는 특성도 함께 드러난다. 공연되는 상황이 전제되고 이의 효과적 전달을 목적으로 한 표현들이다.

셋째, 무당 혼자 여러 등장인물을 연기한다. 일인다역의 공연이 된다. 무당은 서사만 하지 않는다. 여러 등장인물의 감정과 생각을 담은 회화체의 대사도 직접 한다. 여러 인물들이 등장한 것처럼 연기한다. 어느 부분보다 공연성이 두드러진 경우다. 회화체의 대사가 아닌 경우는 독백체에 가까운 대사를 한다.

'대문밖으로 내다 보아라(p.164)', '아이고 아가씨요 당금아가씨요(p.165)', '스님 말씀만 들어봤지 스님 구경은 못하였네(p.165)', '아이구

---

16 묘사라고 하는 것이 옳을 수도 있겠으나 사건전개나 상황에 대한 설명을 위한 것이라는 점에서 서사라고 하겠다.

아가씨요 당금아가씨요. 대명천지 밝은 날에 대문을 활짝 열고 소승을 볼 것이지 문틈으로 가만히 몰래 소승을 내다 보면은 죽어서 구천지옥은 면면하고 독사지옥을 면면하오(p.166)', '비 가져 오느라 썰어드리자. 치 가져 오느라 까불어 주자(p.169)', '당금아가씨요 울지만 말고 고개를 드시오. 소승이 가다가 전해 줄게 있어 되돌아 왔습니다(p.180)'.

당금애기, 옥당춘, 스님이 직접 등장한 것처럼 표현되었다. 공연의 상황을 상승시키기 위한 의도가 반영된 것이다. 이런 대사는 상황과 인물을 구체화 시킨다. 특정 인물이 직접 대사하는 것처럼 연기를 하면 관객은 특정 인물을 실물화 한다. 구체적 형상으로 받아들이는 것이다. 그래서 특정 인물의 어조를 연상하고 감정을 느끼게 된다. 그 결과 일인서사의 공연이 다변화되어 실연의 느낌을 전달하는 효과를 거둔다.

구체적 상황에 구체적 인물로 등장한 인물들의 행동은 새로운 사건의 원인이 되고 계기가 된다. 그래서 관객은 서사성이 우세한 가운데서 공연성의 재미를 느끼게 된다.

넷째, 악사의 역할이 코러스와 유사하다.

코러스는 고대 그리스에서 연극이 공연예술로 완성되는 과정에 중요한 역할을 했다. 코러스는 대화가 성립되는 상황을 만들어 한 사람에 의해 공연되던 연극이 여러 배역에 의해 공연되는 형식으로 분화되는데 결정적 역할을 했다. 기존의 문학양식에서는 작중화자에 의해 내용이 전개되었다. 이와 달리 등장인물의 직접 행동에 의해 내용이 전개되는 표현 방식에 혁신적 변화가 연극을 통해 나타났다. 이 변화과정의 단초가 코러스로부터 시작된 것이다. 코러스가 표현방식을 입체화하는데 기여한 것이다. 「당금애기」의 악사 역할이 코러스와 비슷하다. 역할의 비중에서는 코러스보다 덜 하지만 주무의 구송에 응대하며 다양한 감정표현까지를 맡는 점에서 역할의 중요성은 동등하다 할 것이다. 가끔 한 인물의 배역을 맡아 주무에 응대한다.

'어이좋다', '에이로다', '어이', '그렇죠'.

「당금애기」 공연 내내 악사의 응대대사는 추임새 정도로 짧다. 그러나 악사의 응대 순간포착이 적절하고, 응대하는 어조도 흐름을 상승시켜 공연 내용이 효과적으로 전달되도록 한다. 그 결과 공연은 관람하는 관객의 감정흐름도 자연스럽게 이어지도록 한다. 악사는 극적 상황과 극적 흥미를 높이는 중요한 인물이다.

다섯째, 음악을 통해 사건의 긴장도를 조절한다.

긴박한 사건이 전개되거나 전개될 상황을 앞두고 긴박성의 완급을 조절할 목적으로 음악을 이용한다. 감정의 상승과 하강 조절에도 음악을 사용하고 어떤 사건이 전개될 지 궁금증을 자아낼 목적이 있을 때도 사용한다.

'집을 찾아가네(악이 울린다).(p.164)',
'아이고 대사님요 날이가 저물었으니 어서 집으로 돌아가시오(악사들이 일제히 악을 울린다.).(p.167)'

위에 인용된 경우 외에도 많은 예가 있다. 음악은 「당금애기」가 공연되는 동안 지속적으로 울리기 때문이다. 악사의 응대 대사처럼 길이는 짧으나 효과 면에서는 동일하다.

여섯째, 관객과 직접 소통한다.

관객과의 직접 소통은 「당금애기」의 내용전개와는 무관하지만 내용에 관심을 갖도록 하는 장치이고 「당금애기」 공연이 관객과 직접소통하고 있다는 점을 생생하고 보여준다. 무당이 공연 중간에 구송을 중단하고 구송내용과 관련지어 관객들의 반응을 직접적으로 유도하면서 별비를 요구하기도 한다. 이 상황에서 무당의 상대역은 악사가 아니라 관객이 된다. 일종의 열린 무대가 형성되는 것이다. 무당과 관객의 구분이 없어진다. 무당이 주 무대를 벗어나 관객 속으로 들어오기도 하며 무가내용과 무관한 대화를 이어가기도 한다. 신의 세계가 펼쳐지던 공연장(굿당)이 일시적으로 인간의 세계가 된다.

> 주무 : 아이고 세상에 동네 어르신요 줄 꺼는 주고 받을 꺼는 받고.(p.180)
> 주무 : 이거는 맘에 있어서 꼽아준 돈이고 내가 또 부채 들고 받을 꺼는 받아야 된다.(p.181)
> 주무 : 어여 함 가보자.(p.181)
> 주무 : (전략)계장님이니껴 계장님요.(p.181)
> 주무 : 여 시굼털털한 귤은 어데가 받노 저짜 구석에 머시마들 많은데 저 함 가보자.(p.182)

전개되는 내용에 연계하여 당금애기가 임신하여 신 과일을 먹어야 한다면서 신 과일 살 돈이 필요한 상황을 설정하고 관객으로부터 과일값 즉, 별비를 받아낸다. 삼태가 탄생했을 때 기저귀 값, 미역 값 등을 요구하기도 한다. 내용전개와 직접적 연관은 없지만 효과적 전달을 위한 극적 장치다. 공연되는 중간에 극적 흥미를 높이며, 높아진 극적 흥미를 지속시키려는 의도도 반영된 장치다.

3. 문화콘텐츠로의 변형

1) 장르변주

장르변주는 특정의 작품을 문화콘텐츠화 하는데 효과적인 기법이 된다. 장르변주는 대본창작기술을 개발함으로써 얻어질 수 있다. 이를 위해서는 '서사성의 공연성으로의 변화[17]'에 주목해야 한다. 「당금애기」는 그리스에서 연극이 형성되던 당시의 모습과 유사하다. 연극이 형식화의 완성을 이루기 직전의 모습을 「당금애기」에서 볼 수 있는 것이다. 「당금애기」와 연극의 유사점과 차이점을 앎으로써 장르변주의 특성을 알게 되고 이로부터 새로운 문화콘텐츠 생성에 도움 받을 점이 있을 것이다.

앞에서의 분석을 통해서 나타나듯이 문화콘텐츠화를 위한 장르변주를 위해서는 신인동형의 모습에서 나타나는 감정이입을 활용할 수 있고, 현실을 넘어서는 상상력도 활용할 수 있다. 한 존재의 이중적 모습을 통해 인간심리의 다양한 모습을 그리는 특성도 활용할 수 있다. 인간사의 화소를 근거로 내밀한 심리가 복합되는 점도 장르변주에 활용할 수 있을 것이다.

굿은 수천 년을 견뎌 온 대표적인 공연장르다. 연극도 수천 년을 견뎌 온 공연장르다. 오래 견딘 장르는 많은 것을 포용하는 특징이 있었거나 독립적이고 탄생에서부터 완전했기 때문에 지금까지 견뎌왔을 것이다. 굿의 포용적 특성과 연극이 성취한 형식의 완전성에서도 장르변주에 활용할 부분이 있을 것이다.

굿은 종교적 영역 혹은 민속적 영역에 남았고 연극은 예술적 영역에 남았다. 인간 심성의 가장 기저에 자리 잡도록 고안된 장치들과 이를 가장 높게 승화시키려는 장치들을 문화콘텐츠에 이용할 수도 있을 것이다.

---

17 최혜실(2006), 『문화콘텐츠, 스토리텔링을 만나다』SERI연구에세이 66, 삼성경제연구소, 121쪽 참조.

「당금애기」는 굿의 속성과 연극적 속성을 모두 갖고 있다. 「당금애기」는 연극이 될 수도 있었을 것이다. 그런데 연극이 되지 않았다. 굿에서 독립하여 하나의 예술로 자리 잡을 수 있었음에도 계속 굿 속에 남은 이유 즉, 「당금애기」가 긴 생명력을 갖게 한 이유를 찾는 것이 「당금애기」를 문화콘텐츠화 하는 데 도움을 줄 것이다. 이 부분에 대해서는 별고에서 좀 더 깊게 다루고자 한다.

2) 디지털과 아날로그의 균형성

지난 25년간 사라진 것들을 조사[18]했는데 상위에 랭크된 것이 대부분이 타자기, LP음반 같은 아날로그적 물품들이었다. 디지털은 아날로그를 대체할 흐름이라고 볼 수 없다. 공존해야할 두 가지로 판단된다. 균형이 깨지면 많은 문제가 나타날 수 있다. 따라서 디지털과 아날로그가 균형을 이루도록 해야 한다. 이는 디지털 시대에도 변함없을 인간의 본성과 관련된다.[19] 그래서 굿적인 요소는 아날로그 시대에 만들어졌지만 상상력의 독특함으로 디지털 시대의 무한 변주에 어울린다.

신과 인간의 경계를 넘나드는 「당금애기」의 특성이 아날로그와 디지털의 경계를 넘나들며 균형을 맞추는 문화콘텐츠를 만들 때 유용할 것이다.

신적 형상에 인간적 심성이 융합시켜 연민의 감정을 강하게 자극하는 특성이 이용될 수 있다. 감격을 이용해 희망하던 일들이 성취되면서 화해적 결말로 마무리되도록 하는 것도 이용될 수 있다. 결혼을 사랑의 완성 같은 소재가 구체적으로 이용될 수 있다. 그리고 시화연풍 안과태평 같은 현실적인 요구를 문화콘텐츠에 반영시키는 방법도 있다. 신의 탄생 같은 절대자의 출현에 대한 기대를 담을 수도 있다. 그러면 인간 내면심리를

---

18 한국경제신문, 2007년 6월 5일자 인터넷판.

19 이광형(1999), 「디지털 문화시대」, 『디지털 시대의 문화예술』, 문학과지성사, 25쪽 참조.

반영하는 심리적 리얼리즘을 만들 수도 있을 것이다.

「당금애기」의 서사적 특성에 나타나는 것처럼 서사성과 공연성의 경계를 넘나드는 방법도 필요하다. 「당금애기」가 전지적 시점과 관찰자적 시점을 혼용했듯이 전개과정의 시점을 다양하게 하는 방법도 필요하다. 음악적 요소를 가미하는 것도 흥미로운 문화콘텐츠를 만드는 방법이 될 것이다.

3) 재미

문화콘텐츠를 만들기 위해서는 '재미[20]'를 중요한 요소로 반영해야 한다. 「당금애기」에 들어 있는 공연성이 문화콘텐츠에 재미를 반영하기 위한 방법창출에 도움을 준다. 서사성이 강한 「당금애기」를 관객 앞에서 흥미롭게 보이기 위한 장치들이 바로 공연성이기 때문이다.

극적 흥미를 높이기 위해 고안된 여러 방법도 문화콘텐츠화에 유용하다. 연상작용을 일으키도록 고안된 서사기법이 필요하다. 그리고 상상 속의 상황이 실제로 일어나고 있다는 착각을 유도하는 방법도 필요하다. 감정을 조절하는 장치를 내재시킬 필요가 있으며 관객과 직접 소통하는 방법도 이용할 필요가 있다.

4. 결론

동해안별신굿 세존굿의 「당금애기」에 내재한 극적 특성과 문화콘텐츠 활용가능성에 대해 고찰했다. 고찰 대상은 동해안별신굿의 세존굿에서 구송되는 「당금애기」였다.

---

[20] 김학진 외(2007), 『디지털 펀! 재미가 가치를 창조한다』SERI연구에세이 80, 삼성경제연구소, 19~32쪽.

「당금애기」의 구성적 요소가 고대 그리스의 연극과 유사하다. 첫째, 축제 즉, 굿이 열리는 가운데 연행되었다는 점. 둘째, 극적 구조가 갖춰졌다는 점. 셋째, 신들을 주인공으로 내세우고 있다는 점. 넷째, 한 명의 주연 배우에 의해 공연된다는 점. 다섯째, 코러스가 있다는 점. 여섯째, 율격에 실려 내용이 구송된다는 점 등이었다. 고대 그리스의 연극은 이후 공연예술의 근간이 되었다. 「당금애기」에 들어 있는 고대 그리스 연극과의 유사점은 「당금애기」의 다른 장르로의 활용가능성을 보여 주는 것이다.

「당금애기」의 서사적 특성은 신과 인간의 세계가 적절히 교차되는 것이었다. 근간이 되는 다섯 개의 화소도 인간의 감정과 신의 세계가 어울리도록 짜여 있었다. ①만남, ②이별, ③출생, ④재회, ⑤입신(入神)이 그것인데 전반부는 인간의 감정을 자극하는 화소이고 후반부는 신의 탄생을 알리는 화소였다. 입신으로 마무리 된 점은 당금애기의 난관이 감격으로 승화됨을 의미한다. 희망하던 일들이 성취되면서 화해적 결말로 마무리 된 것이다.

남녀의 사랑과 신의 문제를 모두 다룬 것은 「당금애기」의 서사성 강한 작품을 공연에 적절하게 하기 위한 고안이면서 동시에 대중적 측면까지를 고려한 장치였다. 「당금애기」의 서사성의 핵심은 인간 감정과 신이 영역이 적당한 비율로 섞인 서사에 원초적 심성에 부응하는 종교적 요인까지 갖춘 대중성이다. 당금애기의 서사적 특성을 무당의 구송적 측면에서도 살폈다. 그 특징은 첫째. 무녀가 전체 내용을 주로 서사한다. 둘째, 무당의 구송은 등장인물의 심리를 더 분명히 드러내기 위해 소설의 전지적 시점과 관찰자 시점을 넘나든다. 셋째, 대사 형식과 노래 형식이 반복된다. 「당금애기」가 대본이 역할을 하고 있음을 보여주는 경우다.

「당금애기」의 공연적 특성도 살폈다. 주요 특징으로는 첫째, 연상작용을 유도하는 서사기법이 있다. 서사성이 강한 내용을 공연상황에 적합하도록 변형시키려는 의도 때문이다. 둘째, 무대지시문이 있다. 좀 더 실연에 가까운 상황으로 유도하기 위함이다. 셋째, 무당 혼자 여러 등장인물을 연기한다. 일인다역의 공연이 된다. 넷째, 악사의 역할이 코러스와 유사하다. 악사의 응대는 순간포착이 적절하고, 응대하는 어조도 흐름을 상승시켜 공연 내용이 효과적으로 전달되도록 한다. 다섯째, 음악을 통해 사건의 긴장도를 조절한다. 여섯째, 관객과 직접 소통한다. 극적 흥미를 높이기 위해 열린 무대를 형성하는 것이다.

「당금애기」를 문화콘텐츠화 할 경우 이상의 논의는 중요한 근거가 된다. 문화콘텐츠로의 변형에는 장르변주, 디지털과 아날로그의 균형성, 재미가 중요하다. 서사성이 강한 작품을 공연성 강한 작품으로의 변화 과정에「당금애기」의 구성적 요소가 적절히 활용될 수 있다. 그리고 신과 인간의 경계를 넘나드는 상상력과 작품 전개과정에서 보여주는 시점의 넘나듦도 활용가치가 높다. 극적 흥미를 높이기 위해 고안된 여러 요소들은 재미를 문화콘텐츠 속에 넣을 때 참고 될 부분이다.

강릉단오굿 연구 현황과 전망[*]

동해안별신굿 관점에서

1. 서론

강릉단오굿의 연구현황을 살펴보는 것을 목적으로 한다. 강릉단오굿이 형식이나, 연행주체, 연행의미 등에서 동해안별신굿과 유사한 성격의 마을굿이므로 동해안별신굿의 연구현황과 강릉단오굿의 연구현황을 동시에 고찰함으로써 강릉단오굿의 연구현황의 전체를 살핀다.

동해안별신굿에 대한 연구는 무가채록 및 무가정리, 무가의 의미 분석, 무무, 무악, 무극, 무구 등의 영역에서 연구가 진행되었다. 또한 동해안굿에 대한 소개와 지역적 상황·특징을 기록한 글, 굿의 전승과 연행·구조·기능·비교 등의 연구가 진행되었다. 동해안 굿은 전승의 토대가 살아있는 민속현상의 총체로서 다각적인 방면에서 풍부한 연구의 과제를 배태하고 있으며 다양한 연구 성과를 남겼다. 그러나 굿의 연구에 있어 개별적인 접근과 더불어 이를 아우르는 총체적인 접근이 필요하다.

본고에서는 단오굿 전반에 관한 총괄적 연구 성과보다 각론적 세부영역의 연구 성과 검토에 더 치중하였다. 즉, 무가의 의미 분석이나 굿 전반에 관한 연구 성과 중에서 지명도를 얻은 것은 서지사항만을 소개하거나 최소화하여 검토하고 춤, 음악, 연극적 관점, 무구, 문화콘텐츠, 제례 등의

---

* 당 연구는 윤동환선생님과 함께 작업한 것입니다.

영역에 관한 연구 성과를 주로 검토한다.

2. 여러 관점의 연구 현황

1) 무가 자료 관련 연구 현황

강릉단오굿과 동해안별신굿의 연구현황은 무가집 채록과도 밀접한 관련을 맺는다. 무가집을 채록하면서 동시에 무가나 굿 연행에 대한 연구를 병행했기 때문이다. 이에 대한 현황고찰부터 한다.

동해안 무속에 대한 본격적 연구는 1920년대 손진태에 의해 시작되었다. 조사된 자료는 1922년 8월 경상남도 동래군 구포면 구포리(현재 부산시 북구 구포동) 한순이의 「계책가(戒責歌)」[1]와 석성녀(石姓女)의 「무녀기도사(巫女祈禱詞)」, 1925년(大正14年) 12월에 같은 지역의 경남맹인조합장인 최순도의 「성조푸리」 등이 있다.[2] 또한 1931년 4월 최순도의 「조상푸리」·「용선가(龍船歌)」[3], 「서왕가(西往歌)」, 「자책가(自責歌)」[4], 「권왕가(勸往歌)」[5], 「회심곡(悔心曲)」[6], 「지양푸리(誕生歌)」[7] 등을 채록하였다. 광복 이전에 조사된 최초의 동해안 지역 무가 자료로써의 가치가 있다.

1　孫晉泰(1930a), 『朝鮮神歌遺篇』, 鄕土硏究社(東京), 177~204쪽 참조. 여기에서 손진태는 소장자를 大巫 석성녀(石姓女)로 기록하였으나, 이후의 글에서 당시의 오문(誤聞)이었다고 고백하고, 한순이(韓順伊)의 소장본이라고 정정하였다. 孫晉泰(1931c), 「朝鮮佛敎의 國民文學」, 『佛敎』 88, 佛敎社, 35~36쪽에서도 이런 사실을 밝혔다.

2　孫晉泰(1930a), 위의 책, 79~212쪽 참조.

3　孫晉泰(1931b), 「朝鮮佛敎의 國民文學」, 『佛敎』 86, 佛敎社, 28~31쪽 참조.

4　孫晉泰(1931c), 29~35쪽 참조.

5　孫晉泰(1931d), 「朝鮮佛敎의 國民文學」, 『佛敎』 89, 佛敎社, 52~56쪽 ; 孫晉泰(1931e), 「朝鮮佛敎의 國民文學」, 『佛敎』 90, 佛敎社, 34~42쪽 참조.

6　孫晉泰(1932a), 「朝鮮佛敎의 國民文學」, 『佛敎』 91, 佛敎社, 50~52쪽 참조.

7　孫晉泰(1932b), 「朝鮮佛敎의 國民文學」, 『佛敎』 92, 佛敎社, 52~58쪽 참조.

동해안무가는 김태곤, 최길성, 최정여, 서대석에 의해 동해안 무가가 본격적으로 수집되기 시작했다. 김태곤은 박월례와 사화선을 제보자로 1968년에 강릉지역 무가 「시준굿」과 「손님굿」을 채록하였고, 김출이와 변연호로부터 제보 받은 울진 지역 무가 「부정굿」, 「세존굿」, 「서낭맞이굿」, 「조상굿」, 「성주굿」, 「심청굿」, 「노또오굿」, 「손님굿」, 「용왕굿」, 「제면굿」, 「거리굿」을 기록하였다. 또, 1965년 김일향이 구연한 영덕지역 무가로 「부정굿」, 「골매기굿」, 「청원굿」, 「군웅굿」, 「꽃노래굿」, 「뱃노래굿」, 「보신개굿」, 「하직영반굿」, 「소전굿」, 「거리굿」을 채록하였다.[8] 김태곤은 동해안의 각 지역마다 무당을 선정하고 그들이 보유하고 있는 무가를 채록하여 해방이후 무가집 작성에 심혈을 기울였다.

이후 김태곤은 1976년 2월과 3월에 김석출과의 만나, 영일지역 무가를 채록하였다. 김태곤은 수집·채록한 연행본과 필사본을 토대로 『한국무가집』 4를 간행하였다. 무가 내용은 김석출이 구연한 「베리데기」와 김석출 조모(이옥분)으로부터 물려받은 「초망자굿」 필사본, 김용업(김대희)이 정리한 무가교본 『신향보전(神響寶典)』을 교정 수록하였다.

최정여·서대석은 1971~1972년 경북 해안지역 조사 자료를 토대로 이계석·최음전의 「당금아기」, 김유선의 「당금아기」, 김장길·김자중의 「중도둑잡이」, 김유선의 「성주굿」, 김미향의 「성주굿」, 김유선의 「지신굿」, 김복순(김영희)의 「심청굿」, 변연호의 「손님굿」, 사화선의 「계면굿」, 송동숙의 「거리굿」, 김복순의 「바리데기」, 김미향의 「과부타령」 등을 기록하였다.[9] 최정여·서대석의 자료 중에서 1971년 8월 23일 경북 영덕군 영해면 창포리에서 조사하였다는 김복순·변금주·김미향·박복남의 「용선가」는 연행본이 아니고 채록이 불가하여 필사본을 그대로 옮긴 것이다.

---

8   金泰坤(1971), 『韓國巫歌集 I』, 集文堂, 1971, 193~388쪽 참조.

9   崔正如·徐大錫(1982), 『東海岸巫歌』, 螢雪出版社, 72~406쪽 참조.

최길성은 동해안 지역 굿의 현지조사를 통하여 무계와 무의례의 절차
와 특징을 자세히 기술하였고, 대표적인 무가 자료를 채록하였다. 1971년
부산 동래의 산오구굿의 절차와 무가를 채록하였고[10], 1971년 경북 영일
군 청하면 청진2리 최용식 집안의 오구굿에서 김재출과 이금옥이 구연한
「문답설법」과 김경남(김석출) 소장 필사본인 「문답설법」을 채록하였다.
또한 김영희가 기록한 「초망자굿」, 김재출이 소장한 「초망자굿」과 「군웅
새설법(軍雄賽說法)」, 신석남의 「조상굿」, 이차순 소장 「비리듬이」, 김영
희의 「초롱가」·「초거리」 등을 수록하였다.[11]

또한 정종근이 소장한 병점에 관한 책의 내용과 객구물림을 기록하였
고, 부산 출신 무당인 박주원의 『염불책(念佛冊)』 중의 일부가 채록되었
다.[12] 그 외에도 강원도 강릉시 사천진 별신굿과 경북 구룡포 범굿 등의
무가를 기록하였다.[13]

1970년대 이들 자료 외에도 이두현, 김선풍, 임재해 등의 자료가 있다.
이두현은 1976~1977년 경북 영일군 청하면 이가리(현재 포항시 북구 청하
면 이가리) 별신굿의 무가를 채록하였는데, 이금옥의 「부정굿」, 김영숙의
「일월맞이굿」, 정채란의 「골매기청좌굿」, 김영희의 「당맞이굿」, 김유선
의 「성조굿」, 무당들의 「마당밟이」, 김계향의 「화해굿」·「세존굿」, 김동
언의 「조상굿」, 김동연의 「천왕굿」, 「놋동이굿(군웅굿)」, 이금옥의 「심청
굿」, 김영희의 「손님굿」, 김영숙의 「계면굿(말명굿)」·「용왕굿」, 남무들의

---

10 崔吉城(1972), 「巫俗」, 『韓國民俗綜合調査報告書』, 慶尙南道篇, 文化財管理局, 187
　~265쪽 ; 최길성(1992), 「경남의 무속」, 『韓國巫俗誌 I』, 아세아문화사, 139~298쪽 참조.
11 崔吉城(1974), 「巫俗」, 『韓國民俗綜合調査報告書』, 慶尙北道篇, 文化財管理局, 164
　~184쪽 참조.
12 위의 책, 197~213쪽 참조.
13 崔吉城(1971), 「嶺東地方巫樂 및 龜浦호랑이굿」, 『無形文化財調査報告書』 92, 文化
　財管理局 ; 崔吉城(1982), 『서낭당』 1-4합권, 나래, 183~221쪽 ; 崔吉城(1992), 「慶
　北 및 江原의 民俗」, 『韓國巫俗誌』 2, 아세아문화사, 1~225쪽 참조.

「탈놀음굿」을 기록하였다.[14]

　1968년 신동익이 채록한『무가 심청전』과 1977년 서대석이 강릉단오
제에서 천왕굿 뒤에 행해진 「도리강관 원놀이」를 채록하였다.[15] 임재해는
1978년에 경북 경주시 감포읍 감포리 별신굿을 조사하면서 김유선의 「손
님굿」과 김용택의 「거리굿」 채록본[16] 그리고 1978년 경북 영덕군 영해면
대진1리 별신굿에서 행해진 이금옥의 「심청굿」, 남무들이 연행한 「탈놀
이」와 김용택의 「거리굿」 채록본을 작성하였다. 이외에도 김석출이 직접
정리한 「동해 별신굿 탈놀이 대사」를 수록하였다.[17] 1988년 정병호는 동
해안 굿에서 극적인 부분을 따로 떼어내어 정리하기도 했다.[18]

　1980년대까지의 무가 기록은 연구자들이 주목하는 거리별로 정리되었
다. 무가의 채록에서 굿의 전 과정을 채록하고 정리한 것은 1990년대부터
이루어진다. 박경신은 1987년과 1991년에 울산시 동구 일산동 별신굿을
연이어 녹음하고 연행현장을 현장감 있게 그대로 기술하였다. 채록복은
누구나 쉽게 이해하고 접근할 수 있도록 원전(原典)과 방언의 해설을 첨가
하였다.[19] 그 이후 무가의 채록과 정리에 모범이 되고 있다. 박경신의 성과
에 이어 이균옥은 경북 울진군 후포면 삼율 별신굿에서 극적인 요소가
강한 〈중도둑잡이놀이〉·〈맹인놀이〉·〈원님놀이〉·〈탈굿〉·〈거리굿〉을

14　李杜鉉(1984), 「東海岸別神굿」, 『無形文化財 調査報告書』162, 文化財管理局, 45~
　　105쪽 참조.

15　徐大錫(1980), 『韓國巫歌의 硏究』, 文學思想社, 385~412쪽 참조.

16　趙東一·林在海(1980), 『韓國口碑文學大系』7-2, 慶尙北道 慶州·月城 篇, 韓國精神
　　文化硏究院, 792~882쪽 참조.

17　趙東一·林在海(1981), 『韓國口碑文學大系』7-7, 慶尙北道 盈德郡 篇, 韓國精神文化
　　硏究院, 120~337쪽 참조.

18　鄭昞浩(1991), 「굿놀이」, 無形文化財 調査報告書 15, 文化財管理局 文化財硏究所,
　　28~64쪽 참조.

19　朴敬伸(1993), 『東海岸別神굿 巫歌』1~5, 國學資料院 ; 朴敬伸(1999), 『韓國의 別神
　　굿 巫歌』1~12, 國學資料院.

선별하여 채록하였다.[20]

1990년 후반부터는 공동제의에 대한 관심을 넘어서서 개인굿인 오구굿 무가에 대하여 채록되었다. 정운성은 1997년 경북 울진군 후포면의 정호출 오구굿과 임태영 오구굿을 선별하여 채록하였다.[21] 그가 채록한 무가로는 김영희「대내림」, 박남이의「골매기서낭굿」, 김영희·김정희의「문굿」, 김용택의「넋건지기」, 김장길의「넋건지기」, 송명희의「오는 뱃노래」, 김유선의「조상굿」, 김영숙의「초망자굿」, 김영희의「군웅굿」, 김석출의「시무염불」, 김유선의「강신너름」, 박남이의「세존굿」, 김용택의「판염불」이 있다. 최근 2005년 10월에 행해진 김석출 오구굿의 무가를 채록한 김헌선의 오구굿 무가가 있다.[22] 김헌선의 자료는 무당을 위한 무의례라는 것과 오구굿의 모든 절차가 순차적으로 기술되어 있어서 좋은 연행 자료가 된다.

2007년에는 동해안 무당의 현행 의식자료인 필사본 무가가 간행[23]되었다. 이 책은 필사본에 적혀 있는 원문의 사진과 굿거리, 삽입가요의 쓰임새, 은어에 대한 설명이 주를 이루고 있어서 원문의 인용만으로 설명되지 못하는 부분의 이해를 돕는다. 필사본은 연행본의 모본이 되기도 하고, 굿을 배우는 사람에게는 구연대본이 되기도 하기 때문에 이후 연행본과 비교연구를 할 수 있는 자료가 된다.

동해안 무가자료는 이외에도 많이 있으나, 개별적인 거리를 중심으로 정리된 것이 대부분이다. 또한 무가의 거리를 분류하는 것이 조사자마다 동일하지 않기 때문에 삽입무가를 굿거리 안에 포함시켜 채록한 것이 있고, 따로 독립된 거리로 분리시켜 기록한 것도 있다. 동해안 무가는 2007

20 李均玉(1998), 『동해안별신굿』, 박이정.
21 鄭云盛(1997), 「東海岸 오기굿과 巫歌 硏究」, 關東大學校 碩士論文.
22 김헌선(2006), 『동해안 화랭이 김석출 오구굿 무가 사설집』, 월인.
23 윤동환(2007), 『한국의 무가』 11, 민속원.

년 12월까지 총 440여 편이 채록되었다.

　무가 외에 동해안 굿에 대한 현지조사 자료는 일제강점기 이후부터 간간이 보이기 시작한다. 일제강점기에는 일본학자들에 의해 식민정책을 위한 대규모의 민속조사가 이루어졌다. 무라야마 지준은 『부락제(部落祭)』에서 강릉· 경주 등의 동제와 별신에 대한 자료를 수록하였고[24], 『조선의 향토오락(朝鮮 鄕土娛樂)』에서는 동래의 별신에 대해 기록하였다[25]. 광복 이후 1954년에는 아키바 다카시가 이전에 조사한 자료를 토대로 『조선민속지(朝鮮民俗誌)』를 발간하였다. 이 책에는 1932년 11월 영덕과 강릉에서 행해지는 굿에 대해 기록되어 있다.[26] 이 시기 일본 학자들의 조사 자료는 동해안 굿의 시대적 변화와 전승실태를 담고 있어서 주목할 필요가 있다.

　광복 이후 1960~1970년대에 이르러 한국학자들의 현지조사를 통한 민속지적(ethnographic)자료의 축적이 이루어지기 시작했다. 특히 관 주도의 민속조사와 조사보고서는 차후 연구를 위한 자료의 발판이 되었다. 이 시기 동해안 굿에 대한 자료로는 경남· 경북· 강원 지역을 조사한 『무속』[27]이 있고, 『무형문화재 조사보고서』로 「강릉단오제」[28], 「영동지방무악 및 구포 호랑이굿」[29], 「꽃일」[30] 등이 있다. 1980년 이후 문화재관리국 또는

24　村山智順(1937), 『部落祭』, 朝鮮總督府, 40~45쪽, 61~71쪽 참조.

25　村山智順(1941), 『朝鮮 향토오락』, 朝鮮總督府, 206쪽 참조(村山智順, 朴銓烈 譯, 『朝鮮 鄕土娛樂』, 集文堂, 1992, 295~296쪽).

26　秋葉隆(1954), 『朝鮮民俗誌』, 六三書院.(秋葉隆, 沈雨晟 역, 『朝鮮民俗誌』, 東文選, 1993, p189~190쪽 참조.)

27　崔吉城· 李輔亨(1972), 「巫俗」, 『韓國民俗綜合調査報告書』, 慶尙南道 篇, 文化財管理局, 187~280쪽 ; 崔吉城(1974), 앞의 책, 164~226쪽; 張籌根(1977), 「巫俗」, 『韓國民俗綜合調査報告書』, 江原道 篇, 文化財管理局, 172~219쪽 참조.

28　任東權(1966), 「江陵端吾祭」, 『無形文化財 調査報告書』9, 文化財管理局, 1966, 281~420쪽 참조.

29　崔吉城(1971), 앞의 글, 323~549쪽 참조.

30　沈雨晟(1973), 「꽃일(紙花匠)」, 『無形文化財 調査報告書』106, 文化財管理局, 647~

국립문화재연구소에는 「동해안별신굿」[31], 『강릉단오제 실측조사보고서』[32], 『동해안별신굿』[33], 그리고 전국 단위로 행해진 『무무』[34], 『굿놀이』[35], 『무구』[36], 『무·굿과 음식』[37] 등의 무형문화재 조사보고서와 기록도서를 발행하고 있다. 광복 이후 국내학자들에 의한 조사 자료를 통해 얻은 성과물은 차후 현지조사의 자료적 토대를 제공해주었다. 특히 열화당에서 간행한 '한국의 굿' 시리즈는 시각적으로 강릉단오굿에 접근하도록 도와 준 의미 있는 책[38]이다.

자료적 측면과 더불어 연구의 성과를 살펴보면 연구자의 관심이나 배경학문에 따른 분야별 연구가 주종을 이루고 있다. 그중에서 특히 무가에 대한 관심은 지금까지도 지대하다. 무가의 연구는 굿을 둘러싼 제반 여건이나 상호관계에 대한 연구보다는 문학적인 학문 토양의 배경에 기댄 측면의 연구가 주를 이루고 있다. 이를 계기로 광복 이후 무속연구가 괄목할 정도로 성장하였으나 대부분 구비문학 중심의 무가채집 또는 무가분석에 초점을 두고 있었다. 굿의 연행요소인 가무악이 상호 유기적 관련을 맺고 있음에도 불구하고 분절적으로 접근함으로써 굿의 총체적 면모를 밝히는

687쪽 참조.

31 李杜鉉(1984), 앞의 책, 323~549쪽 참조.

32 金善豊 外(1994), 『江陵端吾祭 實測調査報告書』, 文化財管理局.

33 박경신·장휘주(2002), 『동해안별신굿』, 화산문화.

34 鄭昞浩(1987), 『巫舞』, 無形文化財 調査報告書 8, 文化財管理局 文化財研究所.

35 鄭昞浩(1991), 앞의 책..

36 國立文化財研究所 篇(2005a), 『巫具』, 서울시·경기도·강원도 편, 民俗苑, 221~316쪽 ; 같은 책, 경상도 편, 17~84쪽, 176~193쪽 참조.

37 國立文化財研究所 篇(2005b), 『巫·굿과 음식』 3, 國立文化財研究所, 95~223쪽 참조.

38 열화당의 '한국의 굿' 시리즈 중에는 『수용포 수망굿』(1985), 『강사리 범굿』(1989), 『강릉단오굿』(1987)이 동해안별신굿과 관련이 있다. '한국 근현대 예술사 구술채록연구'의 하나로 제작된 『김석출』(한국문화예술진흥원, 2004)도 있다. 그 외 여러 종의 영상 및 음반 자료가 있다.

데 일정한 한계를 보여주고 있다.

2) 춤사위 관련 연구 현황

춤에 관한 연구는 춤이 어느 굿에서 어떤 의미와 상징으로 추어지는
지를 고찰했다. 동해안별신굿에서 추어지는 다양한 춤에 대한 연구가 진
척됨으로써 종합예술로서의 동해안별신굿에 대한 해명은 더 분명해졌다.

조은희[39]의 논문에서는 동해안별신굿에서 춤을 중심으로 한 종합적 고
찰을 시도한다. 진도씻김굿과 비교 연구하는데 무속에 대한 일반적 개념
을 설명한 후, 무구와 제의절차, 음악적 구성, 춤사위 등에 대서 고찰하면
서 동해안별신굿 전반에 대한 해석을 시도한다. 논자에 따르면 동해안별
신굿은 축원적인 자유무(自由舞)로서 흥이 나면 즉흥적으로 춤추며 특별
한 순서나 기교 없이 사설과 함께 자연스럽게 추어지고 있으며 춤사위가
다양하고 예능화되어 있다고 설명하며 불교적 농도가 짙은 바라춤이 추
어져 불교적 색채를 강하게 느낄 수 있다고 설명한다.

김진량[40]의 논문에서는 동해안별신굿 춤의 기능을 분석한다. 춤의 종류
로 장단에 따른 춤은 푸너리춤과 거춤이 있고, 무구와 무복에 이름 붙인
춤으로 손대들고 추는 춤, 신칼 들고 추는 춤, 부채 들고 추는 춤, 꽃 들고
추는 춤, 장구 들고 추는 춤, 쾌자자락 들고 추는 춤 등이 있다고 분석한
다. 이런 춤의 분석을 통해 무에 있어서 춤은 인간의 신체를 통하여 직접
적이고 강한 커뮤니케이션을 이루고자 하며, 신내림을 기원하게 됨을 볼
수 있다고 해석한다. 무무는 신과 인간의 연결고리로 신령의 영역을 빌어
재액을 물리치고 복을 비는 데 그 목적이 있으며 극적 요소도 내포하고

39 조은희(1989), 「호남무속과 동해안무속의 연구-진도씻김굿과 동해안별신굿을 중심으
로」, 조선대학교 석사논문.
40 김진량(2004), 「부산지역 동해안별신굿에 나타난 춤에 관한 연구」, 중앙대학교 석사논문.

있어 인간사회의 모습을 폭로하고 풍자와 슬픔 등으로 나타내는 표정의 변화와 동작이 다채로우면서 연희적이며 오락성을 띠고 있다고 해석한다.

이보영[41]의 논문은 동해안별신굿과 남해안별신굿의 춤사위에 관한 연구다. 춤의 형태를 분류하고 이에 근거해서 춤의 제의적 특성과 상징성을 분석한다. 동해안별신굿에서 추는 무무는 푸너리춤, 거무춤, 밝이춤, 포춤, 중춤, 바라춤, 거령산춤 등이다. 밝이춤은 문굿에서만 추고, 중춤과 바라춤, 거령산춤은 세존굿에서 추며, 나머지 푸너리춤, 거무춤, 포춤은 모든 거리에서 춘다. 이들 춤을 출 때의 발동작은 오른쪽이 주축이 되고 두 발이 동시에 떨어지는 뛰는 동작은 없다면서 이런 동작은 궁중무용 같은 절제의 미학을 보여주는 경우라고 해석한다. 춤사위를 9개로 분류한 다음 각각의 의미를 해석한다. 춤사위는 회전형의 춤사위, 도약형의 춤사위, 보행형의 춤사위, 흔드는 형의 춤사위, 휘젓기 형의 춤사위, 어르는 형의 춤사위, 일자펴기 형의 춤사위, 뿌림형의 춤사위, 윤회형의 춤사위 등으로 분류하여 이들의 의미를 신이 내리게 하는 춤사위, 고통으로부터 해방되려는 춤사위, 액풀이 행위, 기쁨의 상징, 오락적 기능 등으로 해석한다.

신환희[42]의 논문은 동해안별신굿에서 추어지는 춤의 상징성을 연구한다. 중춤, 바라춤, 꽃노래춤의 상징성을 주로 분석한다. 중춤의 삼오장 1장에서 나타나는 땅을 향해 엎드린 동작은 지모신적 풍요를 상징하고, 삼오장 2장에서 나타난, 앉은 상태에서 두 팔을 머리 뒤로 들어 빨리 비비는 동작은 초월을 상징하며, 삼오장 3장에서 돌기와 뛰기의 반복은 절대적이고 영원한 것에 닿고자하는 인간의 염원을 상징한다고 설명한다. 바라춤 굿거리장단에서 나타나는 무녀가 두 팔을 수평으로 편 동작은 하늘

41 이보영(2006), 「남해안별신굿과 동해안별신굿에 나타난 춤의 형태적 의미 비교」, 청주대학교 석사논문.

42 신환희(2008), 「동해안별신굿에 나타난 춤의 상징성 연구」, 경상대학교 석사논문.

과 땅, 영적인 것과 인간적인 것을 이어주는 사제자로서 무녀를 상징하는 춤사위이며, 무릎을 꿇고 앉아 올렸던 팔을 내리고 내렸던 팔을 들어 올리는 동작은 태극의 형상을 상징하며, 삼채장단에서 나타난 상징성은 생명과 구원이며, 일원성신의 힘에 가까이하고자 염원하는 우주적이고 자연지향적인 춤이라고 설명한다. 꽃노래춤 굿거리장단에 나타난 춤의 상징성은 무녀가 신이 하강하는 우주의 대이자 생명을 뜻하는 꽃을 들고 반복하여 원을 그리며 도는 동작으로 삶의 재생을 상징하며 도무는 신과의 통교이며 엑스타시와 일링크스를 일으킨다고 설명한다.

3) 음악 관련 연구 현황

동해안별신굿에서 연주되는 장단의 심오함과 난해함은 타악 연주자들에게 이미 인정되어 온 바다. 이에 대한 논의는 동해안별신굿의 음악을 객관화하고, 과학화하는 의미 있는 연구로 볼 수 있다.

이영선[43]의 논문은 동해안별신굿을 음악적 관점에서 연구한 것이다. 세존굿의 삼오장장단을 중심으로 고찰한다. 삼오장장단은 세존굿의 제석본풀이를 마친 후 유일하게 중춤을 출 때만 쓰이는 음악이다. 삼오장의 1장의 한 장단은 5/4박자($\downarrow$ =90~95)로, 8장단이 모여 한 절을 이루며, 가사의 내용에 때라 4절로 나뉜다고 설명한다. 삼오장 2장은 1장과 2장 사이를 연결하는 연결채가 있어, 자연스럽게 2장으로 연결되는데 2장의 한 박은 ($\downarrow$→♪)로 박의 빠르기가 거의 두 배가량 빨라진다고 설명한다. 삼오장장단을 드렁갱이 장단과도 비교설명한다. 삼오장장단고 드렁갱이장단은 징의 타점은 서로 다르나, 리듬형태나 구조에서 유사한 점, 두 장단모두 불균등박과 균등박의 결합으로 되어 있는 점, 느리게 시작하여 점차

---

43 이영선(2007),「동해안별신굿 무악장단 연구-세존굿과 삼오장단을 중심으로」, 단국대학교 석사논문.

빠르게 변화하는 점에서 같다고 설명한다.

윤용준[44]의 논문은 동해안별신굿의 동살풀이장단에 관한 것이다. 동살풀이 장단명은 다른 민속악에도 존재하지만 동해안별신굿의 동살풀이는 리듬유형이 이들과 별개다. 다른 민속악의 동살풀이 장단은 ♩=140~208이나 동해안별신굿의 동살풀이 장단은 ♩=120이라고 설명하면서 대체로 5개의 리듬유형으로 분류될 수 있다고 한다. 기본형, 2+2+2의 형태를 가진 헤미올라형, 감아치는 장단형, 달아치는 장단형, 복합형 등이 그것이라고 설명한다. 또한 동살풀이 장단은 별다른 법칙 없이 자유롭게 구성된다고 설명한다. 또 동살풀이 장단의 강세는 리듬유형에 따라서 다르게 구현된다고 설명한다.

음반자료와 자료소개도 있다. 이보형의 녹음자료[45]와 컴퓨터파일[46] 국립국악원[47] 외 많은 자료가 있다. 이에 대한 연구는 앞으로 더 활성화되리라 생각한다.

4) 연극 관련 연구 현황

동해안별신굿을 연극적 관점에서 연구한 논의는 주로 거리굿과 관련되지만 굿 전체의 의미를 공연적 상황과 연결 지어 연구하는 경우도 있다. 굿이 공연되는 장르인 만큼 연극적 관점에서의 연구는 더 많아 질 것으로 기대된다.

이두현[48]의 논문은 두 마을(경북 이가리와 백석동)에서 연행된 동해안별신굿의 제차 17굿거리를 소개하면서 각 굿의 의미를 설명하고 연행방식을

---

44 윤용준(2007), 「동해안별신굿의 동살풀이장단 연구」, 단국대학교 석사논문.
45 이보형 채록(2004), 「김석출과 동해안의 굿음악」, 한국고음반연구회.
46 국립문화재연구소, 『동해안별신굿』, 컴퓨터파일.
47 국립국악원국악연구실, 『동해안별신굿』 1-4, 녹음자료.
48 李杜鉉(1981), 「東海岸別神굿」, 『韓國文化人類學』 13, 韓國文化人類學會.

소개한다. 논자는 동해안별신굿에서 가창되고 있는 서사무가의 형태는 판소리의 그것과 거의 동일하다고 설명한다. 그 근거로 김석출의 증언과 이혜구(『한국음악연구』, 1967, 종민음악연구회), 김동욱(『한국가요의 연구』, 1961, 을유문화사), 장주근(『한국의 향토의례』, 1975, 을유문화사), 서대석(『한국무가의 연구』, 1980, 문학사상사)의 논문을 예로 든다. 거리굿을 형식면에서 경기무속 뒷전의 영산거리와 황해무속의 마당굿에서 무녀가 독연하는 형식과 비슷하다고 했다. 거리굿이 가면극과 영향관계가 깊어 보이는데 파계승에 관한 내용이 없는 점이 특이하며 세존굿에서의 마임이 노장의 거드름과 비슷하다고도 해석한다.

장휘주[49]의 논문은 별신굿을 이끌어가는 공연형태를 무가, 무무, 곤반과 탈놀이, 축원, 놀음굿, 주술과 신내림으로 구분하고 이들 본 거리마다 어떻게 짜여지고 배열되는지를 살폈다. 기본구조를 무가오 무무, 축원, 놀음굿을 공연요소로 하고 이들은 무무(푸너리) → 무가(청보 또는 제마수) → 무무(거무춤, 어포춤) → 무가(축원, 놀음굿, 수부) 순으로 짜여져 있다고 분석했다. 그리고 변형구조는 이러한 기본구조의 끝에 곤반 또는 탈놀이나 주술과 신내림이 첨가되는 구조라고 해석했다. 그리고 별신굿의 구조를 여러 석의 기본구조에 한 석의 변형구조가 섞이는 형태로 연행된다고 분석하면서 많은 신(神)들을 거리별로 모셔서 동일한 의식을 행할 수밖에 없는 별신굿의 특성상, 기본구조의 반복에서 오는 지루함을 해소하고, 굿을 좀 더 흥미롭게 하기 위한 전략이고 해석했다.

유인경[50]은 동해안별신굿에서 거리굿의 성격을 축제극적 관점에서 고찰한다. 거리굿에서 찾아 낼 수 있는 해학의 성질은 모든 억압과 인위적 제도적 구성으로부터 해방된 유토피아적 세계라고 보았으며 '해산거리'

---

49   장휘주(2003), 「慶尙道 東海岸 別神굿의 演行構造」, 『韓國音樂史學報』 31.
50   유인경(2002), 「東海岸別神굿 거리굿의 祝祭劇的 性格」, 『國際語文』 22, 國際語文學會.

를 비롯한 거리굿 전반에서 우리는 삶의 비애를 기쁨으로 바꾸는 웃음의 역설적인 힘을 발견할 수 있다고도 했다. 거리굿에 나타나는 해학은 지극히 일상적인 것과 분방한 환상성이 결합된 민중적 상상력의 소산이라고 설명한다. 거리굿을 연극이론 중 희극과 소극적 관점에서 분석하는 새로운 시도도 보여준다. 그래서 거리굿의 '웃음'은 삶의 현실을 왜곡시키는 모든 것들로부터 인간 자신을 해방시킨다고 보았으며 그 속에 들어 있는 해학성은 현실적인 예속을 놀이 속에서 역전시키는 효과를 내는 것으로 환상적 승리의 표현이라고 설명했다. 거리굿 분석단계 한 차원을 올리는 논문이라고 할 수 있다.

신동흔[51]의 논문은 거리굿을 채록하면서 발생하는 공연적 상황에 근거해서 거리굿의 미학적 요소를 탐구한 것이다. 논자는 동해안별신굿의 거리굿이 자생적 생명력을 이어나가고 있는 전통 민간연희의 미학에 대해 살핀다. 그 내적 실체를 연희에 참여하는 사람들의 삶의 고통과 설움을 신명으로 풀어내 위무하는 한바탕의 '놀이 – 제의'로서, 재미와 의미를 동시적으로 실현하고 있었다고 해석한다. 거리굿은 굿판 그 자체를 극중 장소로 삼는 설정 – 곧 공연장소와 극중 장소의 일치 – 을 통하여 중요한 극적 효과를 얻고 있는 바, 굿판에 모인 모든 존재 – 곧 일반인들과 무당, 그리고 갖가지 신령들 – 가 자연스럽게 소통하면서 합일을 이루는 가운데 재미와 위안을 얻게 되는 것이라고 설명한다. 논자는 거리굿의 공연기법에 대해서도 분석했다. 거침없는 자기비하와 관객조롱, 현실적 질서를 뒤집어 보이는 '전도의 미학'이 존재들 간의 벽을 깨고 정서적 합일을 유도하는 기능을 수행한다고 분석했다.

한전기[52]의 논문은 연극학적 입장에서 분석한다. 분석의 결과를 전이,

---

51 신동흔(2000), 「민간연희의 존재방식과 그 생명력」, 『구비문학연구』 10, 한국구비문학회.
52 한전기(1999), 「동해안별신굿의 공연특성 연구」, 청주대학교 석사논문.

혼재, 상호작용으로 요약정리한다. 별신굿은 양립적인 두 세계, 즉 신성의 세계와 현실의 세계를 자유롭게 오갈 수 있는 통로로서의 공간이라고 설명하면서 이 경계선상의 공간에서는 서로 다른 차원의 시공간의 환치와 병치가 자유롭게 이뤄지는데 이를 곧 혼재의 양상이라고 해석한다. 또 별신굿의 신명난 놀이판은 현대의 실험극들이 지향하고 있는 집단적 축제감과 같은 커뮤니타스를 지향한 어떤 총체적 흐름을 형성하고 있다고 해석한다. 이 신명은 무당과 주민을 일상으로부터 벗어나게 하는 변환을 일으킨다고 해석하면서 신명은 무당과 마을 주민사이에 상호작용에 의하여 이루진다고 해석한다.

강정식[53]의 논문은 공연학적 관점에서 거리굿을 분석한다. 공연공간을 여러 층위로 나눠 그 의미를 드러낸다.

심상교[54] 동해안별신굿과 관련된 여러 편의 논문을 발표했다. 지화, 거리굿의 극적 구조, 문화콘텐츠적 요소, 축제적 특성 등에 대해서 고찰했다. 거리굿을 연극공연적 관점에서 고찰한 논의는 거리굿에서 보여주는

---

53 강정식(2006), 「동해안별신굿의 공연공간에 대한 연구-거리굿을 중심으로」, 중앙대학교 석사논문.

54 심상교·이철우(2001), 「東海岸別神굿 중 거리굿의 演劇的 特徵考察」, 『韓民族文化學會』 8, 韓民族文化學會.
심상교(2003), 「동해안별신굿 지화 연구 I」, 『한국무속학』 6, 한국무속학회.
_____(2005), 「영남동해안지역 풍어제의 연행특성과 축제성」, 『한국무속학』 10, 한국무속학회.
_____(2006a), 「동해안별신굿의 축제성」, 『한일 축제문화 비교』(2006년 한일국제학술발표회), 비교민속학회.
_____(2006b), 「동해안별신굿의 연극적 특성 연구」, 『강원민속학』 20, 강원도민속학회.
_____(2007a), 「동해안별신굿에 나타난 연극적 연출의 축제성 의미 연구」, 『비교민속학』 33, 비교민속학회.
_____(2007b), 「동해안별신굿의 문화콘텐츠화 가능성 연구」, 『한국학연구』 26, 고려대학교 한국학연구소.
_____(2007c), 「동북아 전통연희에 나타난 문화적 감성과 문화콘텐츠적 요소」, 『한민족문화연구』 22, 한민족문화학회.

극적상황은 귀신이 존재하는 비현실의 상황과 관객이 존재하는 현실의 상황 두 가지라면서, 주무는 보통 두 가지 상황 모두를 자유롭게 넘나들면서 연기한다고 설명한다. 대사의 특징으로는 내용적 측면에서 골계적 특성을, 형식적 측면에서 해설자적 특성을 살피면서 골계적 대사는 음설과 비어, 욕설로 이루어져 있다. 해설자적 대사는 굿의 빠른 진행상황을 돕는 데 주로 쓰인다고 설명한다.

연극적 특성에 관한 논문에서는 연출적 특성에 대해 고찰한다. 예술작품임이 드러나도록 서사구조 삽입, 행동의 다양화, 마을 제관의 배우화, 골계미의 삽입 등이라고 설명한다. 초혼과 공수를 적절히 배합하여 치료 기능을 분명하게 하며, 이를 위해 굿에서는 초혼과 공수가 구조화되며, 우회적 비판과 갈등의 지양을 선택하며 신성공간과 놀이공간을 조화롭게 이용하고, 개방형 무대를 사용하며, 익숙함에서 새로움으로 전이되는 연출을 한다고 분석한다.

5) 무구 및 문화콘텐츠 관련 연구 현황

무구와 문화콘텐츠 관련 연구는 다른 분야보다 아직 덜 활성화되었지만 미래적 가치가 있는 연구 영역인 만큼 앞으로는 활성화되리라 생각한다. 문화콘텐츠 관련 연구는 문화콘텐츠와 직접 관련을 짓지 않더라도 춤, 음악, 구조연구 등 모든 부분에서 활용가능성을 갖고 있기 때문에 관련 연구는 더 기대된다.

심상교는 문화콘텐츠와 관련된 논문에서 「당금애기」굿을 분석한다. 「당금애기」의 구성적 요소가 축제 즉, 굿이 열리는 가운데 연행되었다는 점과 극적 구조가 갖춰졌다는 점, 신들을 주인공으로 내세우고 있다는 점에서 고대 그리스연극과 유사하다고 설명하면서 이런 특성이 문화콘텐츠로 활용할 수 있는 근거가 된다고 분석한다. 「당금애기」의 서사적 특성은

신과 인간의 세계가 적절히 교차되는 것이라면서 남녀의 사랑과 신의 문
제를 모두 다룬 대중성이 「당금애기」를 문화콘텐츠로 활용할 수 있는 근
거가 된다고 분석한다. 「당금애기」의 공연적 특성도 살폈는데 연상작용
을 유도하는 서사기법과 실연에 가까운 상황으로 유도하기 위해 무대지
시문적인 요소를 삽입하며 일인다역의 공연이 되며, 악사의 역할이 코러
스와 유사하다는 점을 설명하면서 「당금애기」를 문화콘텐츠화할 경우 이
상의 논의가 중요한 근거가 된다고 주장한다.

심상교는 무구에 관한 논의도 했다. 동해안별신굿에 쓰이는 지화에 관
한 논문에서는 추라작약, 사개화, 고동화, 정국화, 연화봉, 연꽃, 가시게국
화, 고동화, 산함박, 막꽃, 매화, 살잽이꽃의 제작방법과 그 의미를 설명한
다. 동해안별신굿의 지화는 10개에서 16개나 31개 정도의 지화를 한 묶
음으로 하여 9개내지 10개 묶음 약 146송이의 지화가 굿상 뒤편에 위치
하는데 서로 떨어져 있는 것이 아니라 병풍처럼 둘러쳐져 있는 형상이어
서 조화적이라고 설명한다. 동해안별신굿에서 지화를 차려놓는 이유는
신을 극진히 모시고 대접하는 목적에서이다. 동해안별신굿지화에서 사용
되는 재료는 한지 요즘은 이미 염색된 화지를 사용한다. 제작방법은 오리
고 접거나 말아서 만든다고 설명한다.

심상교는 '영남동해안 지역 풍어제라'는 제목으로 동해안별신굿의 연
행구조와 축제성을 고찰한다. 당 논의에서는 굿의 기본구조를 청신 - 오
신 - 위민 - 송신의 구조를 설정했다. 굿의 구조를 분석하는 기존 관점에
서는 청신 - 오신 - 송신을 기본구조로 설명한다. 그러나 당 논문에서는
위민단계를 하나 더 설정한다. '위민'이란 풍어제를 지내는 마을 주민들
이 주체가 되어 흥겹게 놀기도 하고 자신들을 위해 복을 비는 축원의 성격
을 포함하는 용어다. 무당 중심의 기존 굿 구조 해석과는 다른 새 관점을
제시했다. 그리고 풍어제의 연행특성을 반금기성, 가시성, 통합성으로 분
석한다. 반금기성은 금기를 깨기 위해 설정되는 특성으로 해석하고 골계

성, 사회비판성, 해학성, 풍자성 등을 예로 들었다. 가시성은 상징성을 구체적으로 담아내어 이를 장면화하고 현실화 하는 특성을 의미한다고 했다. 통합성은 열린 무대(open theater)처럼 관객도 함께 굿 진행에 참여 하게 하는 특성이라고 설명한다. 영남 동해안지역 풍어제가 열리는 전후 과정에서 나타나는 일과 상황의 특징-화합과 공유, 두려움을 없애주는 자기 암시, 새로운 에너지 얻기, 전통사상을 지키기. 경제활동 – 들을 바탕으로 하여 축제성을 정리한다. 논자는 축제성을 신성성, 놀이성, 완전성, 융합성, 모방성, 회귀성, 기복성 등이라고 분석 정리한다.

6) 제례 관련 연구 현황

제례관련 논의는 다양하게 논의되었다. 일본과의 비교연구도 있고, 죽음과 관련지은 연구도 있으며, 제례를 사회적 관점으로 해석한 연구도 있다. 특정의례 의미를 집중분석한 경우도 있다.

황루시[55]의 논문은 동해안별신굿의 제례 측면을 일본의 굿과 비교분석하여 한일의 민속을 서로 비교한 의의가 있다. 논자는 동해안별신굿과 일본 구로모리 진자의 레다이사이를 비교 고찰한다. 두 의례가 상당한 차이를 나타내고 있지만 모두 어업을 생업으로 하고 있는 공동체의례이면서 무속적인 성격을 갖고 있다는 공통점을 기반으로 고찰한다. 대상지역 및 의례, 사제자와 공동체, 의례내용 순으로 비교분석한다. 일본의 사제자 집단은 혈연집단이 아니고 독립적으로 의례를 행한다는 차이가 있었고 호우인은 당주와 미꼬는 무당과 기능이 유사하다고 분석한다. 의례내용을 기능별로 비교하는데, 의례의 순서는 서로 다르지만 유사한 구조를 가지고 있다고 설명한다.

---

55 황루시(2000),「東海岸別神굿과 日本 東北地域 레다이사(例大祭)의 比較研究」,『口碑文學研究』10, 韓國口碑文學會.

신현군 차수정[56]의 논문은 독특한 제례과정에 대한 새로운 관점의 연구였다. 종묘제례와 무속 굿에 대해 비교연구를 통해 공간적·대상적·사회적·사상적 비교연구를 시도했다. 제례문화의 새로운 재인식 과정을 통해 제례절차의 형식은 청신·대접·송신이라는 3단계의 공통적 구성이 있다는 점을 밝히면서 제례진행시 공간분석을 통한 음양의 대립구조가 나타났음을 밝혔으며, 제례행위는 삼재사상을 반영하고 있어 상승(소지, 깃대, 신대), 중강(가무오신), 하강(땅과 물에 뿌리거나 묻기)의 수직적 행위로 나타났으며 신의 대상은 대체로 천신·인신·지신의 범주 안에 포함된다고 설명했다.

박숙희[57]의 논문은 철학과에서 나온 석사논문이다. 동해안별신굿을 연구한 논문으로는 특이한 경우라 하겠다. 동해안별신굿 무가에 내재된 삶과 죽음의 의미를 분석하고 이를 통해 동해안별신굿의 사회적 기능도 분석한다. 동해안별신굿에서는 굿이라는 의례가 사회적 현실에 관한 정보를 전달하며, 그런 의미에서 정보전달의 언어가 되기도 한다고 설명한다. 또한 자신들의 공동체에 관한 상호관계, 역할, 규범, 도덕, 가치관 등을 전달하는 가운데 별신굿의 메시지가 포함된다고 설명한다. 굿판에서 표현되거나 사용되는 옷의 색깔, 지화, 무가 등을 포함한 모든 요소는 인간의 현실적인 삶과 죽음의 문제, 죽은 자와의 관계, 산 자의 의무 등을 상징적으로 전달하는 정보체계의 일부라고 분석한다. 나아가 의례는 공동체의 가치 체계를 유지하는 정형적인 구조를 제시해주면서, 동시에 구조를 전복시키는 카타르시스적인 경험도 제공하게 된다고 설명한다.

박경신[58]의 논문은 축원무가의 작시 원리에 대해 논의했다. 동해안별신

---

56 신현군·차수정(2003), 「한국제례의식 관점에서 본 종묘제례 일무와 무속 굿의 특성에 관한 비교연구-움직임의 철학」, 『한국체육철학지』 11, 한국체육철학회.

57 박숙희(2006), 「동해안별신굿에 나타나는 의례의 사회적 기능에 관한 연구」, 동의대학교 석사논문.

굿 축원무가들은 청배→축원→공수→오신→퇴송이라는 한국 무가
의 기본 형식을 바탕으로 하면서도 축원과 오신이 각각 두 부분으로 나누
어져 있는 형태를 취함으로써, 결과적으로 청배→축원→오신→공수
→오신→축원→퇴송이라는 7개의 단락으로 되었다고 설명한다. 각 단
계의 성격도 설명한다. 청배는 신격의 호명, 제자, 제일, 제주, 제의의 목
적을 설명하고 노정기 등을 주요 내용으로 한다. 축원은 마을 주민과 어민
과 해녀들에 대한 축원이 주를 이룬다. 오신은 무녀의 도무(跳舞)로 진행
한다. 공수는 제물에 대한 투정으로 시작해서 마을 임원들에게 제물값을
받은 후 명복을 주겠다고 약속한다. 퇴송은 수비물림이라고 해서, 술 한
잔을 부어 제물대 주위에 뿌리면서 모셨던 신은 물론 그 신을 따라왔던
수비들까지 함께 퇴송하시키는 형태를 취한다고 설명한다.

최성진[59]의 논문은 계면굿을 주로 고찰한다. 동해안별신굿 전 과정을
18번의 현장조사 자료를 바탕으로 동해안별신굿의 전승양상을 전승조건
과 전승권의 분화현상으로 나눠 고찰한 다음, 계면굿의 구성요소와 구조
를 분석한다. 계면굿의 연행 절차와 구성요소도 분석하는데 계면본풀이
가 있는 계면굿은 제단에 절하기는 맞이굿, 신칼 들고 춤추기, 공수와 살
풀이는 신유, 수비치기는 전송에 해당된다고 설명하고, 계면 본풀이가 없
는 계면굿의 제의는 부채와 수건 들고 추는 춤, 쾌자자락으로 추는 춤,
명태 들고 추는 춤, 공수는 신유, 수비치기는 전송의 구조되어 있다고 분
석한다. 계면굿 무가도 분석한다. 계면굿의 무가가 교술무가와 서사무가
로 노래되고 있으며, 교술무가는 굿의 순차적 구조로 되어 있고, 서사무
가는 계면할머니가 샤먼 신, 생산신, 풍요신, 치화신임을 서술하는 무조

---

58 박경신(1997), 「東海岸別神굿 祝願巫歌의 作詩原理」, 『동아시아국제학술심포지움논
　　문집』 3, 경기대학교.
59 최성진(2006), 「동해안별신굿의 계면굿 연구」, 대구대학교 석사논문.

신화의 유형구조로 되어 있다고 분석한다. 치밀한 현장조사의 분석적 정리가 기록된 논문이다.

최근에는 웹사이트[60]에서 관련 영상자료를 소개하며 동시에 문서자료를 소개하는 경우가 늘었다. 웹사이트의 경우 연구결과물은 아닐지라도 일정 분량의 자료제공이 이뤄지고 있으며 앞으로는 이런 영역이 확대되어 연구 자료가 충분히 제공되게 해야 할 것이다. 동시에 연구 자료도 공유되는 장이 되도록 해야 할 것이다.

3. 결론

강릉단오굿과 동해안별신굿을 아우르는 연구현황을 살폈다. 무가의 의미분석이나 굿 전반에 관한 연구 성과 중에서 지명도를 얻은 것은 서지사항만을 소개하거나 최소화하여 검토하고 춤, 음악, 연극적 관점, 무구, 문화콘텐츠, 제례 등의 영역에 관한 연구 성과를 주로 검토하였다.

동해안 무속에 대한 본격적 연구는 1920년대 손진태에 의해 시작되었다. 1922년 8월 경상남도 동래군 구포면 구포리(현재 부산시 북구 구포동) 한순이의 「계책가(戒責歌)」 등을 조사 채록하였다. 이후, 김태곤, 최길성, 최정여, 서대석에 의해 동해안 무가가 본격적으로 수집되기 시작하였다. 김태곤은 동해안의 각 지역마다 무당을 선정하고 그들이 보유하고 있는 무가를 채록하여 해방이후 무가집 작성에 심혈을 기울였다. 최정여·서대석은 1971~1972년 경북 해안지역 자료를 채록하였다. 최길성은 동해안 지역 굿의 현지조사를 통하여 무계와 무의례의 절차와 특징을 자세히 기술하였고, 대표적인 무가 자료를 채록하였다.

---

60 http://www.koreanfolk.net

1970년대 이들 자료 외에도 이두현, 김선풍, 임재해 등의 자료가 있다. 김선풍은 강릉단오굿 전반에 대한 현장조사 면에서 지대한 공헌을 하였다. 박경신은 1987년과 1991년에 울산시 동구 일산동 별신굿을 연이어 녹음하고 연행현장을 현장감 있게 그대로 기술하였다. 이균옥은 동해안 별신굿의 극적인 요소가 강한 부분을 집중 연구하였다.

이외에 관 주도의 민속조사와 조사보고서는 차후 연구를 위한 자료의 발판이 되었다.『무속』, 무형문화재 조사보고서로「강릉단오제」, 「영동 지방무악 및 구포 호랑이굿」,「꽃일」등이 있다. 1980년 이후 문화재관리 국 또는 국립문화재연구소에는「동해안별신굿」,『강릉단오제 실측조사 보고서』,『동해안별신굿』, 그리고 전국 단위로 행해진『무무』,『굿놀이』, 『무구』,『무·굿과 음식』등의 무형문화재 조사보고서와 기록도서를 발행 했다.

춤에 관한 연구는 춤이 어느 굿에서 어떤 의미와 상징으로 추어지는 지를 고찰했다. 동해안별신굿에서 추어지는 다양한 춤에 대한 연구가 진 척됨으로써 종합예술로서의 동해안별신굿에 대한 해명은 더 분명해졌다. 조은희와 김진량, 이보영의 논문이 대표적이었다.

동해안별신굿의 음악에 대한 연구도 많다. 굿에서 연주되는 장단의 심 오함과 난해함은 타악 연주자들에게 이미 인정되어 온 바다. 이에 대한 논의는 동해안별신굿의 음악을 객관화하고, 과학화하는 의미 있는 연구 로 볼 수 있었다. 이영선, 윤용준, 장휘주 등의 논문이 있었다.

동해안별신굿을 연극학 혹은 공연학적 관점에서 연구한 논의도 있다. 이두현, 장휘주, 유인경, 신동흔, 한전기, 심상교의 논문이 있었다.

무구 및 문화콘텐츠와 관련된 연구도 있었다. 무구와 문화콘텐츠 관련 연구는 다른 분야보다 아직 덜 활성화되었지만 미래적 가치가 있는 연구 영역인 만큼 앞으로는 활성화되리라 생각한다. 동해안별신굿의 연행구조 와 축제적 관점에서 고찰한 논문도 있었다.

　제례 관련 논의는 다양하게 전개되었다. 황루시는 일본과의 비교연구를 통해 동해안별신굿의 제례에 대해 논의하였다. 동해안별신굿 무가에 내재된 삶과 죽음의 의미를 분석한 경우도 있었다. 박경신은 축원무가의 작시 원리에 대해 논의했고, 최성진은 계면굿을 주로 고찰하였는데, 치밀한 현장조사의 분석적 정리가 기록된 논문이었다. 웹사이트에서의 자료 공유도 필요하다.

울산쇠부리소리의 민속연행적 구조와 의미 연구

풍철기원의례를 중심으로

1. 서론

울산쇠부리소리의 민속연행적 구조와 그 의미에 대해 고찰한다. 민속연행적 구조는 우리의 대표적 민속연행이라고 볼 수 있는 민속신앙이나 민속놀이의 구조를 의미하고 이 민속연행의 구조가 울산쇠부리소리에 어떻게 녹아 있는가를 고찰하려는 것이다. 고찰 과정은 구조의 역사적 배경과 함께 구조적 특징의 주요 요소를 대비하는 것이며, 대비 과정에 울산쇠부리소리 각 구조의 의미도 살핀다. 이 과정은 울산쇠부리소리의 역사성, 고유성, 학술성, 예술성 등에 대한 종합적 검토와 같은 논의가 된다.

울산쇠부리소리는 전통의 민속신앙 및 민속놀이의 구조와 유사한 부분이 많다. 민속신앙의 기본 구조를 청신-오신-위민-송신의 구조라고 볼 수 있는데 울산쇠부리소리의 연행 기본 구조가 이와 유사하다. 그리고 민속놀이는 길놀이-고사-연행-대동마당으로 구조화 되었는데 울산쇠부리소리는 이 구조와 일치한다.

울산쇠부리소리는 ①길놀이 ②고사 ③쇠부리불매소리 ④쇳물내기 ⑤쇠부리금줄소리 ⑥애기어루는불매소리 ⑦성냥간불매소리 ⑧뒷풀이난장으로 구성[1] 되었다. 이 구성은 길놀이-고사-연행-대동마당이라는 민속놀

---

1 울산쇠부리보존회 2017년 자료에는 울산쇠부리소리 구성을 ①쇠부리불매소리 ②쇠부리

이의 구조와 일치함을 볼 수 있다. 이 구조는 신을 청하여 오신하면서 마을 사람들 스스로 이 상황을 즐기다가 송신하는 구조와도 유사하다. 본고는 이러한 구조상의 특징에 대해 고찰하려는 것이다. 그리고 이 구조의 의미도 고찰한다.

울산쇠부리소리는 지모신을 향해 삶의 풍요를 기원하는 축제이다. 울산쇠부리소리는 흙으로 빚은 용광로에 흙이 대부분인 토철을 제련하여 철을 생산한다. 철을 생산하는 과정에 흙은 절대적 역할을 한다. 그만큼 쇠부리하는 사람들에게 흙은 신앙적 대상이라고 할 수 있다.

인간은 땅 위에서 생활하며 땅에서 나는 곡물로 생명을 이어간다. 그러기에 인간에게 땅은 절대적 요소이다. 이러한 땅을 관장하는 지모신은 인간의 탄생과 삶의 풍요를 담당하는 신으로 볼 수 있으며 지모신은 인간 삶의 근원과 관계한다고 볼 수 있다. 그렇기에, 울산쇠부리소리는 삶에 대한 간절한 바람이며, 지모신에 대한 기도이다. 이런 소리를 하는 사람들은 대개 신관이거나 무당이거나 전문예인들인데, 울산쇠부리소리를 하는 사람들은 평범한 일상의 백성들이다.

그래서 울산쇠부리소리는 전문예인이 아닌 노동 현장의 주체들에 의해 불려지는 점에서 울산쇠부리 소리는 고된 삶의 실상이 반영된 노동요다. 영남지역에 전승되는 민속연희 중에는 전문예인들이 주체가 되어 전승을 시작한 경우도 있지만 대개는 삶의 고단함을 넘어서려는 민중들의 애환이 예술정신과 혼합되면서 전승되는 연희들이 많다. 울산쇠부리소리의 경우는 삶의 고단함을 넘어 서려는 바람과 예술정신이 혼합되면서 만들어지고 전승된 경우라고 할 수 있다.

울산쇠부리소리는 전국 유일의 풍철기원(豊鐵祈願)[2]의례다. 풍농과 풍

금줄소리 ③애기어루는불매소리 ④성냥간불매소리라고 설명한다.

2   풍철기원(豊鐵祈願), 이 용어는 이전에 없던 용어이다. 풍농, 풍어처럼 철을 많이 생산하

어를 기원하는 의례는 전국에 다수 분포하고 있으나 풍철을 기원하는 울산쇠부리소리 의례는 전국 유일의 희소성을 지닌다. 풍농과 풍어의례의 경우 궁극적으로는 국태민안과 연결된다고 할 수 있지만 일차적으로는 의례를 지내는 지역민들의 안과태평이 우선이다. 하지만 풍철 기원 의례는 풍농, 풍어와 다르게 일차적으로 국태민안을 기원한다. 철의 소용이 마을 단위에서 이뤄지는 것이 아니고 나라 전체의 차원에서 소용이 된다. 이로 볼 때 풍철 기원의 의례인 울산쇠부리소리는 곧 국태민안과 연결된다.

2. 울산쇠부리소리의 풍철기원의례 구조

1) 민속연희구조

울산쇠부리소리의 연행 구조는 민속연희와 민속신앙의 구조와 유사하다. 민속연희의 연행 구조는 길놀이-고사-연행-대동마당라고 할 수 있다. 민속가면희의 경우 탈놀이 연행이 시작되기 전 마을이나 공연장 주변 일대를 순행하는 길놀이를 한다. 수영야류의 경우 보름날 연회를 하는데 수양반을 주축으로 하여 연희자들이 산신제를 지낸다. 이어 마을 우물가에 가서 부정을 치고 이어 최영 장군묘에서 묘제를 지낸다. 원래는 낮에 산신제를 지내고 부정을 치고 묘제를 지내고 밤에 본 공연을 하였지만 현재는 낮에 모두 진행한다. 수영야류 본 공연을 하기 전에 길놀이 형식으로 산신제, 우물고사, 묘제 등을 지내고 본 공연을 이어간다. 공연마지막에는 대동놀이 혹은 뒤풀이라고 하여 수영야류 연희자들과 관객이 함께 어우러지는 대동마당이 이어지면서 마무리된다.

동래야류의 경우 과거에는 동래줄다리기에 이어 동래야류길놀이를 하

기를 기원하는 의례가 있었다는 점을 드러내려는 새 용어이다.

고 이후에 본 공연을 이어갔는데 현재는 줄다리기와 연계하지 않은 채 소략화 된 길놀이를 한 후에 본 공연을 이어간다. 그렇지만 동래읍성 축제 등 지역 축제가 있을 때 청사초롱을 든 놀이꾼과 길군악패, 용등·봉등·학등과 팔선녀 등이 행진하는 길놀이를 하는 경우가 있다. 소략해졌고 생략되는 경우가 많지만 길놀이는 민속가면희의 기본 구조이다. 본 연행이 끝나면 연희자와 관객이 함께 어우러지는 대동마당이 이어지면서 동래야류 전 과장이 마무리 된다.

　탈고사도 최근의 민속가면희 공연에서 많이 생략되기는 하지만 민속가면희 공연의 기본구조에 해당한다. 대부분의 민속가면희 공연에서 생략되기는 하지만 고성오광대나 황해도지역 탈춤과 서울경기지역 산대놀이 공연에서는 지금도 탈고사를 엄정히 지낸다. 영남지역 민속가면희의 원형격이라고 할 수 있는 합천군 밤마리 오광대 역시 길놀이와 고사가 전체 연행에서 기본 구조였다. 이들 민속가면희에서도 본 연행이 마무리 되면 연희자와 관객이 함께 어우러지는 대동마당이 마지막에 진행된다.

　합천군의 오광대패와 솟대쟁이패는 진주지역의 솟대쟁이패와 같이 전문예인집단이었다. 이들의 연희에서도 들머리판이라고 하는 길놀이에 이어 고사를 지낸 후 연희를 이어갔다. 고사는 다소 약화되어 작은 고사상 정도를 놓고 의례를 치르기는 하지만 그 절차는 전체 연행에서 기본 구조에 해당한다. 솟대쟁이패의 놀이 중 줄타기나 솟대오르기 등의 기예는 작은 실수도 용납하지 않기 때문에 줄의 부정을 가시는 의미에서 간략히 고사를 치르고 연행을 이어간다. 그리고 마지막에는 '파방굿'이라는 뒷전 혹은 뒷풀이에 해당하는 대동마당으로 종료한다.

　좌수영어방놀이나 각 지역의 지신밟기, 농청놀이, 농요 등도 길놀이 순행을 하고 고사를 지낸 다음 본 공연을 이어간다. 본 공연이 끝나면 대동마당이 진행되고 대동마당이 끝나면 전 과장이 마무리 된다.

　경남지역의 민속연희에서도 길놀이와 고사에 이은 본 공연, 그리고 대동마당으로 마무리되는 구조가 뚜렷이 나타난다. 밀양에서 전승되는 법흥상원, 감내게줄당기기, 양산에서 전승되는 웅상농청장원놀이, 마산에서 전승되는 마산농청놀이, 함안에서 전승되는 칠원줄다리기 등에서 길놀이와 고사 그리고 본 연행에 이은 대동마당이 각종 민속연희에서 기본 구조를 이룬다.

민속연희의 이러한 기본 구조는 민속신앙의 기본구조인 청신-오신-위민-송신의 구조와 상당부분 닮았다고 할 수 있다. 민속신앙의 연행 구조는 신을 모셔와서 신을 즐겁게 하면서 굿을 모시는 무당이나 관객, 굿의뢰자 모두 즐거워하면서 복이 내릴 것이라는 확신을 느끼면서 굿을 함께 즐기고 이어 모셔왔던 신을 다시 돌려보내는 형식이다. 민속신앙의 구조가 네 단계로 압축되었지만 각 단계의 내적 의미를 살펴보면 민속연희의 기본 구조와 유사한 면이 많다.

청신의 경우, 청신과정에는 부정굿이 포함된다. 부정굿은 굿의 시작을 알리며 굿에 부정한 요소가 개입되지 못하도록 굿당을 정화시키는 의미를 내포하고 있다. 이어질 굿에서 모셔질 여러 신위들이 호명되기도 한다. 일종의 청배기능도 부정굿 속에 있는 것이다. 이 절차는 민속연희에서 길놀이와 고사에 해당된다고 할 수 있다. 민속연희의 시작을 알리고 본 연행이 잘 되도록 선대 연희자나 종목 자체를 위해 고사를 지내는 형식이 부정굿과 상당히 유사하다고 할 수 있다.

민속신앙의 오신과 위민은 민속연희의 본 공연과 대동마당에 해당된다. 대동마당은 연희 제일 마지막 단계에 해당되고 위민은 신앙의례 전 과정과 관련을 맺는 것처럼 보이기 때문에 의미의 유사성이 많지 않아 보인다. 하지만 내적 의미에는 차이가 없다. 대동마당이 연희의 마지막 단계에서 진행되지만 실제적으로는 연희 전 과정에 대한 느낌과 예술적 감흥이 드러나는 단계이기 때문에 대동마당은 연희 전 과정과 관련을 맺는다. 위민의 경우도 굿 연행을 보고 즐기면서 굿의 예술적 요소를 감상하고 즐기면서 굿의 종교적 요소로부터는 치유와 삶의 새로운 에너지를 확보하는 의미가 내포되기 때문에 민속신앙의 전 과정과 관련된다. 이러하기에 민속신앙의 오신과 위민은 민속연희의 본 공연, 대동마당의 의미와 거의 동일하다.

울산쇠부리소리의 경우 ①길놀이 ②고사 ③쇠부리불매소리 ④쇳물내기 ⑤쇠부리금줄소리 ⑥애기어루는불매소리 ⑦성냥간불매소리 ⑧뒷풀이난장으로 구성된다. 울산쇠부리소리도 길놀이-고사-연행-대동마당을 기본 구조로 하고 있다. 이는 우리나라 전체의 민속연희나 민속신앙의 구조와 닮았다는 점이 확인된다. 그리고 경상남도지역의 민속연희 구조와도 닮았다. 울산쇠부리소기가 생활노동요의 기능을 하였지만 그 연행의 저변에 한국의 민속문화가 그대로 녹아있음을 확인할 수 있다.

경상남도 지방문화재로 지정된 '가야진용신제'의 경우도 이런 구조를 그대로 보여준다. 가야진용신제는 삼국시대부터 조선시대를 거쳐 전해오는 국가의식의 하나였던 양산시 가야진사 제례를 바탕으로 형성된 민속놀이이다. 처음에는 제물을 차려 천신, 지신, 용신에게 빌고 노래와 춤으로써 잔치를 벌였던 것이 점차 변형되어 부정굿, 칙사영접굿, 용신제, 용소풀이, 사신풀이 등으로 구분 하여 제사와 놀이로 구성되어 있다. 가야진용신제는 마을과 가야진사 제당을 돌면서 칙사 맞을 준비인 제당과 마을을 청소하고 부정을 막는 금줄을 치며 황토를 뿌리고, 칙사 영접길에 선창자가 길을 밟는 지신풀이를 한다. 나머지 일행들은 길을 고르면서 뒤따른다. 가야진사를 모시고 제단으로 돌아오면 제단을 한 바퀴 돌며 강신제라는 신 내림굿을 한다. 이어 집례관이 주관하여 용신제를 올린다. 제를 마치고 용이 있다는 용소로 출발하기 전에 부정을 사르는 풍물패는 송막에 불을 지르고 신발을 벗어 태우기까지 한다. 제관들은 제물로 사용할 산 돼지를 뱃머리에 싣고 용소에 도착한 뒤 술을 부어 올리고, 마을의 안녕과 풍요를 기원하는 절을 하며 용왕에게 제물을 바친다. 용소를 한

바퀴 돌아서 오면 제단에서 제의 끝맺음을 고하고 칙사가 관복을 벗는것
으로 의식은 끝이 난다.

가야진용신제는 민속신앙적 구조와 민속연희적 구조가 결합된 전형적
인 경상남도의 민속연희다. 연희가 이뤄질 공간에 금줄을 치고 지신풀이
를 하여 부정을 가시는 모습과 고사와 다를 바 없는 제례를 올림으로써
연희에 신성성을 더한다. 풍농과 풍어를 기대하는 마을 사람들의 염원과
마을의 화합을 기원하는 마음에 종교적 요소까지 덧붙여 연희를 형식화
한다. 제례와 연희가 결합되는 경남 민속의 전형적 구조가 잘 나타난다.
울산쇠부소리에도 이런 특징이 들어 있다.

울산쇠부리소리의 길놀이는 연희의 시작을 알리고 본 공연을 위한 준
비이면서 부정굿의 요소까지 담긴 길놀이의 전형적 모습을 보여준다. 보
존회에서는 '입장준비'라고 정리하지만 실제 내용은 길놀이에 해당한다.
길놀이에서 전주, 도편수, 골편수, 불편수, 운반꾼, 공양주, 불매꾼, 숯쟁
이, 쇠쟁이, 악사 등 연희자들은 각자 복장을 갖추고 맡은 무대소도구들
을 지닌 채 '울산쇠부리소리', '경상도도불매', '철자부국강병지대본(鐵者
富國强兵之大本)', '오방기3개', '울산쇠부리소리보존회'라고 쓰인 깃발을
들고 길놀이를 준비한다.

연희자들이 준비한 소도구들은 토철과 숯을 실은 소달구지, 고사 지낼
때 필요한 제수 등이다. 연희자들은 다드레기 장단을 어르고 불매에 매달
린 금줄에 세 번 절한다. 상쇠의 신호와 함께 풍물장단에 맞춰 춤 동작을
하면서 자연스러운 동작으로 한 바퀴 더 돌고 각자의 위치에 선다. 연희자
들은 입장할 때 시계 반대 방향으로 쇠부리로와 불매의 뒤편으로 한 바퀴
돌고, 소달구지는 쇠부리로 및 불매의 안쪽으로 한 바퀴 돈 다음 소품들을
각자의 위치에 내려놓고 고사를 지내기 위해 고삿상 앞으로 모인다.

연희자 모두가 악사들이 깃발과 자신들의 연행소도구들을 들고 풍물소
리에 맞춰 열을 지어 연희가 이뤄질 공간을 한 바퀴 행진하는 과정에서

전형적인 길놀이의 모습이 나타난다. 연희자들이 지신밟기하듯 연희장소를 도는 모습도 길놀이 의의를 충분히 드러낸다. 연희장소를 정화하여 연희가 성공적으로 진행되기를 바라는 마음을 드러낸 것인데 이런 점이 길놀이의 의의를 그대로 반영한 것이다. 연희자 모두가 불매에 매달린 금줄에 세 번 절하는 행동도 길놀이 의의를 드러낸다. 금줄을 쳐서 쇠부리 작업에 부정적 요소가 개입되지 않도록 금기적 행동을 한 점도 그렇고 금줄에 절을 함으로써 금줄의 금기성을 확인하는 행동에서도 부정굿처럼 부정가시기를 하여 연희가 착오없이 진행되기를 바라는 길놀이의 의의를 그대로 보여준다. 길놀이 다음에 고사가 이어진다.

연희자들이 고사상 앞에 도열하고 기수는 쇠부리로의 양 옆과 뒤편에서 고사상을 향해 선다. 공양주가 마련한 제수를 진설하고 돗자리를 펼치면 전주가 고사를 지내기 위해 나서고 집사를 맡은 골편수 2인은 좌우에 시립한다. 축관을 맡은 불편수 1인은 전주의 옆에 서고 집례는 순서에 따라 축문을 읽는다. 집례를 맡은 불편수 1인은 고사상 차림을 확인하고 고사를 진행한다. 전주가 고사를 지낼 때 연희자들은 모두 부복한다. 공양주는 고사대열 우측에서 손을 빌며 고사에 임한다. 집례의 유도에 따라 연희자들이 읍한 상태에서 축문이 읽혀진다.

축문은 축문을 읽는 주체를 밝힌 후, 삼한시대와 신라이래의 마을 조상들을 청하여 쇠부리를 통해 삼한시대 이래의 철기문화와 시대정신을 계속 이어가리라는 의지를 드러내며 그렇게 할 것이라는 의지를 드러낸다. 연희자들이 3번 절하고 고사가 끝나면 '자! 음복하자'라는 도편수의 외침과 함께 연희자 모두 둘러 앉아 고사음식을 나누어 먹으며 인사와 격려의 말을 나눈다. 간단한 음복례가 끝나면 악사들이 움직이기 시작하고 연희자들은 자신의 위치로 간다. 이 때 도편수가 '자~ 쇠부리하자!'고 외치면서 쇠부리소리 본 연행이 시작된다.

민속연희에서 고사는 신을 청하여 위로하는 요소와 부정굿적인 요소가 동시에 나타난다. 울산쇠부리소리의 축문에서는 삼한시대와 신라시대를 열거하여 쇠부리 마을의 역사와 정통성을 분명히 하고 그 시대의 철기문화 정신을 계승하고 있음을 밝힌다. 삼한시대와 신라시대를 열거하는 것은 그 시대의 조상들을 신으로 청하는 것과 다를 바 없으며 철기 정신을 계승하고 있음을 밝히는 점은 쇠부리 관련 신들을 청하는 것과 다를 바 없다. 신을 청하면서 쇠부리 마을의 정통성과 역사성을 드러내는 것은 연희가 잘 진행되기를 바라는 마음을 드러낸 것이며 이 마음에는 청신과 부정굿적인 요소가 동시에 작동되는 것으로 볼 수 있다. 고사를 통해서도 울산쇠부리소리의 역사성과 고유성, 시대성을 분명히 밝히고 이를 분명히 이어갈 것이라는 의지도 밝히고 있다.

고사의 기본절차가 종료되면 이어 음복례가 진행된다. 음복례는 일종의 신성체험이면서 노동력을 진작시키는 과정이다. 고사의 주요 의례가 끝나면 신에게 받쳤던 제수들을 고사에 참여했던 사람들이 서로 나눠먹으며 음복례를 한다. 사람들은 음복례를 통해 신의 강림을 확신하는 마음도 갖는다. 신의 강림을 확신하는 매개이자 장치가 음복례인 것이다. 고사를 통해 청신을 했지만 신이 강림한 흔적을 확인할 방법은 현실적으로 없다. 다만 신들이 강림하여 정성스럽게 준비한 제수를 흠향(歆饗)하였으리라고 확신하는 과정이 음복례인 것이다. 신들이 제수를 흠향했다는 연희자의 생각은 신들이 강림했다는 확신으로 이어진다. 이 과정에서 사람들은 자신들이 신과 합일되었다는 자기암시를 갖게 된다. 울산쇠부리소리의 고사와 음복례에서 불매꾼들은 신의 강림을 확신하게 되고 이를 통해 쇠부리 작업의 풍요를 기대하게 된다.

쇠부리 작업을 진행하게 되면 전주, 쇠부리 불매꾼 등 관련되는 모든 사람들은 좋은 철을 많이 생산하기를 희망한다. 그러나 좋은 철을 많이 생산하기 위해서는 자신들의 기술력과 노력만으로 성취되지 않을 수 있는 불안감이 쇠부리 장인들 내면에 있을 것이다. 그래서 신의 도움이 절실

히 필요하다. 그 도움을 청하고 도움이 실현되리라는 희망과 확신을 담아
고사를 지내고 음복례를 연행하는 것이다. 고사는 청신과 부정굿적인 요
소와 더불어 신성체험을 제공하여 좋은 철을 많이 생산하려는 의지를 확
고히 하는데 기여하는 것이다.

2) 병렬형 구조

울산쇠부리소리의 본 공연은 쇠부리불매소리, 쇳물내기, 쇠부리금줄소
리, 애기어루는불매소리, 성냥간불매소리로 구성되는 데 이들은 순차적
병렬구조로 형식화 되었다. 소리는 쇠부리작업이 진행되는 과정을 순차
적으로 보여준다. 불매 바람을 불어 넣어 숯불이 활활 타오르게 하는 장
면, 토철을 쇠부리로에 넣는 장면에 이어 쇳물이 나오는 과정을 순차적으
로 노래한다. 이어 쇳물이 나오는 노래, 쇳물 작업이 끝난 후 금줄을 태우
는 장면, 쇳물 작업 후의 기쁨 속에서 아이를 어르는 장면, 쇠부리 작업으
로 만들어진 철장으로 대장간에서 작업하는 장면 등의 순서로 노래한다.
쇠부리 작업이 순차적으로 노래되는데 각각의 장면의 등장인물이나 내용
이 유기적으로 연결되지 않는 병렬구조로 되었다. 민속가면희 각 과장이
민속가면희 하나의 장면에는 묶이지만 내적 유기성 없이 병렬의 형태로
구조화 된 것과 동일하다.

울산쇠부리소리가 순차적 병렬구조를 갖는 이유 중 하나는 토철과 불
의 관계 때문이다. 토철과 불의 관계를 보면 토철은 불속에 들어가서 죽음
을 맞고 이어 쇳물로 부활[3] · 재생한다. 쇠부리 작업이 죽음-재생의 구조

---

3   죽었다가 다시 태어나는 경우를 부활 혹은 재생이라고 한다. 부활은 종교적 색채가 강하
    다. 그래서 본고에서는 재생이라는 용어를 선호한다. 재생은 유럽에서 중세이후 르네상
    스를 의미하는 용어와 동일한 개념으로 많이 쓰이고 있지만 재생은 종교, 생물 · 무생물,
    문화 등 영역에 관계없이 죽음에 이은 새로운 탄생을 강조하는 의미로 쓰인다는 점을
    수용한다.

속에 있다. 죽음과 재생이 내적으로 전혀 무관한 것은 아니지만 죽음과 재생은 서로 독립적이고 상호관계는 단절적이다. 불 속에 들어간 존재는 죽음과 직면한다. 불에 타서 살아남을 수 없고 살아남기 위해서는 다시 태어나야 한다. 때문에 토철이 불 속에 들어감으로써 완전히 소멸되는 상황을 맞게 되지만 다시 철로 태어나는 것이다. 죽음-재생의 구조처럼 토철이 죽고 철이 생산되는 과정을 보여 주는 각각의 소리는 서로 내적으로 연계되어 있지만 상호 독립적이고 단절적이기 때문에 병렬구조를 이룰 수밖에 없다.

뿐만 아니라 철이 만들어 지는 단계는 순차적일 수밖에 없다. 토철이 녹아 쇳물이 흘러내리는 상황에서 다시 길놀이를 하고 고사를 지내는 회귀의 의례를 지낼 수는 없다. 그렇기에 쇠부리 작업은 순차적으로 진행될 수밖에 없는 것이다. 쇠부리 작업이 순차적으로 진행되고 작업의 실질적 내용은 죽음과 재생으로 구조화 되었기에 울산쇠부리소리는 순차적 병렬구조로 자리잡게 된 것이다. 각각의 소리를 살펴보자.

쇠부리불매소리는 도편수가 '자~ 쇠부리하자'라는 외침으로 시작된다. 불매꾼 1조 8명은 불매를 밟기 위해 불매에 오르고 불매꾼 2조 8명은 불매 주위에 위치한다. 숯쟁이들은 숯을 지고 쇠부리로에 올라간다. 이때 '자~ 불매부자!'의 호령에 따라 불매를 밟기 시작한다. 쇠부리소리꾼은 불매와 쇠부리로 가운데 자리잡고 쇠부리소리꾼인 불매대장이 쇠부리소리를 선창하면 전체 연희자들은 후렴을 제창한다. 이어 불매꾼들의 역동적인 불매 작업이 계속된다.

쇳물내기는 쇳물이 추출되는 장면을 묘사하였다. 쇠부리 많이 진척되면 쇠부리로의 구멍으로 쇳물이 붉은 빛을 드러낸다. 그러면 도편수는 '자-쇳물내자!'라고 외치는 소리에 따라 연희자들은 '출출촬촬'이라고 소리를 내며 쇳물생산 장면을 표현한다. 골편수와 불편수는 쇳물로 판장쇠를 만든다. 연희자들 모두는 쇠부리의 성공에 기뻐하며 환호를 보내면서 한바탕 춤을 춘다.

쇠부리금줄소리는 쇳물 내는 작업이 종료된 상황 속의 연희다. 쇠부리 작업이 끝나면 풍물패의 연주에 맞춰 2바퀴 돌아 도편수를 따라 연희장에 설치되어 있는 금줄을 향해 시계반대방향으로 원을 그리며 다가간다. 연희자들이 금줄을 어깨높이로 들고 풍물연주에 맞춰 쇠부리 금줄 소리를 선창하면 전체 연희자들은 후렴을 제창한다. 전주와 축관은 쇠부리로 위에서 금줄행렬이 도착하면 금줄을 태운다. 금줄이 후미부분까지 쇠부리로에 올려져 태워지면 나머지 끝부분을 조금 남겨놓고 한바탕 흥을 돋우어 춤을 추면서 자신의 위치에 자리한다.

애기어르는불매소리는 노동이 끝난 후의 만족감을 근간으로 하였다. 쇠부리작업을 성공적으로 마치고 전체 연희자들이 원의 형태를 갖추어 도열하여 앉으면 소리꾼은 연희장 중심에 위치하고 '애기어루는불매소리'를 잔잔하고 낮은 소리로 부른다. '아! 병영댁이. 애기 잘 얼라 봐라!'는 소리를 치면 할머니소리꾼이 애기어루는불매소리를 부르면 전체 연희자들은 각자의 자리에 앉은 뒤 손을 들어 아기 달래는 시늉을 하면서 소리에 호응한다.

성냥간불매소리는 대장간 노동요라고 할 수 있다. 쇠부리를 통해 생산된 철장을 이용해 대장간에서 생활도구를 만드는 장면을 노래한다. 애기어루는불매소리가 끝나면 대장간에서 쓰이는 도구를 연희장에 배치하여 대울메와 소울메가 대장간 망치소리를 낸다. 성냥간 망치작업을 위해 성냥간불매소리를 부른다. 성냥간불매소리 선창에 따라 연희자 모두는 후렴을 교환창으로 제창한다.

이상에서 보듯 울산쇠부리소리 본 공연 과정은 순차적 병렬구조로 형식화 되었다. 각각의 소리에 등장하는 내용이 울산쇠부리와 관련되어 불려 지지만 쇳물 만들 때의 소리, 쇳물만든 다음의 소리 등으로 나눠져 소리의 내적 연결성은 없다. 불매작업에 참여한 불매꾼이 아이를 어른다거나 대장간에서 철장으로 작업하지 않는다. 각각의 소리는 자신의 내용만을 지닌 채 소리로 불려진다.

서사구조를 핵심근간으로 하는 예술작품은 대체적으로 유기적 직렬구조라고 할 수 있다. 작품이 내면에서 유기적으로 연결되는 것이다. 각각의 많은 장면에 등장하는 인물들이 서로 연계되어 있거나 동일인물이다. 춘향가의 경우 첫 장면부터 마지막 장면까지 등장인물들이 유기적으로 연결되어 있다. 광한루에서 그네 타던 인물이 한 남자를 만나게 되고 며칠 후 밤을 같이 지낸 남자와 헤어진 후 고을 수령에 핍박을 받다가 암행어사에 의해 구원되는 내용으로 되었다. 여기서 한 남자, 밤을 같이 보낸 남자, 암행어사는 동일한 인물이다. 그네 타던 인물, 핍박받던 인물, 구원받던 인물이 동일하다. 한 작품 속에서 몇 명의 주요 인물이 유기적으로 연결되었다.

우리나라와 경상남도 지역의 민속예술은 대체적으로 병렬구조이다. 대표적 민속예술인 민속가면희의 경우, 양반, 스님, 영감·할미 등 각 과장의 등장인물은 서로 유기적이지 않다. 양반과 스님이 서로 친분관계에 있는 것도 아니고 서로 갈등관계에 있는 것도 아니다. 앞에 등장했던 양반이나 양반집 부인이 뒷 장면에서 혹은 세월이 흘러 영감·할미가 된 내용으로 구성되지도 않는다. 각각의 인물은 각 과장의 등장인물일 뿐 서로 연계되지 않는다. 남사당놀이, 농요, 일소리 등의 내용도 상호 연계성 없이 독립적 구조로 되었다. 울산쇠부리소리도 민속예술의 이러한 구조와 동일하다. 우리나라 그리고 경남의 민속예술의 전통성과 동일한 것이다.

울산쇠부리소리의 병렬 구조는 일과 놀이 구조와 연결된다. 일과 놀이는 서로 무관한 것은 아니지만 내적 연계성이 약하며 오히려 온전히 독립적이라고 할 수 있다. 울산쇠부리소리는 일과 놀이가 융합된 소리에 해당하며 노동을 예술로 승화시키려는 민속예술의 내적 구조와 동일하다. 쇠부리로의 작업이나 불매작업은 고된 노동이다. 울산쇠부리소리는 이 같은 노동의 고단함을 달래며 철장작업의 효율성을 높이고 풍철을 결과하여 높은 소득이 생기기를 희망하는 희망노동요라 할 수 있다. 이런 노동요는 노동의 효율성을 높이기 위해 노동의 중간에 삽입되는 형식을 취한다.

놀이구조에 대해 살펴보자. 인간은 노동 없이 살 수 없다. 그러나 노동만의 지속 속에서도 살 수 없다. 그래서 노동과 휴식이 순환되는 구조 속에서 살고자 한다. 그것을 일과 놀이라는 용어로 표현하고 있다. 울산쇠부리소리는 일과 놀이 중에서 놀이에 해당한다. 토철 속에 들어 있는 철을 녹여 철장을 만들기 위해서는 숯이 타는 가운데 발생하는 많은 에너지가 필요하다. 숯으로부터 많은 에너지를 공급받기 위해서는 거대한 풀무질이 지속되어야 한다. 풀무가 거대하기 때문에 이를 작동시키는 불매꾼들의 노동강도는 매우 높다고 할 수 있다. 이 과정에 노동강도를 낮게 하려는 목적으로 울산쇠부리소리를 부르는 것이다.

민속예술의 내적 구조에 대해 알아보자. 민속예술은 노동의 고통에서 벗어날 수 없는 인간에 대한 통찰이 담겨 있으며 노동고통의 순환을 극복하려는 현실 긍정의 자기애적 통찰도 들어 있다. 울산쇠부리소리에도 이러한 민속예술적 요소가 구조화되었다. 울산쇠부리소리는 쇠부리 과정에서 불매꾼들이 부르는 불매소리를 지칭한다. 불매소리는 쇠부리 작업의 하나다. 쇠부리 작업은 쇠부리로 만들기, 불매만들기, 불매작동하기, 토철선별, 토철나르기, 쇳물추출, 철장만들기 등이라고 할 수 있다. 쇠부리의 주된 작업은 제철이고 이 작업은 과학기술적 요소로 구성되었다. 그 속에 예술적 형식은 없다. 과학기술적 작업만이 반복되면 작업의 효율성은 떨어진다. (예술로) 작업의 효율성에 기능하는 것이 민속예술이다.

농요나 농악이 이러한 민속예술의 기능성을 대표한다. 농악의 경우 사냥, 전쟁 등 여러 요소가 융합되었지만 농사일의 고단함을 위로하고 농사노동의 효율성을 높이는 데 주로 기능하였다. 삼베일소리, 베틀가(베틀노래), 내서숯일소리, 들일소리 등은 예술의 효용성을 보여주는 대표적인 민속이다.

내서숯일소리는 경상남도 창원시 마산회원구 내서읍에서 전승되는 구전 민요로 내서읍 광려산에서 숯을 굽기 위해 숯굴을 만들면서 부르는 노래[4]이다. 내서숯일소리는 의식요와 노동요로 구성 되었다. 의식요는 숯일소리 제일 앞 부분에서 연희되는 액풀이가 그것이다. 노동요로는 불매소리, 숯굴등치는소리 등이 있다. 내서숯일소리는 전국에서 유일한 숯일소리라는 고유성과 신라와 고려시대를 지나며 내서지역에서 숯일을 했던 역사적 고증도 분명하고 그 노동 속에 불려졌던 점이 분명한 역사성 등이 확인되어 2017년에 경상남도 무형문화재 제43호로 지정되었다.

삼베일소리는 삼베일을 하면서 겪는 고단함을 잊기 위해 부르는 민요다. 거창에서 전승되는 민속이 대표적이다. 1995년에 경상남도 무형문화재 17호로 지정되었다. 삼삼는소리, 베매는소리, 시집살이노래, 베짜는소리 등으로 구성되었다. 삼베짜는 과정에서의 고단함과 시집살이의 어려움이 신세 한탄의 노래와 함께 어우러진다. 길쌈노동요에 속하는 베틀가 혹은 베틀노래의 경우 내적 의미에는 다소 차이가 있으나 길쌈과 시집살이의 고단함을 잊고자 불렀던 점에서는 비슷하다.

노동은 인간에게 이중적이다. 피할 수 없는 것이 노동이지만 최대한 회피하려는 것 또한 노동이기 때문이다. 인간이 존재하기 위해서는 노동의 순환에서 벗어날 수 없다. 그렇지만 대부분의 인간은 노동을 즐거움이 아닌 고통으로 인식한다. 노동은 인간에게 매우 중요하면서도 피할 수 없는 존재지만 고통스럽기에 이를 극복하려는 것이 인간의 태도다. 극복하려는 자세 속에는 노동을 고통으로 인식한 부담도 포함된다. 자신에게 소중한 존재를 기피하는 마음을 가졌던 점에 대한 사죄의 마음이 민속예

---

4   백종기(2007), 「내서의 구전 민요」(프린트본), 내서숯일소리보존회 ; 정정헌(2004), 「경남 마산의 광려산 숯일 고찰」, 『민속학 연구』 15, 국립민속박물관.

술에 담긴다고 할 수 있다.

울산쇠부리소리도 다른 민속예술의 구조와 동일하다. 쇠부리 전체 작업과정은 고단의 연속인데 그 중에서도 불매작업은 고통의 강도가 더 높다. 강도가 높다고 하여 노동을 그만 둘 수는 없다. 그래서 불매소리와 아이어르는소리 등을 통해 고통의 현실을 잊고자 한다. 고통스러운 노동의 순환 속에 살 수밖에 없는 인간 존재의 한계에 대한 통찰이 울산쇠부리소리에 들어있는 것이다. 쇠부리 작업 그 중에서도 힘든 불매작업이 고통스럽지만 벗어날 수 없다. 그리고 벗어나지 않아야 삶을 지속하게 되기에 힘든 쇠부리 작업을 수용할 수밖에 없다. 불매작업의 힘든 상황을 긍정적으로 받아들이는 자기애적 통찰의 요소도 울산쇠부리소리에 구조화 되었다. 민속예술의 특징이 구조화 되어 있는 것이다.

본 공연이 끝나면 뒷풀이난장이 이어진다. 민속연희 기본구조이자 울산쇠부리소리의 기본구조인 길놀이-고사-본공연-대동마당의 마지막 단계가 연행되는 것이다. 뒷풀이마당에서 풍물패는 쇠부리가 성공적으로 끝나고 모든 과정이 순조롭게 된 것을 축하하기 위해 힘껏 연주하여 연희자들의 흥을 돋운 후에 연주를 마친다.

뒷풀이난장은 대동마당의 성격을 지닌다. 쇠부리 작업이 잘 진행되었음을 자축하며 다음 쇠부리 작업도 잘 되기를 바라는 마음도 뒷풀이난장에 담았다. 울산쇠부리소리는 질좋은 많은 양의 철 생산을 기원하는 내용과 실제로 철이 많이 생산된 상황을 축하하는 두 가지 내용을 담고 있는 풍철의례다. 질 좋은 철을 많이 생산하기 위해서는 불매꾼들의 고통을 잊은 노동과 신들의 도움이 있어야 한다. 뒷풀이난장에서는 고통을 잊은 노동과 신들의 도움으로 많은 철이 생산되었음을 자축한다. 그리고 전주, 도편수, 불매꾼 등 모든 연희자들이 서로 융합된 모습을 보임으로써 다음 불매작업의 성공도 기원한다. 쇠부리 작업 과정에 철이 만족스럽게 생산되지 않았다 하더라도 마무리는 화해적으로 결말지어 다음 쇠부리작업에

서는 만족스러운 결과를 얻을 수 있도록 의도한다. 현실에서는 만족을
실제화하지 못했지만 다른 공간에서 혹은 이어지는 다른 시간의 상황에
서는 만족을 실제화 하는 결과가 나타나도록 기원하는 것이 유감주술인
데 울산쇠부리소리의 뒷풀이난장에 다음 쇠부리 작업에서도 많은 철이
생산되기를 희망하는 내용이 담겼다. 유감주술적 측면이 강화된 연희라
고 할 수 있다.

3) 제천의례 구조

울산쇠부리소리의 쇠부리꾼들은 육체적으로 힘든 작업을 계속하지만
그 작업의 결과로 쇳물이 산출된다는 점에서 쇳물 혹은 새 생명의 창조자
이다. 고된 노동의 반복 속에서도 쇠부리꾼들을 지탱하는 힘은 창조자의
환희라고 할 수 있다. 육체적 희생에 따른 생명 탄생의 쇠부리소리는 새
생명 창조의 송가와 같은 역할을 하는 것이다.

반복된 노동 속에서 쇳물이라는 새로운 산출을 만들어 내는 구조는 국
가[5]적 차원의 의미가 개입되기 때문인 것으로 보인다. 산출물인 철에 대한
인식이 개인적 의미보다는 집단적, 국가적 의미를 갖고 있으며 고된 노동
의 반복을 인내하는 힘의 근원도 집단과 국가에 대한 봉사라는 의미가
있기 때문인 것으로 판단된다. 철 생산이 국가적 차원의 의미를 강하게
갖기 때문에 철 생산 과정의 연희나 의례도 동일한 차원의 의미를 갖는다
고 볼 수 있다.

철은 일상생활 속에서도 많이 활용되지만 철의 기본적 의미는 권력과
국가를 전제로 한다. 철을 생산함으로써 자신과 자신이 속한 지역과 국가

---

5   국가는 마키아벨리 『군주론』이 나온 16세기경 동일민족을 중심으로 해서 형성되기 시작
     한 근세국가의 개념이지만 본고에서는 고구려·백제·신라 등 삼국시대 이래 우리나라를
     구성했던 여러 나라들을 범칭한다.

를 지키게 된 경우가 많기 때문에 철은 국가 차원의 수호의미를 가지며 국가 차원의 의례와 연관될 수밖에 없다. 부여, 고구려 등 우리의 고대국 가에서부터 국가차원의 의례는 있었다.

동맹제의 신맞이는 북두칠성인 하백을 중심으로 하여 태양신과 물의 신이 만나서 만물을 생성케 하는 자연신 숭배였으며, 고구려 건국의 기점 을 삼는 국가제의였다. 영고는 큰 나무를 신간으로 삼고 무당이 북과 방울 소리로 청신하였다. 또한 예의 무천에서 방울소리에 장단을 맞추어 춤추었 다는 집단가무는 참여자들이 무(巫)와 함께 직접적인 주술행위를 했다. 산 정상에 쌓은 고구려와 신라의 제천대(祭天壇)는 돌과 흙으로 쌓아올린 교제(郊祭)의 단이었고, 백제의 왕들은 해마다 남단(南壇)을 쌓았다. 중국 기록에 '대는 버티는 것이다. 흙을 쌓아 높이 만들어 능히 스스로 버틸 수 있는 것이다'[6]라고 하였는데, 이 시기의 대는 군사적, 정치적 목적으로 쓰였다.

울산쇠부리소리의 경우 울산의 북구 한 지역에서 이뤄지는 철장작업에 부속되는 희망노동요이지만 성격과 내적 의미에서 국가 차원의 의례와 유사한 면이 많음을 확인할 수 있는데 무대 양식도 유사한 점을 발견할 수 있다. 쇠부리로와 불매대가 조화롭게 연희되는 장면이 고대국가의 제 천의식을 연상시키기 때문이다.

고대국가의 무대는 흙을 쌓아 만들었다. 쇠부리 작업의 경우 쇠부리로 를 흙으로 만든다. 불매작업대는 나무로 만들지만 무대 구조상 단처럼 높게 되어 있는 쇠부리로가 제단의 기능을 한다. 쇠부리 작업을 하는 동안 운반꾼들은 토철을 지고 쇠부리로에 끊임없이 올라 토철을 로에 붓는다. 이 과정에 불매꾼들은 쇠부리로의 기능이 원활하도록 풀무질을 하고 노 래를 한다. 제단에 올라 토철을 쏟아 붓는 운반꾼들은 제단에 오르는 제관

---

6 『釋名』 卷5: "臺, 持也. 築土堅高, 能自勝持也."

이나 순례자이고 제단 아래에서 불매소리하는 불매꾼들과 악사들은 음악
을 담당하여 거대한 제천의식이 진행되는 장면을 연상시킨다.

산 정상에 쌓은 제천단에서 고구려와 신라의 제의는 어떤 모습이었을
까. 제천단에서는 희생제사와 신의 강림의식이 집전되고, 이어서 마을의
들판으로 신간을 이동하여 모두 함께 신맞이 하는 후반부의 제의를 행했
을 것으로 추정된다. 현존하는 무굿이나 동제에서의 신맞이 공간의 형성
은 신상, 신간, 깃발 같은 종교적 장엄물의 현신과 무악의 연주에 의거한
다. 무당의 역할을 하였던 단군의 천부인을 경, 검, 관이라 하여 이들의
강신을 위해 사용하는 주술적 무구[7]로 보는 경우도 있다.

울산쇠부리소리의 경우 불매대가 신간역할을 한다고 볼 수 있다. 철장
작업 과정에 토철의 철 함량도 중요하지만 화염이 강하게 타올라야 철장
작업에 차질이 없다. 화염이 지속적으로 타오르게 하려면 풀무질이 중요
하다. 불매꾼들의 육체적 힘으로 풀무질을 끝없이 반복하지만 그 노력에
불매대로 강신한 신의 힘이 덧붙여져야 한다. 인간과 신의 합일 상태에
이뤄진 풀무질이기에 거센 화염을 이어갈 수 있고 철장작업은 성공적으
로 결과를 맺을 것이라는 쇠부리 작업자들은 확신을 갖게 된다. 불매대로
신의 힘을 빌어 풀무질과 쇠부리 작업 전체를 진행한 것으로 볼 수 있다.

신라의 통일과 함께 산천제(山川祭)가 완성되었고 제도화로 이어졌다.
신라말기까지 거행된 산천제는 신궁제사의 연장으로 이루어진 순행제사
인 제천의례와 동일한 것이었다. 자연에 제사를 지내며 인간의 삶을 어느
정도 의탁한 셈인데 이런 풍습은 신라시대 이후에도 이 지역에 남았다.
울산쇠부리소리가 이러한 신라의 전통을 계승하는 것으로 볼 수 있다.

신궁(神宮)은 신라 소지왕 9년(487)에 설치되었으며 지증왕대(500~
513)에 중국제례의 1차수용이 성립되었고, 삼국통일 후 신문왕대(681~

---

7 최남선(1954), 「단군고기전석(檀君古記箋釋)」, 『사상계』, 사상계사, 60쪽.

691)에 들어와 영토의 확장에 따라 다시 중·소사를 개편하는 2차의 축전이 성립되었다.[8] 신라의 제천의례는 신궁참배 이후 왕이 일 년 동안 나라 곳곳에 순행제사를 지내고 재판을 집행하는 것이었다. 신궁제사에 대한 기록은 『북사(北史)』의 신라전과 『수서(隋書)』 신라전에 나타나는데 매 정월 아침에 왕이 연회를 열고 군신에게 반줄(班賚)하고 일월신에게 절하고 8월 15일까지 악령관(樂令官)을 설치하여 군신들을 모아 말과 옷감의 상을 내렸다.[9]

신궁의 주신은 천지신(天地神)인데 지신은 산신과 수신이다. 수신은 용이기도 하고 산신은 탄생과 죽음을 관장하는 여성 지모신이다. 구명(穴)을 파서 토철을 넣어 철물을 생산해 내는 일은 마치 남성과 여성의 성행위를 통해 생명을 생산해 내는 일과 닮았다.

토철을 쏟아 붓고 숯불의 화염을 통해 쇳물을 생산하는 과정만 남성과 여성의 결합을 통한 생명 탄생의 의미를 드러내는 것이 아니다. 풀무질도 생명탄생의 상징성을 드러낸다. 여러 명의 남성들이 강한 육체로 풀무를 밟는 동작도 남자와 여자의 결합을 연상시키는 상징성을 지녔다. 종족번식을 위해 동물들은 뿔이나 이빨 등 자신의 에너지를 강조할 수 있는 핵심 요소를 지닌다. 인간은 여러 형식을 통해 자신의 장점과 우월성을 드러내는 과정을 통해 종족번식에 관계한다. 자신의 장점을 드러내거나 우월성을 드러내는 행동에서는 남성과 여성에게 있어 큰 차이는 없지만 남성의 장점과 우월성이 오랫동안 일차적 요소로 논의되어 왔다. 남성이나 여성이나 모두 외적 측면을 강조하였지만 남성의 에너지를 더 강조한 것이

---

8   호원(1997), 「한국 공동체 신앙의 역사적 연구」, 한국정신문화연구원 한국학대학원 박사논문, 70쪽.

9   『北史』新羅傳 : 每月旦相賀, 王設宴會, 班a/群臣, 期日拜日月神主, 八月十伍日, 設樂令 官人射賞以馬布. 『隋書』新羅傳 : 每正月旦相賀, 王設宴會, 班a/群臣, 期日拜日月神主, 八月十伍日, 設樂 令官人射賞以馬布.

여러 곳에서 흔적으로 나타난다. 생명력을 강조하기 위한 주술적 사고와 행동에 이런 흔적이 나타난다.

고구려 고분벽화와 백제금동대향로의 부조상에 있는 택견관련 그림과 부조사에서 이런 요소가 강조된다. 다리 힘이 재앙을 견뎌내고 생명력과 연계되는 주술적 상징이라고 볼 수 있는 것이다. 고구려 벽화를 보면 택견과 유사한 수박희와 씨름[10](角抵)을 하는 인물들이 천상도와 세속의 공간 양쪽에서 모두 발견된다. 고구려의 안악3호분과 무용총, 그리고 각저총과 장천1호분에 묘사되어 있는 수박희와 씨름 그림이 그것이다. 백제금동대향로의 택견동작 인물 역시 이들과 같은 맥락에서 장식되었을 가능성이 높다.

일반적으로 택견, 씨름, 수박희 등은 힘을 겨루는 '각력(角力)'에 속한다. 이러한 놀이 또는 경기는 뿔 달린 사슴, 순록 등의 동물들이 발정기 때 암컷을 차지하기 위해 서로 뿔을 맞대고 힘을 겨루는 행위 즉, 각축(角逐)에서 유래한 것들이다. 씨름을 각저라 부르는 것도 그 때문이다. 따라서 백제금동대향로의 택견동작 인물이 갖고 있는 의미는 비교적 분명하다고 할 수 있으며 선인들의 왕성한 생명력을 비는 주술성이 바로 그것이다.

생명력과 본능, 주술성을 결합시키는 상징성은 울산쇠부리소리에서도 나타난다. 울산쇠부리소리의 불매노동은 육체적 건강성 그 중에서도 다리의 건강함과 관련된다. 불매꾼들은 불매대에 줄을 걸고 이 줄에 몸을 의지한 채 불매를 밟는다. 불매대에 몸을 의지하였지만 불매를 밟은 동작은 다리 힘이 주로 작동된다는 점을 느낄 수 있다. 각축의 각과 각저희의 각이 나를 우월하게 드러낸다는 의미를 공통적으로 지니고 이 우월성이 생명력에 연결되고 이런 연결을 확인하고 강조하는 의례가 주술성과 연계되는 점이 고구려 고분벽화나 백제대금동향로, 울산쇠부리소리에서 공

---

10 서정록(2001), 『백제금동대향로-고대 동북아의 정신세계를 찾아서』, 학고재, 150~151쪽.

통적으로 나타난다..

고려왕실은 토속 신앙제인 산신제를 개인적인 기복신앙으로 삼는 한편, 호국의 목적을 위하여 수많은 도량과 법회를 열었다. 이규보는 관련하여 이렇게 언급하였다. '부처님께서 이 세상에 오시어 널리 만물을 이롭게 하는 법문을 열었고 천축에서 성을 돌며 연등하는 청정한 법석이 시작되었다. 이 의식은 선대로부터 숭상해 오던 제도로서 후손에 미칠수록 더욱 빛을 내나이다. 생각건대 왕께서 법도에 따라 봄철의 좋은 밤에 법석을 절에서 엄숙히 베푸니, 천만 개의 아름다운 등불은 찬란하기가 광명의 바다와 같고, 백가지 진귀한 음식은 풍성한 공양의 구름을 일으킨 듯하나이다. 이 맺어진 수승한 인연으로 곧 감통하게 하소서. 엎드려 바라옵건대, 상서로운 조짐이 많이 이르고 수명과 복이 더욱 길어져서 나라의 기초가 길이 평안하여 솥의 발이 서듯 안정되고, 온 백성이 같이 경사를 누려 빛나기가 마치 춘대에 오른 듯 하여지이다.'[11] 연희를 개최하는 주체나 종교적 의미의 유·무, 규모면에서 차이는 있지만 고려시대의 축제행사와 울산쇠부리소리가 의례라는 점과 의례의 목적, 선대로부터 내려오는 전통을 잇고 있는 점 등에서 서로 상통함을 확인할 수 있다.

고려가 종교적인 면에서 그리고 문화적인 면에서 신라의 전통을 상당부분 그대로 계승하였다는 점을 생각해 보면 고려 문화의 중심지는 개경과 경주로 양분 되었을 것이다. 울산은 경주와 인접하고 오랫동안 한 문화권이라고 생각하면 울산쇠부리소리의 의례적 측면, 의례의 목적, 전통계승 이런 점은 신라·고려를 거쳐 강하게 지속 된 것으로 볼 수 있다.

---

11 李奎報,『東國李相國集』卷39, 佛道疏, 奉恩寺燃燈道場文: 梵雄出世, 廣開利物之妙門, 竺域繞城, 始唱燃燈之净範. 自先格而崇典, 洎後葉以流光. 言念冲人, 式遵成訓, 卜良宵於 春籥, 嚴覺席於金園, 蕙炷千釭爛若光明之海, 珍羞百味, 靄然供養之雲, 所締勝因, 即通他 鑒. 伏願禎祥滋至, 曆服彌長, 措國步於永寧, 固如定鼎, 互民區而同慶, 熙若登臺.

삼한시대 이래 모든 나라에서 의례를 올리며 안과태평, 시화연풍을 기원하였다. 각 나라마다 태양과 달, 산신, 지모신 등 주신으로 모시는 대상에는 다소 차이가 있었지만 의례의 목적은 거의 동일했다. 울산쇠부리소리는 철과 불을 마을의 주신처럼 모시고 의례를 지낸 것이다. 호국을 위한 국가의례굿에서는 울산쇠부리소리는 이전의 전통과 역사를 계승한다. 특히, 신라의 국선관련 내용을 이어 받았다.

풍류(風流)[12]는 여러 백성을 교화시키기 위해서 왕실이 주도한 국민통합의 장치로서 국가제의에 적극적으로 반영된 것으로 보인다. 국선(國仙)이 향가를 지어 불러 왜적을 물리치거나 국태민안을 기원하였다는 것이 그 실례가 된다. 풍류는 풍월도(風月道)라고도 불리던 화랑도를 칭하는 말이다. 향악잡영오수를 연희한 주체가 화랑인지 확실하진 않지만, 동시대의 사람들이 좋아하고 가치 있게 여기는 풍류정신이 깃든 연희임은 분명하다. 최치원에 따르면 풍류는 삼한 이전부터 독창적인 고유사상으로 신앙으로 존재했다. 그것이 유교, 불교, 도교를 융합하여 풍류라는 '현묘한 도'를 형성했고 그것이 포용과 조화를 지닌 우리민족의 특징이라고 했다. 이런 전통은 원효의 화쟁(和諍) 사상이나 혜심의 유불일치설(儒佛一致說), 고려 불교의 교선일치(敎禪一致)의 전통처럼 다양한 사상들의 조화를 추구해 가는 사상적 전통으로 이어진다.

울산쇠부리놀이도 일종의 풍류라고 할 수 있다. 쇠부리 자체는 금전적 이익을 위한 상업행위지만 그 속에서 노동했던 사람들은 노동의 대가를 받았고 즐거움도 함께 누렸다. 마을에 돈이 돌고 배고픔을 잊을 수 있었다.

우리나라의 '현묘한 도' 풍류는 어쩌면 신명의 정신이자 정서이자 굿적인 의례를 통해 관객과 함께 구현하고자 하는 목표이다. 탈놀이는 풍경이

---

12 『三國史記』卷4, 新羅本紀 第4, 眞興王: 崔致遠鸞郎碑序曰, 國有玄妙之道, 曰風流, 說 敎之源, 備祥仙史, 實乃包含三敎, 接化群生

좋아야 하고 풍류가 풍경을 통해 넉넉하게 구현되어야 한다. 삼한시대 이래 신앙과 예술 그리고 호국의 의미도 내재한 울산쇠부리소리는 현실적으로 동시대 사람들에게 어떤 의미였을까 같은 맥락에서 철장은 어떤 의미였을까.

철장 혹은 울산쇠부리소리는 울산 북구 지역의 만파식적이었다고 할 수 있다. 만파식적이 세상의 근심이 사라지기를 기대하는 마음이 반영되었듯 철장 역시 쇠부리 마을의 근심과 분란의 문제를 잠재울 수 그 무엇인가가 나타나기를 기원했다. 이런 기원이 만파식적의 형태로 나타난 것이다. 신라 사람들이 만파식적을 기원하였듯 울산 북구 달천지역의 사람들은 철을 생산하여 재화를 창출하고자 했던 것이다. 돈을 벌어 개개인의 삶이 보장되고 마을의 안녕을 갈구한 모습은 만파식적을 통해 나라의 안녕을 구했던 점과 다를 바 없다. 쇠부리마을 사람들에게 철은 만파식적과 다를 바 없었던 것이다.

『삼국유사』에 의하면 문무왕의 맏아들 신문왕은 감은사를 완성하고 그 이듬해 동해에 있는 작은 산 하나가 물에 떠서 감은사를 향해 오는 것을 목격하게 되었다. 그 산의 형태는 거북의 머리같이 생겼는데 산 위에 한 개의 대나무가 있어 낮에는 둘이 되었다가 밤에는 합해져서 하나가 되었다. 왕이 배를 타고 그 산에 들어가니 용 한 마리가 검은 옥대를 만들어 바치면서, 대왕의 아버님은 바다의 용이 되었고, 성왕은 이 대나무로 피리를 만들어 불면 천하를 화평하게 다스릴 것이라고 하니 이것이 만파식적(萬波息笛)이라고 하였다.[13]

왕이 감은사에 머물면서 바다로 나아가(는) 산을 바라본 곳이 이견대(利見臺) 라고 했는데 쇠부리로와 불매대를 중심으로 죽음과 재생을 연희

---

13 『三國遺事』卷2, 萬波息笛: 賀還. 以其竹作笛. 藏於月城天尊庫. 吹此笛. 則兵退病愈. 旱雨雨晴. 風定波平. 號萬波息笛. 稱爲國寶.

하는 울산쇠부리소리 무대 전체가 감은사와 대왕암 인근의 바다라고 볼 수 있다. 감은사와 대왕암의 움직임과 이적현상을 신문왕이 바라보던 장소를 이견대라 했는데 울산쇠부리소리의 이견대는 울산쇠부리소리 속의 불매꾼, 운반인, 전주, 공양주, 불편수, 도편수 등 모든 참여자들의 마음이 위치한 높이에 자리 잡고 있다고 할 수 있다.

3. 결론

본고는 울산쇠부리소리의 민속연행적 구조와 그 의미에 대해 고찰하였다. 민속연행적 구조는 우리의 대표적 민속연행이라고 볼 수 있는 민속신앙이나 민속놀이의 구조를 의미하고 이 민속연행의 구조가 울산쇠부리소리에 어떻게 녹아 있는가를 고찰한 것이다. 고찰 과정은 구조의 역사적 배경과 함께 구조적 특징의 주요 요소를 대비하면서 대비 과정에 울산쇠부리소리 각 구조의 의미도 살폈다.

울산쇠부리소리는 민속신앙의 기본 구조인 청신-오신-위민-송신과 많이 유사하며 민속놀이의 길놀이-고사-연행-대동마당으로 구조와 일치한다.

울산쇠부리소리는 ①길놀이 ②고사 ③쇠부리불매소리 ④쉿물내기 ⑤쇠부리금줄소리 ⑥애기어루는불매소리 ⑦성냥간불매소리 ⑧뒷풀이난장으로 구성되었다. 이 구성은 길놀이 - 고사 - 연행 - 대동마당이라는 민속놀이의 구조와 일치한다. 이 구조는 신을 청하여 오신하면서 마을 사람들 스스로 이 상황을 즐기다가 송신하는 구조와도 유사하다.

울산쇠부리소리는 지모신을 향해 삶의 풍요를 기원하는 축제이다. 울산쇠부리소리는 흙으로 빚은 용광로에 흙이 대부분인 토철을 제련하여 철을 생산한다. 철을 생산하는 과정에 흙은 절대적 역할을 한다. 그만큼

쇠부리하는 사람들에게 흙은 신앙적 대상이라고 할 수 있다.

영남지역에 전승되는 민속연희 중에는 삶의 고단함을 넘어서려는 민중들의 애환이 예술정신과 혼합되면서 전승되는 연희들이 많다. 울산쇠부리소리의 경우는 삶의 고단함을 넘어 서려는 바람과 예술정신이 혼합되면서 만들어지고 전승된 경우라고 할 수 있다.

울산쇠부리소리는 전국 유일의 풍철기원(豊鐵祈願)의례다. 풍농과 풍어를 기원하는 의례는 전국에 다수 분포하고 있으나 풍철을 기원하는 울산쇠부리소리 의례는 전국 유일의 희소성을 지닌다. 풍농과 풍어의례의 경우 궁극적으로는 국태민안과 연결된다고 할 수 있지만 일차적으로는 의례를 지내는 지역민들의 안과태평이 우선이다.

민속연희 기본 구조는 수영야류, 동래야류, 합천군 밤마리 오광대, 솟대쟁이패, 좌수영어방놀이, 지신밟기, 농청놀이, 농요 등에서 동일하게 나타난다. 경남지역의 법흥상원, 감내게줄당기기, 웅상농청장원놀이, 마산농청놀이, 칠원줄다리기, 가야진용신제, 내서숯일소리 등에서도 나타난다. 민속연희의 이러한 기본 구조는 민속신앙의 기본구조인 청신 - 오신 - 위민 - 송신의 구조와 닮았다. 그리고 울산쇠부리소리에는 한국의 민속문화 뿐만 아니라 좁혀서 경남지역의 민속문화가 그대로 녹아 있음을 알 수 있다.

울산쇠부리소리의 길놀이는 연희의 시작을 알리고 본 공연을 위한 준비이면서 부정굿의 요소까지 담긴 길놀이의 전형적 모습을 보여준다. 울산쇠부리소리의 본 공연은 쇠부리불매소리, 쇳물내기, 쇠부리금줄소리, 애기어루는불매소리, 성냥간불매소리로 구성되는 데 이들은 순차적 병렬 구조로 형식화 되었다.

울산쇠부리소리의 병렬 구조는 일과 놀이 구조와 연결된다. 일과 놀이는 서로 무관한 것은 아니지만 내적 연계성이 약하며 오히려 온전히 독립적이라고 할 수 있다. 울산쇠부리소리에는 노동의 고통에서 벗어날 수 없는 인간에 대한 통찰도 담겨있다. 노동고통의 순환을 극복하려는 현실 긍정의 자기애적 통찰이 들어 있는 것이다. 본 공연의 마지막 과정인 뒤풀 이난장은 대동마당의 성격을 지니는데 현실에서는 만족스런 철장생산이 안되었다 하더라도 다른 공간에서 혹은 다른 시간의 상황에서는 만족을 실제화 하는 결과가 나타나도록 기원하는 일종의 유감주술적 요소가 들어있다.

울산쇠부리소리는 삼한시대 이래의 제천의식과도 닮았다. 육체적 희생에 따른 생명 탄생의 쇠부리소리는 새 생명 창조의 송가와 같은 역할을 한다. 토철을 쏟아 붓고 숯불의 화염을 통해 쇳물을 생산하는 과정만 남성과 여성의 결합을 통한 생명 탄생의 의미를 드러내는 것이 아니다. 풀무질도 생명탄생의 상징성을 드러낸다. 여러 명의 남성들이 강한 육체로 풀무를 밟는 동작도 남자와 여자의 결합을 연상시키는 상징성을 지녔다.

2부

해석이론

서사구조에서의 춘향이즘과 학도이즘

1. 서론

대중이 선호하는 서사구조의 특성에 대해 연구한다. 본고에서 '대중이 선호하는 서사구조의 특성'이란 표현은 '서사구조의 대중적 특징' 혹은 '대중적인 서사구조'라는 표현과 같은 의미로 사용한다. 대중이 선호하는 서사구조란 일차적으로 대중이 선호하는 작품에 내재된 서사구조를 의미한다. 그러면 대중적인 작품이란 어떤 작품인가. 대중이란 많은 사람을 의미한다. 대중이란 용어는 계급이 분화된 이후, 산업사회 이후 문화적으로 대량공급과 대량소비가 가능해지면서 생겨난 용어로 소수지배자나 소수권력자들을 제외한 대부분의 계층을 지칭한다. 지배층이나 권력자라 하더라도 대중이 선호하는 문화적 흐름과 사회·정치적 흐름에서 자유롭지는 못하다. 그리고 대중적 흐름에 동승하지 못하는 경제적 최하층이나 대중적 흐름에서 자발적으로 벗어난 일부 계층을 제외한 대부분의 사람을 대중이라고 할 수 있다. 대중을 계층에 따라 규정하지 않고 시대적 흐름에 따라 규정하기도 한다. 소속 계층과 관계없이 특정 시대에 특정 사상이나 문화적 흐름에 생각을 같이하는 사람들 모두를 지칭하는 경우도 있기 때문이다. 어느 쪽으로 규정하든 대중은 다수의 사람을 포함하거나 다수의 사람이 승인한 어떤 흐름이 된다. 따라서 대중적 작품이란 계층을 막론하고 많은 사람에 의해 읽혀진 작품이란 의미가 된다. 많은 사람들에게 읽혀지기 위해서는 여러 조건이 구비되어야 하겠지만 대개 다른 작품과 변별되는 독특한 구조가 내재되었으며 이런 구조는 작품의 완성도를 높이는 과정에도 기여하였다고 본다. 본고는 이런 구조의 특성을 고찰하려는 것이다.

대중적이라는 용어는 완성도가 떨어지는 작품과 관련되는 것처럼 인식되기도 하지만 이런 인식에는 다소 편견도 없지 않기에 본고에서의 완성도는 대중적 작품을 논의하는 과정에서는 중시하지 않았다. 대중적이라는 용어를 '널리 알려진 작품', '고전처럼 오랫동안 독서의 대상이 된 작품', '작품에 대한 사람들의 관심이 여러 미디어 매체를 통해 언급된 작품' 등의 의미로 규정한다. 이런 의미 규정에 따라 『춘향전』, 『무정』, 『폭풍의 언덕』, 『햄릿』, 『로미오와 줄리엣』, TV드라마 〈사랑과 야망〉, 〈시크릿 가든〉 등의 대중적 작품을 대상으로 하여 분석하고자 한다. 이런 작품들은 서사장르의 특성을 잘 드러냈고, 대중적 취향도 잘 담아낸 작품으로 평가된다. 이들 작품이 많은 사람들에게 매력적인 작품으로 인식되는 이유가 무엇인지 다시 말해, 어떤 서사구조가 대중적인 작품이 되게 하였는지를 밝히고자 하는 것이다.

대부분의 서사작품에는 대조적인 인물과 상황, 사건이 대립하고 갈등한다. 그 중에서 위에 언급한 예의 대중적인 작품에는 대조적 성격의 인물과 사건, 상황이 선명하게 대립되고 갈등하는 것을 알 수 있다. 이러한 특성은 다양한 관점에서 다양한 용어로 설명되는데 그 중에는 멜로드라마적이라는 용어도 있고, 대중이 선호하는 구성이라는 설명도 많다. 이러한 용어와 설명도 중요하지만 대중선호 서사구조의 실체를 더 선명히 드러내는 해석이 필요하다.

대중이 선호하는 작품의 구조를 실체적으로 밝히기 위해서는 대립과 대조, 갈등이 선명한 대중적 작품에서 대립과 대조가 어떤 구조 안에서 전개되고 있는 지를 해명하는 것이 우선적으로 필요하다. 이들 작품 속에는 지킬과 하이드처럼 대립하는 경우도 있고 마조히즘과 사디즘처럼 대립하는 경우도 있다. 지킬과 하이드의 대립은 극단적 대립의 예가 되어 서사작품 일반에 적용하는데 한계가 있고, 마조히즘적이나 사디즘적이라는 설명은 성도착적 행태와 일차적으로 관련되기 때문에 서사작품 일반을 설명하는 데 한계가 있다.

대중적인 서사구조의 근간이 대조적 성격의 대립과 갈등이라고 전제했는데 위에 언급한 작품 『춘향전』, 『무정』, 『폭풍의 언덕』, 『햄릿』, 『로미오와 줄리엣』, TV드라마 〈사랑과 야망〉, 〈시크릿 가든〉 등은 대중에게 선호되고 이들 작품의 서사구조 근간이 대조적 성격의 대립과 갈등으로 되어 구성된 것은 분명하다. 그런데 대립과 대조의 내면은 어떻게 구조화 되었는지에 대한 설명은 부족하다. 서사라는 말에는 시간적 흐름도 포함된다. 본고에서 중시하는 대립과 갈등이라는 용어에는 시간적 흐름도 포함된다. 대립과 갈등이 고조되고 해소되는 과정이 서사의 모습인데 그 속에는 자연스럽게 시간이 흐름이 포함되기 때문이다.

『로미오와 줄리엣』은 400년 이상 대중에게 선호되었고, 『춘향전』도 수백 년 이상 대중에게 선호된다. 두 작품의 서사구조 근간은 다른 대중적 작품처럼 대립과 갈등이 뚜렷이 나타난다. 그런데 두 작품의 대립과 갈등은 두 쌍의 주인공이 목적하는 사랑성취와는 다소 유리된다. 한 작품은 죽음으로써 사랑을 성취하고 다른 한 작품은 죽음 없이 사랑을 성취한다. 서사구조 근간을 이루는 대립과 갈등만이 작품의 대중성을 구성하는 핵심요소가 아니라는 것이다. 대립과 갈등 이외의 무엇인가가 있는 것이다. 그러면 먼저, 두 쌍의 주인공이 이루려는 사랑과 작품의 근간을 이루는 대립과 갈등은 어떻게 유리되는지 살펴보자.

『로미오와 줄리엣』에는 서로를 원수처럼 여기는 두 집안이 대립한다. 『춘향전』에서는 신분의 차이가 대립하며, 한 여자의 사랑을 갖고자하는 남자와 사랑을 주지 않으려는 여자가 대립한다. 그런데 '로미오와 줄리엣', '춘향과 몽룡' 커플은 외부적 간섭과 무관하게 둘의 사랑에만 몰두한다. 작품의 근간을 이루는 대립과 갈등에 개입하려거나 이에 저항하려는 태도는 거의 없다.

로미오와 줄리엣은 대립하는 집안의 문제를 해결하기 위해서, 혹은 갈등하는 사회적 상황을 해결하려는 목적이 없다. 둘의 사랑을 방해하는 요소에 죽음으로 저항하려는 뜻은 더더욱 없다. 춘향과 몽룡도 그렇다. 춘향과 몽룡은 봉건제적 체제의 부당함에 저항하려는 목적으로 신분의 차이를 넘어선 사랑에 집착하는 것이 아니다. 변학도는 탐욕적 개인이면서 봉건제적 체제를 상징하는 인물인데, 춘향이 변학도의 사랑을 거부하는 이유가 몽룡과의 사랑을 이루려는 의도 때문일 뿐, 변학도라는 탐욕적 개인의 비윤리적 모습을 징벌하려거나 봉건제적 체제의 상징을 무너뜨리려는 목적 때문에 사랑성취에 집착하는 것이 아니다.

두 쌍의 사랑이 서사구조 근간의 대립과 무관한 것은 아니지만 밀접한 관련 속에서 있다기보다 서로 유리되는 상황에서 사랑을 향해 나아가는 것이다. '저만치' 피어 있는 꽃과 나의 관계처럼 조응하면서도 유리된다. 그런데 대중은 대립적 상황보다는 두 쌍의 사랑에 더 호응한다. 근간을 형성하는 서사구조와 유리되는 사랑의 성격을 해명할 필요가 있는 것이다. 대조적 성격의 대립과 갈등은 존재하는데 그 대립과 갈등의 성격이 대중적 요소나 대중을 매혹시키는 이유에 대해 더 세밀하고 폭넓은 분석이 필요한 이유가 여기에 있는 것이다.

위 두 작품과 달리 서사구조의 근간을 이루는 대립과 갈등와 밀접한 관련을 맺으면서 사랑하고 대립을 이루는 주인공들도 있다. 『무정』의 인물 얽힘이 그렇다. 이형식과 주변 인물의 관계도 대조적 성격의 대립과 갈등이 서사구조의 근간과 밀접한 관계 속에서 의미를 드러내는 것은 분명한데 그 대립과 갈등의 성격이나 실체의 어떤 점이 대중이 선호하는 근거와 관련되는지 분명한 해명이 아직은 없는 것으로 보인다. TV드라마 〈시크릿 가든〉의 남자 주인공과 TV드라마 〈사랑과 야망〉의 남자주인공은 어머니의 극렬한 반대에도 불구하고 특정여자와의 결혼을 시도 한다. 이러한 대립과 갈등의 어떤 특성이 대중성과 연관되는 지에 대한 설명이 필요한 것이다. 이처럼 대중이 선호하고 오래 기억하는 작품들의 서사구조의 어떤 특성 때문에 대중성을 갖게 되었는지 해명할 필요가 있는 것이다.『햄릿』에서 인물들의 대립,『감자』의 복녀,『오몽녀』의 오몽녀의 행동도 대조적 상황과 갈등을 형성하는 서사구조의 근간과 밀접한 관계 속에서 자신의 성격을 드러낸다.

이처럼 대중적 호응도가 높은 작품들은 대조적 성격과 상황이 만들어내는 모습이 다양하고, 인물간의 갈등, 인물과 상황간의 갈등, 다른 성격의 대립, 유사성격간의 대립 등 다양한 모습으로 분화되는 것을 볼 수 있다. 다양하게 분화되는 이런 특성을 공통적이면서 체계적적으로 일관되게 설명하는 일이 필요하다. 이를 설명하는 일차적 방안으로 제시하려는 것이 춘향이즘과 학도이즘이다. '-이즘'은 흔히, '-주의'로 해석되지만 이 경우 춘향이즘은 춘향성 학도이즘을 학도성이라고 할 수도 있겠다.

2. 춘향이즘(춘향성)과 학도이즘(학도성)의 의미

춘향과 학도는『춘향전』에 등장하는 성춘향에서의 춘향과 남원부사 변학도에서의 학도를 지칭한다. 춘향이즘과 학도이즘 각각의 의미는 이렇다. 춘향이즘은 종속적 행동을 통해 존재의 의미가 부각되는 인물의 성향을 의미한다. 학도이즘은 군림적, 권위적 행동을 통해 존재의 의미가 부각되는 인물의 성향을 의미한다. 변학도는 부사라는 자신의 지위를 이용하여 권력과 억압적 태도를 확연히 드러내고 성춘향은 종속과 인내를 통해 자기 모습을 찾아가는 인물이다. 춘향과 학도의 이름에 뒤에 '-이즘'을 붙여 용어 각각의 성격을 드러냈다. 그리고 춘향이즘은 한 개인의 내면

의 삶과 관련이 깊고, 학도이즘은 사회적 위상이나 대외적 가면이라고
하는 페르소나와 관련이 깊다.

춘향이즘은 소극적, 내향적 성격의 인물이나 상황과 관련된다. 인물의
경우 자신의 행동에 강인한 집착을 보여 자신의 결정을 거의 변화시키지
않는다. 여자의 경우 부성부재나 모성과다로 생긴 내면심리 때문에 남성
적 성향에 집착하기도 한다. 복녀도 이와 비슷한 유형의 인물이라 하겠다.
남자의 경우 모성부재나 부성과다로 생긴 내면심리에 의해 조정당하는
측면이 강하다. 햄릿이 대표적인 경우이며, 무정의 이형식과 돈키호테도
이에 해당한다. 춘향이즘이 드러나는 경우는 작품의 배경이 되는 시대의
흐름이나 가치관에 상황이 종속된다. 춘향이즘에 해당하는 인물이나 상
황은 존재이유를 종속을 통한 쾌감이나 자기만족에서 찾는다. 그리고 춘
향이즘은 페르소나보다 아니마(아니무스)에 더 집착하기도 하며 이 경우
자기희생을 겪는다.

학도이즘은 외향적, 적극적 성격의 인물이나 상황과 관련된다. 인물의
경우 정치적 위상이 높은 인물이 많으며 자신의 현재 위상을 위압적으로
이용한다. 여자의 경우 모성부재나 부성과다로 생긴 내면에 억압되는데
〈시크릿 가든〉의 여자 주인공이 이에 해당된다. 남자의 경우는 부성부재
나 모성과다로 생긴 내면에 억압되는데 〈시크릿 가든〉의 남자주인공이
이에 해당된다. 상황의 경우 배경이 되는 시대의 흐름이나 가치관을 강요
하는 상황이 된다. 인물이나 상황은 폭압적 측면이 강한데 이에 대한 도덕
적 뉘우침이나 윤리적 반성은 없다. 학도이즘은 아니마(아니무스)에 더 집
착하는 경우가 있는데 이 경우는 페르소나를 포기하거나 포기를 강요당
한다.

페르소나는 사람이나 사회와의 관계 속에서 자신이 선택한 외적 표현
이다. 사람사이에서 혹은 사회 속에서 사람은 여러 위치에 있다. 가장,
주부, 자녀, 회사원, 사장, 일반사원, 동창 등 여러 상황과 관계하는데 각

위상마다의 행동이 달라질 수 있다. 각 상황을 대하는 유동적 대처방식이 페르소나인 셈이다. '개별적 의식과 사회 사이의 하나의 복잡한 관계 체계이며, 일종의 가면'[1]인 셈이다.

페르소나가 인간의 외면과 관계한다면 인간의 내면에 관계되는 것은 아니마와 아니무스다. 남자의 내면에 존재하는 여성적 성향을 아니마라 하고, 여자의 내면에 존재하는 남성적 성향을 아니무스라 한다. 페르소나는 다른 사람에게 어떤 특정한 인상을 주기 위해 궁리된 것이며, 다른 한 편으로는 개인의 참된 본성을 가리기 위해 궁리된 것인 반면 아니마와 아니무스는 개인의 참된 본성과 관계된다고 볼 수 있다. 남자의 경우 페르소나는 강하나 아니마는 약한 편이며 여자는 그 반대로 여자의 페르소나는 약한 편이나 아니무스는 강한 편이다.[2] 인간의 내면과 외면이 기본적으로 대조적인 셈이다.

'추장이나 무당, 주술사 등의 외적 특이성 예를 들어 몸치장나나 장식품, 생활방식으로써 개체의 경계설정이 이뤄진다. 인격의 격상이나 변신에 이바지하는 실제적 가면'[3]들을 페르소나라 하는 셈이다. 다양한 가면들은 인간 내면에 있는 다양한 심리를 외화시킨 것이다. 서사구조의 등장인물이나 상황 등은 인간이 외향화하고 싶은 다양한 욕망을 대변하는 일반인의 페르소나인 셈이다. '페르소나라는 가면'[4]을 씀으로써 '출중한 개인은 집단정신의 영역에서 멀리 떨어져 있는 것처럼 보인다. 이 떨어짐이 마술적 위신을 의미'[5]하는 것이다. 사람들은 가면을 쓰고 자신이 출중한 개인이라는 점을 과시하고 싶은 욕망이 있지만 이를 현실화한 경우는 많지 않다.

---

1 구스타프 융, 융번역위원회 역(2004), 『인격과 전이』 3, 솔, 100쪽 참조.
2 위의 책, 100~103쪽 참조.
3 위의 책, 47쪽 참조.
4 위의 책, 54~55쪽 참조.
5 위의 책, 47쪽 참조.

그래서 현실이 아닌 서사구조 속의 인물이나 상황으로 대상받고자 한다. 현실 속에서 느끼는 자신에 대한 불만을 서사구조 속 또 다른 자아를 통해 보상받는 것이다. 그런데 그 서사구조 속에서 아니마나 아니무스의 모습까지 대상받는다면 사람들은 그 서사구조에 더 감정이입하게 된다.

춘향이즘과 학도이즘은 인간의 페르소나와 아니마(아니무스)적 특성에서 출발하며 그를 반영한 것이라 할 수 있다. 자신이 처한 위상에 맞는 외적 행동과 내면의 심리는 다를 수 있는 것이다. 페르소나와 아니마, 아니무스가 인간의 내면과 외면에서 서로 대조된 채 존재하듯 춘향이즘과 학도이즘은 서로 상반된 성격임에도 인간 누구나에게 함께 존재한다. 춘향이즘이나 학도이즘 중에서 어느 한 성향이 더 강화된 모습을 보일 수는 있다. 종속적 행동이 두드러진 사람이 있을 수 있고, 권위적 행동이 두드러진 사람이 있을 수 있으나 하나의 행동만이 두드러진 채 행동하는 사람은 없다. 상반된 성향이 공존된 채 행동하는 것이다.

'벼슬아치 티내는 얼굴을 한다거나, 사회적 역할을 한다.'[6]는 것은 페르소나를 통해 이런 사람 또는 저런 사람으로 보이고자 하는 것이다. 그러나 사회적 역할이 일시 정지된 공간 이를테면 사생활의 공간에서는 페르소나는 정지된다. 대신, 내면을 형성하고 있던 생각들이 발동하는 것이다. 아니마나 아니무스가 외화 되는 상황이 발동된다고 할 수 있다. 남성의 경우 '무의식 속에는 여성이라는 유전된 집단적 상이 존재 한다'[7]는 설명이 페르소나의 작동이 일시중지 되었을 때 발생하는 상황을 잘 확인시켜 준다. 결국 대중이 선호하는 서사구조 즉 춘향이즘과 학도이즘을 동시에 내재시킨 서사구조는 인간의 외적 행동과 내면의 모습을 반영한 것이다. 춘향이즘과 학도이즘이 인간이 가장 선호하는 이야기의 특징을 찾아내

---

6   위의 책, 77쪽 참조.
7   위의 책, 97쪽 참조.

서사구조에 반영한 것이 아니라 인간에게 가장 많은 심리적 특징을 서사구조에 반영한 것이 된다. 이는 지배적 가치관이나 시대흐름, 확대하여 종교적 특징과도 연결될 수 있다.

예를 들어, 일편단심, 열녀일부종사는 조선시대 남성위주의 사회에서 여자들에게 강요되던 윤리나 가치관이라기보다 종속을 통해 쾌감을 얻는 인간모습을 반영한 윤리나 가치관이 되는 셈이다. 일편단심, 열녀일부종사는 보통 유교문화가 만들어 낸 강압적 윤리나 가치관으로 인식된다. 유교문화가 이런 윤리나 가치관을 먼저 만들어내고 이를 사람들에게 강요하거나 학습시킨 것으로 생각한다. 그런데 그렇다기보다 이런 윤리관이나 가치관이 인간심리의 특징을 잘 반영하여 열녀일부종사 같은 말로 집약한 것이다. 즉 열녀일부종사의 인간심리가 먼저 있었고 그런 특징을 유교문화가 요약해낸 것이다. 그래서 그런 윤리가 수백 년간 지배적인 것이 될 수 있었다. 인간에게 존재하는 모습을 그대로 반영한 윤리였기에 수용되고 용납될 수 있었던 것이다. 여성의 입장에서 보면 종속을 통해 삶을 영위하는 것에 만족하고 이를 통해 쾌감을 느끼는 특징이 있었고 유교가 이를 읽어 낸 것이다. 윤리가 인간의 내·외면의 일반적 모습을 먼저 반영하여 요약하였고 이것이 외형적으로 지배적 존재가 되자 강요한 것처럼 오해된 것이다. 종교도 이와 크게 다르지 않을 것이다.

이처럼 춘향이즘과 학도이즘도 인간심리를 요약한 것이고 이것이 서사구조 안에 반영되었을 때, 대중들은 그 구조를 선호하게 된 것이다.

춘향이즘과 학도이즘은 서사구조 안에서 그 모습을 드러내는데 한 명의 등장인물의 행동에서도 발견되며 한 개 혹은 복수의 상황 안에서도 발견된다. 등장인물이 내적 갈등을 겪을 때, 혹은 상황변화에 적응하는 모습을 보일 때 춘향이즘과 학도이즘은 한 인물 안에서 그 모습을 드러낸다. 한 개의 상황 안에서 갈등이나 변화가 나타날 때도 춘향이즘과 학도이즘이 모습을 드러낸다.

그런데 이런 서사구조를 바라보는 대중은 어떤 관점이 되는가. 서사구조 안에서 대조적 상황이 전개되는 것을 선호하지만 어떤 관점으로 이런 작품을 읽게 되는가. 논자의 고찰 결과로 판단하면, 대중은 연극적 자아의 관점으로 작품을 읽기 때문이다.

3. 대중적 구조와 연극적 자아

사람들은 문학작품을 감상할 때 그 작품의 장르가 어떤 성격이든지 연극적 자아로서 감상한다고 할 수 있다. 문학에는 서사, 서정장르 등이 있는데 서사장르를 감상하든 서정장르를 감상하든 장르적 성격과 관계없이 연극적 자아로 작품을 바라보는 것이다. 그래서 연극적 자아의 특성을 작품에 잘 반영하면 대중이 선호하는 작품이 되는 것이다. 어떤 것이 연극적 자아인가.

서정작품과 서사작품에는 작품 속에 작중자아나 작중화자가 있는 것으로 설명된다. 그리고 자아가 자아외적 존재와 어떤 양상으로 만나느냐에 따라 장르를 구분한다. 자아의 양상이 장르를 설명하는데 이용되는 것이다. 이런 설명은 작품의 내적 특성을 설명하는 과정에는 충분하지만, 작품은 독자에게 수용됨으로써 그 의미가 완성된다. 따라서 기존의 설명방식은 장르를 완전히 해명하는 바에는 다소 부족하다. 왜냐하면, 서정작품을 읽는 독자가 서정자아만의 관점으로 서정작품을 읽는 것이 아니기 때문이다. 마찬가지로 서사작품을 읽는 독자가 서사자아만의 관점으로 서사작품을 읽지 않기 때문이다. 서정작품을 읽으며 서사자아나 또 다른 현실의 자아의 관점으로, 서사작품을 읽으며 서정자아나 또 다른 현실의 자아로 읽게 된다. 즉, 다양한 자아로 작품을 읽는 것이다.

이처럼 독자는 작품 내의 상황과 등장인물에 다양한 관점으로 자신을

투영시키게 된다. 작품 속의 등장인물처럼 행동하는 인물처럼 자신을 상
상하기도 한다. 상상을 통한 작품읽기라 하더라도 이런 상상은 연극적
상황과 밀접히 관련된다. '나'가 아닌 다른 인물이 되어 보는 것은 어린
시절에 경험하는 역할놀이와 유사한 '연기'를 통해 시작한다. 이런 경험
은 이후 이야기를 듣거나 글을 읽을 때 아이들은, 자신이 듣고 보는 이야
기와 주변의 상황에 자신을 투사하기 시작한다. 나 아닌 다른 세계의 경험
을 구체화하는 과정에 연기가 자연스럽게 영향을 주는 것이다. 자신을
투사하는 이런 경험이 연기에서 출발했기에 이런 독서 중의 투사상황은
연극적 상황과 관련될 수밖에 없다. 이 연극적 상황을 경험하는 '나'는
연극적 자아가 된다. 이 연극적 자아는 나 이외의 작품과 세상 속의 수많
은 다른 자아를 경험토록 한다.

그런데 연극적 자아는 현실의 자아와 상상 속의 자아가 불일치하는 현
실을 경험한다. 현실의 자아와 상상의 자아의 괴리를 현실 안에서는 메워
지기 어렵다. 그래서 상상 속의 자아 즉, 작품 속의 자아에 더 집착한다.
그래서 연극적 자아를 더 발동하게 되고 이에 몰입하여 괴리의 고통을
보상받으려고 한다. 연극적 자아에 집착할 때 자신의 외면과 내면의 모습
을 모두 보여 주는 서사구조에 몰입하게 되는 것이다. 외면과 내면은 춘향
이즘과 학도이즘처럼 대조되는데 이 두 모습 모두를 서사구조 안에 담고
있으면 독자는 이런 서사구조를 선호하게 된다.[8]

연극적 자아는 서사장르이든 서정장르이든 모든 작품을 읽는 독자의
관점이면서 작품을 수용하고 해석하는 관점이다. 작품 속의 자아가 아니
라 작품 밖에 존재하는 독자의 관점인 것이다.

---

[8] 연극적 자아가 더 활성화된 사람은 보상받는 시스템이 있어 긍정적이고 정열적인 행동을
할 것이다.

4. 춘향이즘적 인물과 작품

'심혼상의 일차적인 담지자는 어머니다'[9]. 춘향전에 이몽룡의 어머니는
등장하지 않는다. 어머니 부재 때문에 이몽룡의 아니마는 잘 형성되지
않았다. 반면 춘향의 경우는 아버지가 등장하지 않는다. 춘향에게는 아니
무스가 제대로 형성되지 않았다. 이몽룡은 춘향이 어머니 같은 존재이기를
춘향은 이몽룡이 아버지 같은 존재이기를 기대한다. 아버지 같은 존재인
이몽룡은 권위적인 위치에 있으며, 관객의 지배욕망을 해소해 주는 존재
다. 변학도를 제압하는 존재로 등장하여 이런 점을 확인시킨다.

아버지 같은 존재이기를 기대했던 이몽룡이 떠나버리자 춘향에게는 아
버지 같은 존재가 또 등장한다. 변학도가 그런 존재다. 그런데 이몽룡 다
음의 아버지 같은 존재로 기대했던 변학도는 가학적이다. 변학도는 춘향
의 기대를 배반한다. 기대의 충족과 기대의 배반은 서로 융합되면서 어느
한 쪽으로 치우치지 않는 감정을 드러낸다.

종속을 통한 쾌감과 지배를 통한 쾌감이라는 상반된 감정이 작품에 퍼
져있다. 춘향이즘과 학도이즘이라는 두 축에 부수되는 이몽룡과 춘향의
기대충족과 배반은 춘향이즘과 학도이즘을 더 명확하게 한다.

남성의 '아니마는 모성 이마고의 형태에서 아내에게 전이된다.'[10] 남자
는 '결혼하자마자 어린애같이 굴며 감상적이고 예속적이며 굴종적이 되
거나 다른 경우에서는 공격적이고 폭군적이며 또한 예민하고 항상 자기
의 우월한 남성성의 위신을 염두에 두게 된다'[11]고 한다. 이몽룡이 남원에
머무르는 동안, 춘향과의 관계는 결혼한 관계라 할 수 있다. 이몽룡은 춘

---

9   구스타프 융, 앞의 책, 106쪽 참조.
10 위의 책, 107쪽 참조.
11 위의 책, 107쪽 참조.

향의 집을 드나들 때는 감상적이고 춘향에게 예속적이었다. 그런 예속적 측면이 있었기에 춘향을 다시 찾아온 것이다. 그러나 이몽룡이 춘향과 이별할 때나 다시 어사가 되어 돌아왔을 때는 우월한 자신의 지위를 그대로 드러낸다.

변학도와 춘향의 관계는 크게 두 가지로 설정된다. 부녀관계이거나 결혼과 유사한 관계다. 변학도는 춘향의 수청을 강제하는데 다른 기생들을 마다하고 춘향의 수청을 집요하게 요구하는 점에서 변학도가 춘향에게 요구하는 수청은 계급간의 성적 교류가 아니라 결혼과 다를 바 없는 관계를 요구하는 것으로 볼 수 있다. 변학도는 춘향과 결혼하기를 희망하는 것으로 볼 수도 있다. 변학도가 춘향의 수청만을 희망했다면 그렇게 집착적이지 않았을 것이다. 춘향이라는 여자를 통해 자신의 모성회복을 희망했다고 볼 수 있다. 변학도와 춘향의 관계에서 수청은 결혼의 작은 의미로 볼 수 있다. 그런데 변학도는 춘향을 상대로 자신이 생각했던 어떤 것도 이룰 수 없었다. 그래서 공격적이고 폭군적인 인물이 되었다.

춘향은 종속을 통해 사랑을 성취하는 태도를 지속한다. 사랑을 지키려는 강인함은 있지만 사랑을 성취하는 태도에서는 수동적이다. 견고한 수동성으로 사랑을 이루려는 것이다. 인간에게는 두 개의 마음이 있는데 그 중 하나가 춘향의 태도를 대변한다. 춘향은 종속적 태도를 통해 뜻을 이루려는 것이다.

춘향의 아니무스는 남성에 대한 그리움이다. 남성의 기본은 강인함이고 권력적이다. 그래서 권력을 상징하는 양반의 아들 이몽룡을 선택했다. 이몽룡은 남성적 강인함을 가진 존재는 아니었다. 그래서 스스로 강인함을 갖게 되었고 그 태도로 변학도의 핍박을 견뎌낸다. 지조나 절개를 지키는 여성의 태도가 기본적으로 아니무스의 외현이라고 볼 수 있다.

춘향의 페르소나는 기생 신분으로서의 위상이 상당부분 제어한다. 춘향은 기생인 만큼 이에 근거하여 행동하게 된다. 그런데 춘향은 남성적 강인함과 권력을 가질 수 없었기에 이를 희망한다. 그래서 춘향의 페르소나는 남성적 강인함과 권력에도 상당부분 영향 받는다. 즉, 양반의 품성과 지위를 지향하는 것이다. 양반과 비양반(非兩班)의 신분에 선악과 정의(正義)는 따로 없었겠으나 대중 누구나 희망했던 신분은 있었을 것이다. 일반적으로 양반이고자 했을 것으로 판단된다. 비양반에 만족했던 사람은 얼마나 되었을까.

면천(免賤)이라는 단어는 천한 신분을 벗어났다는 의미다. 면천은 비양반에서 양반이 되었다는 사실만을 전하지 않았다. 천민에서 양민이 되었다는 의미 즉, 비양반에서 벗어났다는 희망의 실현까지를 담고 있다. 천민이 진정 천한 신분이었는지는 알 수 없으나 면천이라는 단어는 천민에서 벗어났다는 객관적 설명과 함께 신분변화에 대한 희망과 지향까지를 포함하는 것이다.

그래서 양반지향의 마음도 작용하여 춘향의 페르소나를 형성한 것이다. 이몽룡에 종속되는 춘향의 페르소나에는 양반지향의 내면이 반영된 것이다. 그런데, 변학도도 양반이고 권력자인데 춘향은 왜 변학도를 따르지 않았는가. 시대적 가치관인 수절에 종속되어야 했기 때문이다.

춘향이 종속적 태도를 통해 삶의 의미를 찾고 이런 태도를 지속시켰던 예들을 더 살펴보자. '쇼년은 천기오니'[12]라고 말한다. 신분의 차이를 인정하며 종속의 모습을 스스로 드러내는 언사다. 이런 모습은 춘향에게만 한정되지 않는다. 작품의 시작부터 이몽룡의 신분과 춘향의 신분을 분명하게 우열 짓는다. 이몽룡가는 '명문거족으로 남원부사'(이고본 p.15)를 낙점받은 집안이라고 표현하여 '천기'가 태어난 집안과 분명하게 변별 짓는다. 신분의 위계질서를 분명히 세워 하위위계가 상위위계에 종속됨을 나타낸다. 작품 전체의 분위기부터 춘향이즘, 즉 종속을 통해 쾌감을 갖는 성향을 분명히 드러낸다. 이런 서두는 이어지는 학도이즘과 대비되어 독자의 몰입을 자연스럽게 유도하게 된다.

월매에게서도 춘향이즘적 태도가 분명히 나타난다. 이몽룡이 한양으로 올라가게 되었다고 하자 월매는 기뻐한다. '얼사절사 조흘시고 내 평생 원한 거시 서울 삼님 원일더니 평생소원 일워고나~'(이고본, p.64) 춘향이 서울 올라가리라는 기대를 드러내면서 역시 종속을 통한 자기만족을 드러낸다.

경판본에는 춘향이즘이 더 분명하게 드러난다. 대중적 서사구조의 특성을 잘 알고 있었던 결과라고 할 수 있다. '학도 자제 이도령의 풍채는 두목지, 도량은 창해 같고 지혜 활달하며 문장은 이백이요 필법은 왕희지'[13](이하, 경판본)라고 한다. 이몽룡의 위상을 최대한 높인다. 춘향이 종속될 수 있는 영역을 최대한 넓혀 놓은 것이다. 이 정도의 위인에게 종속되는 것은 자연스러운 것이라는 춘향이즘적 보편심리가 작동되었다.

춘향이 여러 '양반 외입장'의 청을 거절한 '이비(二妃)의 정절을 지녔다'(경판본, p.23)는 묘사도 뛰어난 인물 몽룡에게 종속되는 조건을 갖추려는 것이다. 종속은 피할 수 없는 운명이라는 의미도 나온다. 이몽룡과 춘향의 만남을 월매가 꿈으로 계시받았다고 하는 것이다. '청룡이 벽도지(碧桃池)에 잠겨 보였다'(경판본, p.27)고 한다. 청룡 같은 존재 몽룡이 나타나 춘향과 만나는 것은 운명이며 이는 하늘이 점지한 경사라는 의미다. 그리고 월매는 몽룡의 부름에 주저하는 춘향에게 '그러나저러나 양반이 부르는데 아니 갈 수 있겠느냐'(경판본, p.27)며 다녀오라고 한다. 이로써 이몽룡은 지배적 존재가 된다. 춘향이 이몽룡을 보는 첫 인상은 '금세의 호걸이요, 진세간 기남자, 보국충신 될 것이라'(경판본, p.30)고 한다. 춘향이즘이 발동시키는 출발이자 당위적 상황에 대한 옹호이자 변명이다.

---

13 한국문학대계10, 「경판본춘향전」, 『춘향전』, 민중서관, 1971, 9쪽 참조.

밀고 당기는 약한 긴장과 큰 기대 끝에 이몽룡은 춘향의 집을 방문한다. 춘향 모는 자기 집을 찾아 온 이몽룡에게 '귀중하신 도련님이 누지에 욕림(辱臨)하시니 황공감격하옵내다.'(경판본, p.57)라고 한다. '누지에 욕림' 했다는 표현 속에는 종속을 통해 쾌감을 갖는 문화적 배경까지를 느낄 수 있는 표현이다. 춘향 모는 몽룡이 방문한 날을 '여식의 백년지고락을 맡기는 날'(경판본, p.65)이라고 한다. 맡긴다는 말에서 종속적 태도가 선명하게 나타난다. 종속은 지극히 당연한 것처럼 생각하는 점도 드러난다.

'여자는 지(地), 음(陰), 남자는 천(天), 건(乾)'(경판본, p.71)이라는 말에서도 종속이 당연함을 드러낸다. 이 표현은 여자와 남자를 자연과 연결지어 철학적으로 이해한 것이나 남녀를 바라보는 기본적 철학도 읽을 수 있다. 하늘과 땅은 공존하는 것이지만 땅보다는 하늘의 위상이 높다. 지신보다 천신의 위상이 더 높다는 점으로 이를 알 수 있다. 여자보다 남자가 더 높은 존재라는 의식을 무의식적으로 하고 있는 증거로 볼 수도 있다. 그렇다면 남자에 대한 여자의 종속은 당연한 것이고 자연스러운 것이 된다. 자연스러운 것은 조화로운 것이 되며 조화로운 것은 쾌감을 주는 것이 된다.

춘향은 이몽룡의 이별통보에 서울로 따라가겠다고 한다. 춘향은 몽룡에게 재상가의 요조숙녀와 결혼하라는 말도 한다. 그 대신 춘향 자신은 몽룡의 집 부근에 머무르겠다고 한다. 당대의 사회적 윤리에 종속된 탓이든 사랑하는 상대에게 종속된 태도이든 춘향이 몽룡에게 종속적 태도를 극명하게 보여주는 것임은 틀림없다. '서방 없는 춘향이가 세간살이 무엇 하며 단장하여 뉘 눈에 괴일꼬'(경판본, p.97)라고도 한다.

춘향 모는 딸 춘향과 이몽룡이 이별하게 되었다는 소식을 이별의 원인 제공자 이몽룡보다는 춘향을 먼저 탓한다. 그리고 이몽룡에게 왜 춘향을 버리느냐고 항변한다. 이것도 종속적 상황을 드러내는 것이다. 종속상황을 유지하기 위한 불안함까지 보이는 상황이다. 월매의 경우 남편부재에서 결과한 불안함이 드러나고 춘향의 경우 부성부재에서 결과한 불안함이 종속적 태도 속에서 분명하게 나타난다.

춘향은 이몽룡과 옥중상봉하면서 몽룡의 폐의파립을 보고, 자신이 죽거든 자신이 입던 비단 옷이나 비녀, 옥지환 등을 팔아서 이몽룡에게 도포와 갓 등을 사주라고 한다. 자신의 운명이 비극적으로 끝나리라는 절망적 상황에서도 춘향은 몽룡에 대한 종속적 태도를 변화시키지 않는다. 춘향은 매질을 당하면서도 이몽룡 생각만 한다. 기생이 갖는 페르소나에서는 이런 행동이 요구되지 않는다. 춘향의 아니마에 충실한 태도이다. 부성부재와 모성과다가 결과한 자기희생적 태도이다. 남성적 강인함에 대한 그리움과 애착이 춘향이즘적 행동을 결정짓고 있다.

춘향의 남성지향의 성품을 볼 수 있는 부분으로는 몽룡이 춘향의 집을 방문했을 때 춘향은 집에서 거문고를 뜯으며 농사일과 관련된 노래를 부르고 있었다. '칠월유화여든 구월슈의 ~', '백난지중의 대인난니라'라고 하는 점에서 농사와 정치를 걱정하는 점에서 남성성이 더 우세하다고 할 것이다. 기생도 농사와 정치를 걱정하겠지만 통상적으로 농사와 정치에 대한 염려는 남성의 몫에 더 가깝다고 할 수 있다. 인간의 정서적 측면과 관련된 노래를 부르거나 그와 관련된 고민을 하는 것이 기생의 일상과 더 가깝다 할 것이나 춘향은 농사와 정치를 걱정하는 노래를 부른다. 부성부재의 결과로 나타난 행동이라 할 것이다.

'칠현금 비끼 안고 남풍시를 희롱타가'(경판본, p.49)로 되어 있다. 남풍시는 순임금이 백성의 병을 풀어주고 재물이 풍성하기를 바라는 내용이다. 남성이 좋아하는 노래로 보는 것이 좋을 것이다. 춘향의 방에 걸린 월선도는 군신조회, 이태백이 황정경 읽던 그림, 엄자룽의 낚싯줄 그림 등(경판본, p.55)이다. 춘향 모가 춘향에게 마련해 준 그림들이다. 춘향 모는 아들을 낳고 싶어 했지만 딸을 낳았다. 춘향 모가 아들을 낳고 싶었던 심정이 반영된 민화이기도 하겠고 당시 유행했던 일반적 민화의 형태이기도 하겠지만 기생의 방에 붙여진 민화의 일반적 형태로 보기 어렵다. 춘향 모나 춘향의 부성부재에 대한 반작용이 나타난 것으로 볼 수 있으며 이런 환경을 통해 춘향의 아니마는 더 강인하게 형성되었을 것이다. 아버지 부재상태에서 남성적 성격을 강화하는데 작용했을 것이 분명하다.

춘향 모의 설명에 따르면 춘향은 유복자나 다름없다. 춘향 모가 춘향부와 헤어진 후, 춘향의 포태를 알았고 출산 후 얼마 지나지 않아 춘향부는 '세상을 버렸다'. 춘향의 아버지부재를 확인할 수 있다.

춘향을 통해 본 춘향이즘은 종속을 통해 삶의 의미를 찾고 이를 자연스럽고 조화로운 쾌감으로 받아들이는 인물을 지칭한다. 이와 유사한 상황도 있다. 춘향이즘적 인물은 아니마가 강화되어 있고 페르소나에 얽매이지 않는다.

'로미오'와 '줄리엣'도 춘향이즘적 인물이다. 서로에게 종속되어 집안의 대립 즉, 둘의 페르소나에 얽매이지 않은 채 결혼을 감행한다. 돈키호테도 자신이 정한 특정신념에 종속되는 점에서 춘향이즘적 인물이라 할 수 있다. 『감자』의 복녀나 『무정』의 형식도 춘향이즘적 인물이라 할 수 있다. 복녀의 마지막 부분이 '복녀 남편의 비윤리를 조금도 드러내지 않는다'[14]는 해석은 문장에서도 나타나지만 종속적 인물을 설정함으로써 독자의 몰입을 유도한 서사구조가 됨으로써 작품의 대중성을 높인 것으로 볼 수 있다. 벙어리 삼룡이의 태도와 '무녀도'의 모화가 보여주는 행동[15]도 춘향이즘적 행동이라고 볼 수 있다. 『무정』의 김병욱, 김선형, 박영채 등 세 인물이 이형식에 집중[16]하는 태도에서도 병욱, 선형, 영채도 춘향이즘적 인물이라고 할 수 있다. 평면적 인물[17]은 평면적 인물대로 한 특성에

---

14 정한숙(1996a), 『소설문장론』, 고려대출판부(1973 초판), 180쪽 참조.
15 정한숙(1996b), 『소설기술론』, 고려대출판부(1973 초판), 70쪽 참조.
16 송하춘(1985), 『1920년대 한국소설연구』, 고려대민족문화연구소, 35쪽 참조.
17 정한숙(1996b), 앞의 책, 88쪽 참조.

종속되며, 입체적 인물[18]도 변화하는 대상에 여전히 종속되는 특징을 보여
준다. 군림하고자 하는 특징에 종속되면 학도이즘적 인물이겠지만 순종
적 종속을 통해 자신의 지위를 확보하고 이에 만족한다면 춘향이즘적 인
물이 되는 것이다. 그러므로 평면적 인물과 입체적 인물 중 누구나 춘향적
인물이 될 가능성이 있는 것이다. 대상이 이념이든, 상상이든, 사랑이든
한 인물은 종속을 통해 자아를 실현하려고 한다. 춘향이즘적 행동을 통해
만족을 실현하는 것이다. 이들 작품에는 춘향이즘에 상대되는 학도이즘
도 서사구조에 내재된다. 그래서 이들 작품은 대중이 오래기억하고 선호
하는 작품이 되었다.

　햄릿의 경우는 모성부재 부성과다에 따른 춘향이즘적 행동을 보인다.
햄릿의 아버지가 죽자 어머니 거투르드 왕비는 작은아버지랑 재혼한다.
어머니의 결혼은 햄릿에게 모성부재를 결과한다. 햄릿의 아버지는 유령
으로 나타나 햄릿에게 자신을 살해한 동생에 대한 복수를 부탁한다. 이
순간부터 햄릿에게는 아버지의 존재가 확대된다. 부성과다로 결국 복수
를 감행한다. 춘향과 반대되는 원인에 기인하지만 종속적 행동을 통해
자기만족을 나타내는 점은 동일하다. 햄릿도 춘향이즘적 인물인 것이다.
햄릿의 작은 아버지는 학도이즘적 인물의 대표다. 둘의 대립이 내재한
서사구조 때문에 『햄릿』은 대중에게 선호되는 작품이 되었다.

　부성부재나 모성과다에 억압되는 춘향이즘적 인물로는 TV드라마 〈시
크릿 가든〉에 등장하는 여자주인공 '길라임'이다. 그녀는 종속을 거부하
나 결국 종속적 인물이 된다. 상대역인 김주원은 학도이즘적 인물이다.
춘향이즘적 인물과 학도이즘적 인물이 한 작품 안에 내재한 구조를 이룸
으로써 대중이 선호하는 작품이 되었다.

18　위의 책, 89쪽 참조.

5. 학도이즘적 인물과 작품

변학도는 권위적 존재이며 군림하려는 태도를 통해 자신의 뜻을 이루고자 한다. 신관사또로 부임하여 기생점고를 하는 등 자신의 직위를 자신의 권위를 드러내는데 이용한다. 변학도는 또, 아내부재이거나 모성부재로 보인다. 아니마가 제대로 형성되지 못해 결핍된 아니마를 갖고 있는 인물이다. 그래서 여성성으로 아니마를 채우려고 희망한다. 그래서 여러 사람으로부터 선망의 대상이 되는 춘향에 집착한다. 춘향을 통해 이 결핍을 채우려 한다.

신관사또 변학도는 문필이 유려하고 인물풍채 활달하고 풍류 속에 달통하여 외입속이 넉넉하되 흠이 성정 괴팍 중에 사증을 겸하여 혹시 실덕도 하고 오결하는 일이 간다고로 세상에 아는 사람들은 다 고집불통(경판본, p.119)이라고 한다. 신연 현신 때 변학도 하는 말이 '관노가 삼남에서 제일이라지'(경판본, p.119), '네 골에 춘향이란 계집이 매우 색이라지.'(경판본, p.119) 등을 묻는다.

변학도 수노(首奴)에게 말하기를 '이미 내가 저 하나를 보려다가 못 보고 그저 말랴. 잔말 말고 불러 오너라.'(경판본, p.129)라 한다. 이에 수노는 춘향 모는 기생이나 춘향은 기생이 아니라고 한다. 이방 호장은 '구관학도의 아들과 맹약을 하였기 때문에 춘향을 부르면 변학도의 체통이 손상될까 우려된다'(경판본, p.129)고도 한다.

변학도는 '춘향을 시각 지체하다 가는 일병태거할 것이라며 춘향을 대령시키라'고 한다. 관기가 아니기 때문에 춘향을 부르는 것은 기생에게 수청을 요구하는 상황과는 다르다. 기생점고에서 춘향을 볼 수 없자 변학도는 춘향을 데려오라고 명령한다. 춘향이 행수기생과 군노에 끌려 상방에 대령하자 변학도는 회계생원을 불러 '자네 중신하겠나'라고 한다. 이에, 회계생원은 '춘향을 부르시지 말고 매파를 보내어 보시는 게 옳은 것이었다'고 말한다. 관기가 아니므로 수청을 명령할 수 없는 상황임을 보여주는 것이다. 하지만 이미 춘향을 부른 상황이니만큼 '혼사'를 할 수밖에 없다고 한다.

사또라는 지위를 이용하려는 것이다. 그런데 변학도는 왜 춘향을 굳이 부르려고 하는 것인가. 춘향을 만난 적도 없고 춘향에 대한 입소문만 들었을 뿐이다. 그럼에도 춘향에 집착하는 이유는 이상적인 여자에 대한 집착이다. 춘향에 대해 평판은 높다. 많은 사람들에게 관심의 대상이 되는 여자를 자신의 소유로 하려는 욕망이 작동되는 것이다. 이는 모성의 부재에 대한 반작용일 수 있다. 변학도에게는 어머니가 부재하여 외형적으로 남성적 습성이 강해졌으나 내면에 어머니 같은 여성성에 대한 집착이 강하였던 것이다. 그래서 내면의 아니마를 성취하기 위해 외부의 페르소나를 포기하는 것이다.

경판본의 경우 변학도가 춘향에게 단순히 수청을 들라고 윽박지르지 않고 '중신'을 서라거나 '혼사'를 치르겠다고 한다. 춘향을 부를 때도 '매파'를 먼저 보내는 것이 옳은 방법이었다고도 말한다. 변학도의 춘향집착이 여성을 단순히 탐욕하는 행동이 아니라 변학도의 행동에 나름 이유가 있음을 부여한다. '삼남에서 제일'인 여자와 혼사를 치르기라도 할 것처럼 한다. 자신의 지위를 이용하여 권위를 내세우지만 이 과정에는 변학도의 아니마가 드러난다. 모성부재에 따른 아니마의 결핍을 춘향을 통해 해소하려는 극도의 노력이 드러나는 것이다.

TV드라마 〈사랑과 야망〉에 등장하는 남자주인공 박태준, 박태수는 학도이즘적 인물이다. 상대역인 김미자, 은환·정자는 춘향이즘적 인물이다. 〈사랑과 야망〉의 경우 춘향이즘적 인물과 학도이즘적 인물의 대립을 두 개나 배치함으로써 대중들에게 더 선호되는 작품이 되었다. TV드라마 〈시크릿 가든〉에 등장하는 남자주인공 김주원은 학도이즘적 인물이고 여자주인공 길라임은 춘향이즘적 인물이다. 이들 작품도 상대되는 두 성격의 인물을 한 서사구조 안에 넣음으로써 대중이 선호하는 작품이 되었다.

춘향이즘이 페르소나를 고수하며 아니무스나 아니마 집착하는 특성을 보이는 반면, 학도이즘은 페르소나를 포기하기도 한다. 자신의 우월한 사회적 위상이나 경제적 환경을 포기하거나 이에 반하는 행동을 하는 것이다. 〈시크릿 가든〉의 남자 주인공도 그렇다. 〈사랑과 야망〉의 남자주인공도 여자와의 결혼을 극렬히 반대하는 어머니의 생각에 저항한다. 자신의 페르소나와 아니마의 괴리가 일어나는 것이다.

6. 결론

대중이 선호하는 서사구조의 특성에 대해 연구하였다. 대중성을 확보했다거나 대중적 작품이라는 평가를 받는 작품, 그 중에서 많은 사람들에게 매력적인 작품으로 평가 받는 작품의 서사구조 실체가 무엇인지를 밝히고자 하였다.

인간에게는 두 개의 마음, 종속을 통해 쾌감을 느끼는 성향과 남을 지배함으로써 쾌감을 느끼는 두 개의 성향이 동시에 작품 속에 나타날 때 사람들은 그 작품을 선호하였다. 그런 특징을 춘향이즘과 학도이즘이라고 정의했다. 즉 춘향이즘과 학도이즘이 동시에 적절히 작품 속에 내재된 서사구조를 대중은 선호한다.

춘향이즘은 소극적, 내향적 성격의 인물이나 상황과 관련된다. 인물의 경우 자신의 행동에 강인한 집착을 보여 자신의 결정을 거의 변화시키지 않는다. 여자의 경우 부성부재나 모성과다로 생긴 내면심리 때문에 남성적 성향에 집착하기도 한다. 남자의 경우 모성부재나 부성과다로 생긴 내면심리에 의해 조정당하는 측면이 강하다. 춘향이즘이 드러나는 경우는 작품의 배경이 되는 시대의 흐름이나 가치관에 상황이 종속된다. 춘향이즘에 해당하는 인물이나 상황은 존재이유를 종속을 통한 쾌감이나 자기만족에서 찾는다. 그리고 춘향이즘은 페르소나보다 아니마(아니무스)에 더 집착하기도 하며 이 경우 자기희생을 겪는다.

학도이즘은 외향적, 적극적 성격의 인물이나 상황과 관련된다. 인물의 경우 정치적 위상이 높은 인물이 많으며 자신의 현재 위상을 위압적으로 이용한다. 여자의 경우 모성부재나 부성과다로 생긴 내면에 억압된다. 남자의 경우는 부성부재나 모성과다로 생긴 내면에 억압된다. 상황의 경우 배경이 되는 시대의 흐름이나 가치관을 강요하는 상황이 된다. 인물이나 상황은 폭압적 측면이 강한데 이에 대한 도덕적 뉘우침이나 윤리적 반성은 없다. 학도이즘은 아니마(아니무스)에 더 집착하는 경우가 있는데 이 경우는 페르소나를 포기하거나 포기를 강요당한다.

춘향이즘과 학도이즘을 해명하는 데는 연극적 자아라는 개념이 필요하다. 서정작품을 읽는 독자가 서정자아만의 관점으로 서사작품을 읽는 독자가 서사자아만의 관점으로 서사작품을 읽지 않는다. 서사장르이든 서정장르이든 모든 작품을 읽는 독자의 관점이 필요한데 이것이 연극적 자아다. 춘향이즘과 학도이즘은 연극적 자아의 관점에서 해명된다.

춘향과 로미오와 줄리엣이 춘향이즘적 인물이다. 돈키호테도 자신이 정한 특정신념에 종속되는 점에서 춘향이즘적 인물이라 할 수 있다. 복녀나 형식, 햄릿도 춘향이즘적 인물이다.

남원부사 변학도가 학도이즘적 인물이다. 〈사랑과 야망〉에 등장하는 남자주인공 박태준, 박태수와 TV드라마 〈시크릿 가든〉에 등장하는 남자주인공 김주원도 학도이즘적 인물이다.

용선악 개념 정립을 위한 동해안무가 분석

1. 서론

서사작품을 분석하는 한 관점으로 용선악(勇善惡)이라는 용어를 제안한다. 따라서 본고는 용선악이라는 용어의 개념정립을 위한 첫 단계가 된다. 이를 위해 일차로 용선악이 담고 있는 개념을 동해안별신굿의 서사무가와 관련짓는다. 즉, 본고는 서사의 근간에 용선악의 작용으로 이뤄졌다고 보는 것이다. 용선악의 작용으로 갈등이 형성되고 이 갈등은 서사전개의 근간이 된다고 보는 것이다.

서사작품에서 서사전개의 근간을 이루는 요소에는 여러 가지가 있을 수 있는데 그 중 하나는 갈등이다. 그 갈등은 선악대결에서 연유하고 선악대결의 제양상은 용(勇)의 개념과 연관된다고 생각한다. 즉 용선악의 작용으로 갈등이 형성되고 갈등은 서사작품의 근간을 형성한다고 보는 것이다. '용선악 → 갈등 → 서사'의 도표가 서사작품 일반을 설명하는 것이 되는 것이다. 따라서 용과 선악을 상호 등가성의 성질로 규정짓지 않는다. 용은 선악을 둘러싼 채 혹은 선악의 내부에서 상호 융합하며 선악이 갈등의 요인으로 작용하는 근원적 에너지라고 할 수 있다.

선악 대결은 작품 속에서 선과 악이 대결하거나 작품 속 주동인물과 반동인물이 대결하는 과정을 통해 표현되는 경우가 많은데 두 인물이 대결하는 이유나 대결 상황을 용(勇)으로 보는 것이다. 작품 속에서 선악을 대표하는 두 인물이 밀고 당기는 상황, 그리고 그 상황을 만들어 내는 장력을 용으로 설명할 수 있는 셈이다. 선악을 움직이는 보이지 않는 조정자가 용이 되는 것이다. 서사작품의 근간을 형성하는 요소는 여러 가지다. 본고는 그 요소 중에 핵심이 되는 것을 용선악의 작용으로 보는 것이다.

본고에서 선악의 의미는 다양하며 관점에 따라 달라질 수 있다. 기본적으로 선은 정의로운 행동을 의미한다. 남에게 고통을 주지 않는 인물, 남을 모함하지 않는 인물은 선이고 남에게 고통을 주고 남을 모함하는 인물은 악이다. 그리고 엄존하게 승인된 기존의 가치관에서 벗어난 행동과 관점은 악이다. 예를 들어 승(僧)의 파계는 악이다. 사람의 목숨을 해하면서까지 재산을 지키려는 지나친 물욕도 악이다. 인륜을 거스르는 행동도 악이 된다.

패륜적 행동은 악이지만 전혀 패륜적 행동이 아니라 해도 선한 행동의 장애가 되는 행동은 악이다. 강인하고 모질고 견고한 인상을 주는 행동만이 악과 선을 의미하는 것은 아닌 것이다. 갈등을 유발하는 행동에는 서로 대립되는 요소가 있고 그 대립되는 요소에서 어느 한 쪽은 악이 되고 어느 한쪽은 선이 되는 것이다. 가해자는 악이 되고 피해자는 선이 되지만 선이라고 하여 착한 행동만을 선이라고 하지 않는다. 특별히 착한 행동만을 지속하지 않아도 주변이나 상황에 억압되어 심하게 혹은 다소의 고통을 경험하는 인물도 선으로 분류한다. 예를 들어 『심청전』에서 '심청'의 경우 선이지만 특별히 선의 행동을 지속하지는 않지만 가난과 형의 억압에 시달리는 인물인 '홍부'도 선의 인물이 되는 것이다.

선악이 모호해 보이는 경우도 있다. 하지만 이런 경우 일차적으로 윤리도덕의 관점에 의지하고 이에 따라 어느 한 쪽이 악이면 그 반대쪽에 있는 인물이 선이 된다. 반대로 한 쪽이 선이면 반대쪽은 악이 된다. 갈등의 대립 요소에서 어느 한 쪽이 선이면 그 상대는 악이 되기 때문이다. '햄릿'의 경우 아버지 복수를 위해 작은 아버지를 죽이기로 결심한다. 사람을 죽이려는 햄릿의 행동을 선이라고 할 수 있는가라는 의문이 생긴다. 하지만 작은 아버지가 먼저 윤리도덕에 반하는 행동을 하여 악이 되었고 악을 응징하려는 행동이 햄릿에게 맡겨졌기에 그리고 갈등유발의 대립에서 악의 반대쪽에 서있는 인물이 햄릿이기에 햄릿을 선의 인물이라고 보는 것이다. 심청전에서 악이라고 지칭할 만한 상황이나 인물이 없는 것처럼 보이기도 하지만 선의 행동과 대립하는 인물이나 상황을 악으로 본다. 심청 부친이 '눈을 뜨는' 상황을 지체시키거나 방해하는 인물이나 상황은 모두 악으로 볼 수 있는 것이다.

그리고 용선악의 선악에 선이 반드시 착하고 정의로운 것만을 의미하는 것은 아니다. 선의 기본적 개념을 갖고 있는 인물로서 사건을 주동적으로 밀고 나가는 인물을 선이라고 한다면 패륜적이거나 악마적 행동을 일삼지 않아도 선의 상대는 악이라고 본다. 〈사랑방 손님과 어머니〉에서 '옥희 엄마'와 '사랑방 손님'과의 사이에서 일어나는 남녀 간의 긴장관계를 선이라고 한다면 그들의 관계를 억압하는 시선이나 당대 사회적 윤리 등은 악이 된다. 억압적 시선이나 사회적 윤리가 패륜적이거나 악마적인 것은 전혀 아니지만 선의 주동적 상황과 행동을 장애하는 요소이므로 악의 측면에 해당한다고 보는 것이다.

분석의 대상이 되는 동해안무가는 동해안별신굿의 세존굿에서 불려지는 당금애기와 손님굿에서 불려지는 손님의 노정기, 동해안오구굿에서 불려지는 바리데기 등이다. 이 세 무가는 책으로 읽혀지기보다 주로 굿현장에서 구송되는 상황을 통해 내용이 전달된다. 독서용이 아닌 연행용 서사작품이기에 구조상의 두 가지 큰 특징을 가진다. 하나는 사건 전개에 있어 시간의 역전 없는 순차적 시간 배열로 사건을 구성하고 둘째는 극적 흥미를 일으키는 선명한 갈등의 요소가 들어간 사건으로 내용을 구성하는 두 가지 특징을 지녔다. 사건의 순차적 시간배열과 선명한 갈등의 구설은 구술되는 서사작품에서 흔히 발견되는 특징이기도 한데 굿의 경우 관객의 몰입을 더 요구하기에 이런 두 가지 특징을 더 분명하게 내재시킨다.

이 두 가지 특징은 서사작품의 원시형태라고 할 수 있다. 구조의 변형 없이 가장 기본적인 구조로 작품을 완성하기에 원시형태라고 할 수 있다. 세 무가는 서사구조의 원시적 형태이기 때문에 서사분석의 한 관점인 용선악을 적용하여 그 개념을 정리하는데 이로울 것이다.

고전소설과 불교서사를 선악대결의 관점에서 해석한 연구[1]는 많다. 이들 논의는 선악을 논의의 전체 주제로 다룬 것보다 다른 주제 논의 과정에서 선악대결을 해석관점의 부분으로 활용한 예가 더 많기는 해도 고전소설의 주제를 권선징악으로 혹은 고전소설 속의 선악관이나 선악구도 등을 정리한 예 등을 통해서 고전소설에서 선악대결이 주요 요소라는 점을 분명히 하였다.

이상과 같은 고전 속의 선악 관련 연구 성과를 바탕으로 본고에서는 선악대결 자체와 선악대결을 가능하게 하는 주변의 요소들에 초점을 맞춰 논의한다. 용선악 개념이 서사작품을 해석하는 하나의 중요한 기준이 될 수 있다는 전제로 접근하려는 것이다.

즉, 기존 논의에서는 권선징악의 관점에서 대결에 주로 초점을 맞추었다. 본고는 이런 연구 성과에 선악을 대립시켜 갈등을 만드는 힘이 무엇이었는지에 대해 좀 더 고찰하려는 것이다. 그리고 기존 논의가 주로 선을

---

1 강재철(1988), 「고전소설의 주제 권선징악의 의의」, 『국어국문학』 99, 국어국문학회, 169~190쪽; 김홍균(1991), 「낙선재본 장편소설에 나타난 선악관의 심성론적 검토」, 『정신문화연구』 14, 한국학중앙연구원, 55~71쪽; 이상구(2000), 「사씨남정기의 갈등구조와 서포의 현실인식」, 『배달말』 27, 배달말학회, 371~396쪽; 이상일(2008), 「사씨남정기에 나타난 선악대립 구조와 비평적 가치화 방법」, 『국어교육연구』 42, 국어교육학회, 117~142쪽; 진재강(2012), 「회심곡류 불교 가사의 단락 전개 구성과 선악 생사관」, 『어문학』 115, 한국어문학회, 135~165쪽; 박상석(2012), 「고소설 선악이야기의 서사규범 연구」, 연세대학교 박사논문; 이지하(2013), 「대하소설 속 친동기 간 선악 구도와 그 의미」, 『한국문화』 64, 서울대규장각 한국학연구원, 339~361쪽; 김진영(2014), 「불교서사의 선악적 대립과 문학사적 의미」, 『인문학연구』 97, 충남대인문학연구소, 56~78쪽 참조. 이 외에도 많다.

중심으로 선악대결을 바라봤다면 본고는 선과 악을 동등한 무게로 바라보고자 한다. 선을 지향하는 성과 정이 악을 제압하려는 과정은 정의롭기에 선을 중심으로 작품을 창작했다. 때문에 선의 관점에서 선악대결을 바라본 것이 기존 논의라면 본고는 이러한 기존논의를 바탕으로 악의 관점도 선악대결에 선의 관점만큼 동등하게 기여했다는 점에서 출발하고자 한다.

선악대결을 부추기고 추동하는 힘과 상호 맥락의 내면을 용(勇)이라 규정하고 이 부분을 살피려는 것이다. 그리고 기존연구에서는 선악의 의미를 권선징악 즉 선을 중심으로 해석하였는데 본고에서는 선과 악의 기능적 측면에 주목한다. 선이나 악이 작품 속에서 상대의 의미를 더 부각시키기 위해 자신의 행동을 결행하는 경우가 있다. 이 경우도 권선징악의 의미에서 완전히 벗어나는 것은 아니지만 선악의 격한 대립을 위한 의미보다 서사전개의 완결성을 위해 선악이 서로에게 기여하는 바가 크다. 이에 대해 논의도 한다.

지금까지 선악대결 혹은 권선징악의 관점으로 작품을 해석하면 작품을 단순화시키는 듯한 점이 없지 않았고 선악대결이 작품의 핵심이면 작품의 완성도가 다소 떨어지는 작품으로 치부되는 경우도 없지 않았다. 틀린 지적은 아니지만 선악대결이나 권선징악이 지닌 또 다른 의미를 찾아 선악대결이나 권선징악이 단순하거나 진부한 의미, 이상을 지니고 있음을 밝히고자 한다.

용(勇)이라는 용어를 쓰는 이유는 용이 행동을 의미한다고 생각하기 때문이다. 용은 용기·용맹 등으로 활용되며 기운을 의미한다. 행동은 등장인물의 내면의지를 바탕으로 행해지는 결행으로 작품 속에서는 사건 전개의 근간이 된다. 즉 용은 등장인물의 행동선택의 근간이 되는 것이다. 복수를 하느냐, 시주를 주느냐 마느냐, 서천으로 떠나느냐 마느냐, 손님을 융숭히 대접하느냐 마느냐 등은 작품 전개에서 주요 변곡점이 되었다. 등장인물이 자신의 주관이나 사상에 따라 행동하는 결정, 혹은 등장인물이 선택해야 할 몇 가지 행동 중에서 그 어떤 하나를 선택하는 결정을 용으로 보는 것이다. 선택된 결정을 지지하고 응원하며 지속되게 하는 주변의 힘 혹은 선택한 자신의 힘도 용이라고 할 수 있다. 예를 들어, 햄릿의 아버지는 사망 후 귀신으로 나타나 아들에게 복수를 부탁한다. 햄릿의 아버지는 자신의 귀에 독을 부어 자신을 죽음에 이르게 한 햄릿의 작은 아버지를 죽여 달라고 한다. 햄릿은 망설이다가 아버지의 부탁을 결행하기로 결심한다. 햄릿이 아버지의 원수를 갚기로 결심하고 그 결심을 이어가는 행동을 용으로 보는 것이다. 즉, 갈등의 근원에 용이 있다고 보는 것이다.

　인물이나 상황들 간의 대립에서만 갈등이 유발되지 않는다. 한 인물의 내적 갈등에서도 갈등은 유발된다. 내적 갈등이 지속되는 과정과 내적 갈등이 끝나고 사건이 해결되거나 마무리되는 과정에도 용이 개입된다. 햄릿의 내적 갈등이 대표적이다. 햄릿 갈등의 핵심 원인은 자기가 아버지의 복수를 완성하였을 경우에 생기는 상황이다. 작은아버지가 왕인 형을 죽이는 이유는 형수인 왕비와 사랑에 빠졌기 때문이다. 작은아버지가 이 사랑을 완성하기 위해 형을 살해한다. 이유는 선왕이 죽고 새 왕이 왕위를 이으면 선왕의 왕비와 결혼할 수 있기 때문이다.[2] 그래서 햄릿의 작은 아버지는 자연스럽게 사랑을 완성하고자 형을 죽이는 것이다. 동생은 형인 왕이 죽으면 왕위를 차지할 자신과 권력이 있었기 때문에 왕을 죽이고 왕비인 형수와 자연스럽게 결혼한다. 햄릿은 이 상황을 간파하고 만일, 자신이 아버지의 복수를 완성해서 작은 아버지를 죽이게 되면, 햄릿 자신이 왕위를 잇게 되고 그렇게 되면 햄릿은 선왕의 왕비 즉 어머니와 결혼할 상황을 맞는다. 햄릿이 아버지 복수를 망설이는 이유의 핵심이 여기에

2　고대그리스의 희곡작품 『오이디프스』에 선왕이 죽고 새 왕이 선왕의 왕비와 결혼하는 예가 있다. 그리고 햄릿의 내적 갈등을 위처럼 해석한 경우는 지금까지 보지 못하였다. 당 논자만의 견해이지만 하나의 해석관점으로 큰 문제가 없어 보인다.

있다. 햄릿은 그런 상황에 대한 갈등이 극심했지만 아버지의 부탁을 결행하기로 한다. 햄릿의 내적 갈등이지만 이 갈등이 이어지는 과정에 용이 개입되는 것이고 복수를 결행 과정에도 용이 개입되는 것이다.

2. 용선악 개념과 이론 적용

본 장에서는 동해안무가 세 작품의 구조와 용선악의 의미를 살피고 그 의미를 작품과 관련지어 본다.

1) 동해안무가 세 작품의 구조

가. 당금애기 무가[3]

 1. 삼한세존의 등장.

 2. 삼한세존이 시주를 걷기 위해 서천서역국의 당금애기 집으로 감.

 3. 부모와 형제는 모두 외출하고 당금애기는 하인들과만 집에 남음.

 4. 삼한세존이 당금애기에게 시주를 청함.

 5. 당금애기는 쌀을 시주 하는데 삼한세존을 바랑에 구멍을 뚫어 쌀이 쏟아지게 함.

 6. 삼한세존은 쌀을 젓가락으로 주워 담고, 주워 담는 동안 날이 저묾.

 7. 날이 저물자 삼한세존은 하룻밤 자고 가기를 청함.

 8. 당금애기의 거절에도 삼한세존은 갖은 이유를 대며 하룻밤 머묾.

 9. 당금애기의 거부에도 불구하고 두 사람은 운명처럼 동침.

 10. 다음 날, 삼한세존은 집을 떠나며 콩 3개를 주며 심부(尋父)시 이용

3　빈순애 구술, 이균옥 채록(2000),「세존굿」,『한국무속학』2, 한국무속학회, 159~210 쪽 참조.

하라 함.

11. 집에 돌아 온 부모 형제들은 당금애기가 임신한 것을 알고 당금애기를 산에다 버림.

12. 당금애기가 돌함에다 세 명의 아기 삼태자를 낳음.

13. 당금애기의 어머니가 당금애기와 손자들을 데리고 귀가.

14. 잘 자라던 손자들은 어느 날부터 아버지 없는 자식이라는 놀림을 받음.

15. 삼태자는 아버지를 찾기 위해 어머니가 준 콩을 심음.

16. 다음 날 엄청나게 자란 콩의 줄기를 따라 삼태자는 길을 나섬.

17. 콩의 줄기가 끝난 곳은 어느 절이었고 거기에서 아버지를 만남.

18. 아버지는 세 명의 자식에게 통과의례를 시켜 자식임을 확인.

19. 통과의례는 생선회를 먹고 생선 토해내기, 삼 년 전에 죽은 소뼈로 소 만들기.

20. 삼태자와 당금애기는 신직을 부여 받음.

나. 손님굿 무가 노정기[4]

1. 손님이 노구할매집 도착.

2. 노구할매 손님 대접하기 위해 쌀을 구하나 김장자 거절하며 발로 참.

3. 김장자 부인 싸래기를 줌.

4. 정성으로 대접받은 손님 노구할매에게 보답, 노구할매 김장자 아들 수명장수 기원.

5. 손님이 온다는 소식을 듣고 김장자는 아들을 절로 피신시킴.

6. 손님이 김장자 아들의 어머니로 변해서 아들을 꾀어 병을 줌.

7. 김장자가 아들의 병을 대수롭지 않게 여겨 민간요법으로 고치고자 함.

---

4 정연락(동해안별신굿 전수조교) 필사본.

8. 병에 차도가 없자 결국 손님에게 빌어 아들의 병이 나음.

9. 병이 나았는데도 손님을 대접하지 않아 아들이 결국 죽음.

10. 손님이 죽어 혼령이 된 김장자의 아들을 데리고 감.

11. 김장자의 집은 망하여 거지가 되고 노구할매는 부자가 됨.

다. 바리데기 무가[5]

1. 오구대왕 혼인을 함.

2. 계속해서 딸을 출산.

3. 아들을 얻기 위해 정성을 드림.

4. 바리데기를 낳기 전에 태몽을 꿈.

5. 바리데기 출산.

6. 바리데기 산에 버려짐.

7. 바리데기 산신령의 도움을 받아 살아 감.

8. 오구대왕 병에 걸림.

9. 여러 딸에게 약물구해오라는 청을 하나 모두 거절당함.

10. 수소문하여 바리데기를 찾아 구약요청 함.

11. 바리데기 약물을 구하러 떠남.

12. 여러 안내자의 도움으로 노정계속 함.

13. 동수자를 만나 혼인하고 아이 셋을 출산 함.

14. 약수를 얻음.

15. 아들 셋과 왕궁도착.

16. 왕궁 문 앞에서 오구대왕의 장례행렬과 만남.

17. 오구대왕을 살려 냄.

18. 바리공주 북두칠성이 됨.

---

5   정연락(동해안별신굿 전수조교) 필사본.

2) 용선악의 개념과 서사적 발현

① 선악구도의 서사화 양상

가. 권선징악의 관점

본고에서의 권선징악은 일반적으로 사용하는 권선징악 개념에서 출발한다. 선을 권장하고 악을 징벌한다고 할 때 대체로 선은 정의롭고 긍정적인 것을 의미하고 악은 불의하고 부정적인 것을 의미한다. 본고는 이 개념을 대체로 따르지만 선악을 돕거나 묵시적으로 동조하는 인물과 상황도 선악의 개념 안에 든다. 이런 맥락에서 선악은 작품을 형성하는 갈등의 근간이라고 할 수 있다. 용은 작품의 구성적 측면과 관련된다고 볼 수 있다. 선악이 살아 움직이도록 하는 힘의 근원이 용이기 때문이다. 용선악에 대한 이런 논의를 압축 설명하면 권선징악에서 권(勸)과 징(懲)은 용(勇)이 되고 선악은 갈등의 요인이나 인물의 행동의 근원이 된다. 권장해야하는 것과 징벌해야 하는 것을 구분지어 주는 판단이 용이여 선악 판단에 따라 행동을 추동하는 힘이 용인 것이다.

권선징악은 일반적으로 작품의 주제나 내용을 압축하여 표현할 때 사용된다. 이 중에서 선과 악은 등장인물의 성격이나 상황의 대립 성격과 관련을 맺는다. 그래서 권선징악을 서사작품과 연결시킬 때는 권선징악에서 주로 선악 대결로 연결 짓고 이를 주목한다. 선악에 주목하는 이유는 사건이 얽히고, 인물이나 상황이 대립되어 갈등이 발생하는 상황을 설명할 때 권선징악이 이와 관련을 맺으며 이는 작품 전개의 근원이 되기 때문이다.

하지만 권선징악에서 선악이 아닌 권징(勸懲) 즉, 권과 징도 서사작품에서 중요한 요소라는 것이 본고의 생각이다. 선악을 외연이라고 한다면 권징은 내연이 된다. 권선징악이라는 용어는 착하고 악한 요소를 담고 있는 인물이나 상황이 서로 대립하고 맞서는 상황만을 설명하지 않는다.

대립하고 맞서는 상황이 어떻게 조직되었고 그 상황을 이끄는 힘이 무엇인지에 대한 설명이 권징에 들어 있는 것이다. 상황이 어떻게 조직되는가와 상황을 이끄는 힘이 권징과 관련되고 이는 요약하여 용(勇)에 해당하는 것이다.

권선징악을 서사의 목적으로 하지는 않더라도 결과적으로 작품이 권하거나 징계하는 결과로 받아들여지는 경우가 많고 선과 악을 권하거나 징계하려는 목적이 전혀 없었다하더라도 작품의 흥미를 위해 권선징악을 작품에 구조화하는 경우도 있다. 서사작품 대부분이 단순히 선악을 설명하기 위해 만들어진 것이 아니라는 것이다. 선악에 집중하는 사이 권징을 통해 서사의 근간을 보여주는 것이다.

권선징악적 작품 속, 선악 대결은 대개 선의 승리로 끝난다. 그런데 일반적인 서사작품 속에서는 선이 패배하기도 한다. 선과 악이 모두 패배는 경우도 있다. 선이 패배하면 대개 비극이 되고 선이 승리하고 악이 패배하면 대개 희극이나 멜로드라마가 된다. 선악이 모두 패배하거나 승리하면 대개 희비극이나 소극(笑劇)이 된다.

선은 인간 삶에서 가장 중요한 수범적 가치관이라고 할 수 있다. 선은 삶의 질서뿐만 아니라 국가 체제를 유지하는 데 필요한 정신적 힘의 원천이 된다. 악도 선처럼 인간 삶에서 중요하기는 마찬가지다. 다만 성격에 있어 차이가 난다. 선은 따르고 유지해야할 가치관이라면 악은 경계하고 버려야 할 오류의 가치라고 할 수 있다. 선의 범주에 포함하는 것으로는 효와 충, 사랑 등이 되고 상대적으로 악의 범주에 드는 것은 불효, 간(奸), 질투 등이 된다.

효와 충은 삼국유사에서도 중요하게 언급된 만큼 오랫동안 우리 삶의 중요한 가치관이었다고 볼 수 있고 조선시대에 이르러서도 역시 그 위상을 유지했다. 효와 충 외에도 포용, 지략, 용서, 덕 등의 가치관도 선의 범주에 든다고 할 수 있다. 그런 의미에서 시대를 관통하는 가치관이나 혹은 당대의 지배적 가치관을 선이라고 할 수 있다. 그래서 유교적 이념을 선, 일탈을 악 혹은 중세적 이념을 강조하는 인물이나 제도가 선이고 악은 그것을 거부하거나 거스르는 행위[6]를 가리킨다는 연구도 있다.

효와 충도 그렇지만 지배적인 가치관은 자주 저항을 불러왔고 현실 속에서 실제 대립으로 갈등을 야기한 적도 있다. 이 과정에서 갈등을 야기하는 쪽은 악을 의미하고 악을 '척결하는 쪽은 선[7]'을 의미했다. 서사는 이런 현실을 반영하여 표현하는데 현실의 갈등과 달리 작품 속에서의 갈등은 흥미를 배가시키고 작품의 긴장을 유지하는 핵심이라고 할 수 있다.

권선징악의 기존 개념 속에서 선악대결 양상은 크게 두 가지다. 치열한 대결과 저강도의 대결이 그것이다. 치열한 대결은 살해 등 상대에게 패망의 결과를 안기는 복수극으로 전개되거나 악이 죽음에 처하는 내용으로 끝나고 저강도의 대결은 악을 소유했던 한 순간에 대한 몰염치를 드러내는 정도로 표현한다.

손님굿노정기(이하 손님굿)에서 김장자는 인색하며 후덕함도 찾아 볼 수 없는 탐욕스런 인물로 악을 상징한다고 볼 수 있다. 김장자는 집안 무당이라고 할 수 있는 노구할매에게 수명장수를 부탁하면서 그 대가 지불에는 인색하다. 노구할매가 손님을 대접하기 위해 쌀을 빌리러 왔을 때 발로 차서 내쫓는다. 자신의 아들이 병에 걸려 고통 받을 때도 아들을 살리기 위해 곳간의 재산을 조금도 반출하려 하지 않는다. 이에 손님은 김장자의 부덕한 행동을 징치하기 위해 김장자의 아들 생명을 거두어 간다. 생명을 거두어 갈 정도로 악에 대한 징벌이 강하다.

반면에 바리데기 무가에서 충효를 실천하지 않는 다섯 명의 공주에 대한 징벌은 강하지 않다. 아버지 약물을 구해 올 수 있느냐는 질문에 갈

---

6   김진영, 앞의 논문, 60~70쪽 참조.
7   위의 논문, 71쪽 참조.

수 없다는 핑계를 대는 다섯 공주의 행동은 틀림없이 불충과 불효이나 작품은 이를 부각시키지 않으며 따라서 이런 행동에 대한 결과도 강한 인상을 남기지 않는다. 당금애기 무가에서 당금애기도 불효를 저지른 인물이다. 결혼 없이 임신한 상황은 불효에 해당하나 역시 그 잘못은 당금애기 모친에 의해 감쇄되고 출산하여 신직을 받는 상황에 도달하므로 징벌의 수위가 낮으므로 대결의 정도는 저강도라 하겠다.

바리데기 공주를 유기했던 오구대왕 부부의 행동도 악으로 분류될 수 있다. 전통 윤리 속에서 부모에 대한 효는 매우 강조되어 왔지만 자식을 돌보는 문제에 대한 애정의 정도를 가치화 하는 경우는 드물다. 안맹한 부모를 위해 자식이 희생하는 것은 높은 가치로 매겨지지만 그 과정에서 자식이 목숨을 버려야 하는 상황에 대한 가치논란의 물음은 없다. 마찬가지로 '딸의 목소리도 듣기 싫고 몸서리 난다'고 여섯 번째 딸을 내다버리라는 부모의 선택은 설득력이 없고 비논리적이나 아무런 문제없이 실행된다. 약을 구해오기 싫다고 변명하는 다섯 명 공주의 변명 내용이 무성의하고 설득력이 없는 것과 마찬가지로 오구대왕의 바리데기 유기도 억지스럽다. 때문에 오구대왕의 '바리결정'은 악에 해당한다고 볼 수 있다. 하지만 이 악을 해결하는 방법은 저강도의 '차원에서 이뤄진다.

동해안무가에서는 권선징악의 전통 개념을 따르되 선을 존중하는 주제의식은 강한 응징과 저강도의 응징이 모두 나타나고 있음을 알 수 있다. 김장자 개인의 탐욕과 인색함에는 강한 응징을 보이고 여성의 불효와 불충 그리고 부모의 억지스런 행동은 저강도로 다뤄지고 있다. 이런 내용은 세 무가가 모두 가부장제라는 이념을 지지하는 작품으로 해석하게 한다.

세 무가에 표현된 초월적 요소와 환상성도 이 지지를 뒷받침한다. 이념성의 강화는 크게 두 가지 목적을 갖는다고 할 수 있다. 하나는 그것에 의한 억압을 고발하려는 목적과 다른 하나는 그 이념에 의한 체제가 지속되게 하려는 목적을 갖는다. 이념의 강화 뒤에 비판의 칼날을 숨겨 이념

강화를 긍정하는 사람들을 풍자하여 특정 이념을 강조하는 사람들의 허위를 드러내면서 이념의 억압을 고발하는 작품들이 많은가 하면 다른 한편으로 현 체제를 유지하기 위해 이념을 강조하는 경우도 있다.

동해안무가의 경우는 후자에 해당한다고 볼 수 있다. 심청전이 그렇듯 세 작품 모두 효가 중심이 된 가부장제를 긍정한다. 손님굿의 경우 효가 중심이라고 할 수는 없지만 김장자가 아들을 살려 가부장제를 유지하려는 행동이 조상에 대한 효심의 발로라고 볼 수 있기에 이 작품도 효를 중심으로 한 가부장제를 긍정하는 범주에 넣을 수 있을 것이다.

아들을 낳고자 했던 오구대왕의 욕망, 당금애기와 하룻밤을 같이 보내려는 세존의 욕망, 자신의 아들이 손님에 걸리지 않기를 하려는 김장자의 욕망에서 이 욕망은 악으로 규정되는 악인에 의한 욕망과는 구별된다. 이 욕망은 가부장제의 이념 안에서 형성된 남성적 욕망이다. 여기서 억압과 욕망은 가부장제라는 이념의 양 측면이라고 할 수 있다. 억압은 여성을 통해 나타나고 욕망은 남성을 통해 나타나지만 가부장제라는 이념 안에서 만난다. 가부장제 이념을 강조할수록 이념에 의한 억압과 더불어 남성적 욕망은 강하게 표출될 수밖에 없다.

그런데 세 무가에서 모두 억압당하는 여성은 자신이 원하는 것을 이룬다. 바리데기 공주와 당금애기는 신직을 부여받고 노구할매는 부를 이룬다. 이는 '남성적 욕망이 감소하는 반면 그것에 대항하고자 하는 여성성이 형상화[8]되는 흐름과 궤를 같이 하지만 가부장제의 근간을 허무는 정도는 아니다.

이는 가부장제를 긍정하고 강조한 것은 현재 체제를 끌고 가려는 억압 논리가 아니라 현실을 반영한 채 대중을 지향한 무가만의 리얼리즘적 서

8 　송성욱(2002), 「19세기 소설사의 한 국면」, 『한국고전연구』 8, 한국고전연구학회, 270쪽 참조.

사방식이라고 할 수 있다. 당대의 가장 지배적인 가치관을 반영하여 사람들에게 가장 일반적인 것을 들려주고 체제를 유지하여 불안을 해소시킨 것이다. 무속이 진보보다는 보수의 논리에 더 가깝다고 할 수 있기에 세 무가들은 보수적 리얼리즘을 택했다고 볼 수도 있다.

노구할매의 수난과 바리데기가 버려지는 수난, 당금애기의 혼전 임신 등은 악에 의해 가해지는 패배라고 할 수 있지만 이는 악의 징계를 위한 일시적 패배일 뿐 돌이킬 수 없는 패배는 아니다. 선의 일시적 패배 역시 대중성을 겨냥한 무가의 장치라고 볼 수 있다. 권선징악은 대중성을 위한 장치인 셈이다.

나. 대비효과의 관점

선악대결을 무가의 서사구성 관점에서 살펴보면 작품의 긴장감을 높이고 작품에 흥미를 돋우기 위해 선악대결을 적절히 활용하는 것을 알 수 있다. 심청전[9]의 선악대결에서 악이 다양한 형태로 나타나는데 세 개의 무가에서도 선악 대결이 다양한 형태로 나타난다. 선악은 서로에게 적이지만 때에 따라 서로가 둘도 없는 친구인 듯이 서로에게 희생적 존재가 된다. 악은 선을 돋보이게 하려고 자신에게 더 충실하며 선은 악이 돋보이도록 자신의 역할에 충실하다. 악이 선과 대결하여 싸우는 역할을 하는 것이 아니라 선을 더 높이 위치하게 하는 받침대 역할을 하는 것이다. 선악은 보색대비의 역할에 충실하여 상대를 드러나게 하는 것이다.

등장인물을 흔히 주동인물과 반동인물로 나누는데 세 개의 무가에서도 대비효과를 내기 위해 인물들을 주동인물과 반동인물로 나누어 활용한다. 주동인물은 반동인물을 자극하여 갈등을 유발하며 주동과 반동의 인

---

9 정출헌(1996), 「고전소설에서의 현실성과 낭만성-심청전의 민중정서와 그 형상화 방식」, 『민족문학사연구』 9(1), 민족문학사학회, 140~170쪽 참조.

물은 서로 상대를 통해 자신의 존재가치가 드러낼 뿐 주동인물이 선인, 반동인물이 악인이라는 공식은 없다. 인물처럼 주동적 상황과 반동적 상황이 있을 수 있다. 인물과 마찬가지로 주동적 상황은 반동적 상황을 불러오는 갈등을 유발하여 주동적 상황이 반드시 선이라거나 악이라거나 하는 설정은 공식화되어 있지 않다.

바리데기 무가에서 아들 낳고자 집착하는 주동인물 오구대왕이 있다. 오구대왕의 이런 행동은 이후 사건전개의 발단이 되는 점에서 주동인물이다. 아들이 태어나지 않는 상황은 이로부터 여러 갈등이 생성되기에 주동적 상황이라고 할 수 있다. 주동이 반드시 악이라는 설정은 없지만 집착과 유기라는 점에서 악의 범주에 든다. 주동으로부터 생성되는 반동의 상황은 선이 되는 것이다. 이처럼 오구대왕이 만들어 내는 악의 행동과 악의 상황은 바리데기 공주가 만들어 내는 선의 행동과 이로부터 생성되는 상황들 모두가 선이라는 점을 부각시키는 역할을 한다.

바리데기 공주는 약물을 구하기 위한 노정에서 여러 간단한 고난과 만지만 여러 조력자를 만나 문제는 쉽게 해결된다. 하지만 주동인물 동수자와의 만남은 다른 성격을 보인다. 동수자는 남장한 바리데기의 실체를 벗겨내어 곤란에 처하게 하고 자신이 득천하기 위해 바리공주에게 세 명의 아들을 낳으라고 요구한다. 목숨이 경각에 처한 아버지를 구하기 위해 험난한 노정을 시작한 바리공주 처지에서 동수자가 만들어 내는 난관은 적지 않은 고통이다. 게다가 바리공주 이면을 씌우고 있는 것은 약물을 구해야 한다는 억압과 버려졌었다는 고통이다.

그런데 동수자가 만들어내는 난관과 바리공주에게 덧씌워진 억압과 고통은 살해의 복수극을 유발할 정도의 강한 주동적 상황으로 나타나지는 않는다. 바리공주의 반동적 행동이 선하다는 점을 강조하기 위해 무채색이나 옅은 색조의 배경화면 같은 주동적 상황이다. 이 배경화면에 바리공주의 선한 행동은 밝은 유채색으로 그려지고 있는 것이다.

악의 내용을 담은 주동인물들과 주동적 상황은 선의 내용을 담은 반동
인물과 반동적 상황을 돋보이게 함으로써 생명수는 획득된다. 그리고 오
구대왕은 죽음에서 벗어난다. 짙은 색 배경 화면 가운데로 밝은 색이 계속
달려가 결국 짙은 색 배경마저 전부 밝은 색으로 바꾸는 상황이 만들어
진 셈이다.

당금애기에서 세존의 일탈된 행동은 세존을 주동인물로 이로부터 파생
된 상황은 주동적 상황이 된다. 악으로 칠해진 주동적 상황에 맞서 당금애
기는 반동인물이 이를 타개해 나가며 반동적 상황을 만들어간다. 당금애
기가 신직을 부여받는 순간까지 당금애기 배면에 드리우고 있는 것은 원
죄 같은 억압이다. 이 억압은 반동인물이 만들어 낸 반동적 상황으로 극복
된다.

바리공주와 당금애기의 행동을 추동시키는 것을 용이라고 할 수 있다.
아버지를 살리기 어려워 보이는 다소 절망적 상황에서도 아들에게 아버
지를 찾아 주겠다는 막연한 상황에서도 상황을 견뎌내고 포기하지 않는
행동을 가능하게 한 것을 용이라고 할 수 있다. 선을 포기하지 않고 해피엔
딩에 도달하도록 유도하는 힘이 용인 것이다. 악의 패배에 초점을 맞추기
보다 선을 강조하는 데 초점을 맞추는 방식에 용이 개입되어 있는 것이다.

손님굿은 두 무가와는 다소 차이가 있다. 두 무가는 선악대결이 첨예하
지 않으며 해피엔딩으로 마무리 되었기에 희극이라고 할 수 있지만 손님굿
은 노구할매는 행복한 결말을 맞지만 김장자는 자식을 잃는 슬픔에 처하기
에 희비극에 가깝다 할 것이다. 악행에 대한 징벌로 발생하는 슬픔은 비극
으로 분류하지 않는 경향이 있어 숭고미를 가진 비극이라고 할 수는 없지
만 비극성을 담고 있는 것은 틀림없다. 때문에 노구할매의 희극적 결말과
김장자의 비극적 결말이 뒤섞인 결말이라고 할 수 있다. 선악이 복합되는
구성에 개입되는 요소도 용이라고 할 수 있다. 선악을 추동하는 힘이 동일
하고 하나의 선택으로 작품이 마무리 되지 않을 때 둘 이상의 선택을 통해

작품의 흥미를 돋우려는 것을 용으로 보려는 것이다. 악의 패배와 선의 승리가 모두 필요한 방식에 인물들과 상황에 용이 개입한 것이다.

다. 구속과 헤어남의 관점

선이라는 가치관이 인물의 성격 한 부분을 옭아매는 것을 구속이라 하고 이로부터 벗어나는 상황을 헤어남이라고 하겠다. 그런데 상황에 따라서 인물은 헤어남을 스스로 욕망하지 않는다. 그렇기에 외부로부터 주어지는데 헤어남을 달성해도 그 인물은 이를 인식하지 않으며 헤어남을 통해 구속을 인식하지도 않는다. 구속 상태가 선이기에 구속자체가 행복감을 주기 때문이다.

바리공주의 경우 강한 효심이 스스로를 구속 상태에 옭아매는 결과로 이어졌다. 바리공주는 아버지 오구대왕을 살리기 위해 약물을 구하러 가는 노정에서 예상되는 험난함 등에 대한 판단은 중지된 상태다. 효에 몰입되어 다른 것을 보지 못하는 인물이다. 그런 점에서 순진무구하면서 무모한 존재다.

상황의 구속성은 인물이 갖고 있는 가치관의 구속성과는 달리 구속은 악이고 헤어남은 선으로 볼 수 있다. 바리데기는 버려진 상황에 구속되어 있다가 헤어나고 오구대왕은 죽을병에 구속 되었다가 벗어난다. 구속은 악이라 할 수 있고 헤어남은 선이라 할 수 있다. 구속에서 헤어남의 상황으로 옮겨오는 근거는 용이다. 이 때 효심은 용의 핵이 된다.

바리공주의 경우 충의 가치관도 강하다. 아버지 오구대왕이 살아나야 국가도 유지된다. 바리데기는 충효를 동시에 실현한 선을 보여 준 인물이다. 가부장제 이념의 희생자이지만 국가의 몰락을 막고자 나선 인물이다. 국가과 가부장제가 선이다. 가부장제는 아들 중시보다 당시 체제를 유지하는 힘의 상징이다.

당금애기도 세존의 계략과 말에 속아 넘어가는 순진무구의 인물이며 자신의 방에 세존과 합방하는 점도 순진무구라 할 수 있다. 태어난 세 아이를 키워가는 점은 무모함에 가깝고 씨앗을 심어 그 가지를 따라 심부하는 과정에서 당금애기는 무모한 인물이다.

당금애기가 처한 상황도 구속적이다. 결혼 없이 임신하였다는 원죄 같은 속박의 상황에서 행동하기 때문이다.

노구할매가 처한 상황은 악의 구속적 상황이나 노구할매의 성격은 순진무구에 가깝다.

세 무가의 세 여자 모두 가부장제의 이념에 충실하다. 이를 질곡으로 인식하지 않는다. 가부장제를 선으로 받아들이기 때문이다. 봉건제적 체제 아래서 가부장제는 선이었다는 점을 보여 주는 것일 수 있다.

라. 두려움과 연민의 관점

선악대결을 통해서 두려움과 연민이 유발된다. 선한 인물이 악의 공격을 받으면 위기상황에 처하게 되고 인간은 선을 존중하고 선이 위기에 처하면 두려움을 느끼기 때문에 선한 인물 혹은 선을 연민하게 된다.

바리공주는 선을 상징하는 인물인데 위기 속으로 들어간다. 바리공주의 결행은 보는 이들에게 두려움을 준다. 선한 인물과 선이 동시에 위기에 처하기 때문에 사람들은 바리공주와 선에 대해 연민을 갖게 된다. 선이 두려움을 유발하고 결과적으로 인물에게 연민을 갖게 되고 그 연민은 심리적 정화, 카타르시스를 경험하게 한다.

바리데기의 욕망과 당금애기의 욕망은 모두 선이다. 나라를 살리고 신직을 부여 받는 영광을 받아 희극으로 종결되는 무가지만 그런 결과에 이르는 과정에서는 두려움을 유발하고 연민을 갖게 한다. 희극으로 종결되어 보는 이들은 연민의 결과를 긍정으로 받아들게 된다. 심리적 정화를 경험하는 것이다. 아리스토틀은 비극을 통해 카타르시스를 경험한다고 했는데 동해안무가에서는 이와 반대되는 내용인 희극을 통해 심리적 정화를 경험한다. 이 심리적 정화는 비극에서 말하는 카타르시스와 다를 바가 없는 점에서 특이한 경우를 보여 준다고 하겠다.

노구할매가 그의 선한 행동에도 불구하고 김장자에게 발로 차이거나 쌀을 빌리지 못하는 부당한 대우를 받는 상황에서 연민이 유발된다. 김장자에게 발로 차이는 상황은 두려움도 유발한다. 선한 인물이 위기에 처하고 두려움까지 유발하게 되나 결국 행복한 결말을 맞기에 노구할매의 행동은 카타르시스를 유도한다고 하겠다. 노구할매가 손님을 극진히 대접하고 싶어도 쌀 한 줌이 없어 간소한 대접도 불가한 상황에 처하게 되는데 이런 상황 역시 연민을 자아내는 상황이 된다.

김장자가 탐욕적 행동과 자식을 살리려는 마음은 있지만 탐욕과 인색함에서 벗어나지 못하는 아집은 악을 분명히 드러내는 계기가 된다. 이를 통해 김장자는 악의 상징으로 표현되며 작품 전체를 두려움으로 몰아넣는다. 자식이 죽음에 몰려가는 상황인데도 이를 인식하지 못하는 김장자의 행동은 아무 죄 없는 자식을 죽음으로 몰아가 자식에게 연민을 갖게 한다.

철영은 악의 행동을 하지 않았기에 징벌을 받을 이유가 없다. 그럼에도 병에 걸려 죽음의 직전상황까지 왔다. 철영은 잘못이 없기에 선한 인물로도 볼 수 있다. 선한 인물로 잘못 없이 받아 든 상상할 수 없을 운명에 처함으로써 보는 이들에게 두려움을 주고 연민을 유발한다. 철영은 죽음에 이르고 철영으로부터 파생된 두려움과 연민은 심리적 정화로 연결된다.

② 용의 서사적 위상과 기능

용은 포괄성과 촉매적 특성을 지녔다. 이 두 특성은 동시에 발현되고 작용한다. 포괄적이라는 것은 용이 갈등을 유발하는 과정에 작용하면서 동시에 갈등을 해소하는 과정에도 작용한다는 의미다. 용의 촉매적 특성은 선과 악이 이런 의미로 작용할 때 용은 선과 악을 조정하며 선과 악이 자신의 역할에 충실하도록 추동하는 역할을 하는 과정에서 드러난다. 용은 용기 · 용맹 · 기운 · 행동 · 의지 · 지속 · 응원과 관계된다. 어떤 의지를 가지고 행동에 옮길 때 용이 관여한다. 행동이 결행될 때 용의 지배를 받는 것이다. 이를 용의 촉매성이라고 하겠다. 촉매성은 행동을 추동하고 그 결과는 갈등으로도 이어지지만 갈등의 해소로도 이어진다.

포괄성은 먼저 가부장과 관련된다. 가부장에 해당하는 인물은 갈등매개자이면서 선을 구현하여 갈등을 해소한다. 아버지가 그에 해당한다. 김장자는 심각한 갈등매개자이다. 김장자는 두 개의 집착으로 갈등을 매개한다. 하나의 집착은 자신의 가계를 잇는 아들을 살리려는 데 집착하는 것이다. 다른 하나는 자신의 탐욕을 버려야 아들을 살릴 수 있는 상황을 모르지 않음에도 재산 탐욕에 집착한다. 김장자의 집착은 김장자의 당위이고 이는 용이 되어 갈등을 심각하게 매개하여 결국 아들을 죽게 한다. 김장자의 이런 갈등 매개는 철영의 죽음과 노구할매의 행복결말로 갈등이 해소되는데 선의 구현이 노구할매를 행복결말로 이끌고 철영의 죽음을 통해 선을 구현시키기에 용이 갈등을 해소하는 역할도 한다.

오구대왕도 집착형 인물이다. 그런데 오구대왕의 집착은 선을 구현하는 매개로 기능한다. 아들 낳기에 집착하는 오구대왕은 결국 바리공주의 결행을 낳게 되고 자신의 생명도 되살리고 선의 행동을 긍정하는 바리공주의 행동도 긍정한다. 오구대왕의 집착이 용에 근거하며 이는 갈등을 매개한다. 이런 집착은 바리공주의 선의 구현에 의해 해소되는데 그 과정에 바리공주의 행동에 용이 개입되기 때문에 결국 용은 해소의 근거도 된다.

당금애기도 집착하는 특성을 갖고 있다. 당금애기는 세존과의 합방으로 나타난 결과를 부인하지 않은 채 그 결과를 받아들이고 그 결과가 종결되는 순간까지 자신의 행동이 틀리지 않았음을 증명하려고 집착한다. 이런 행동은 선을 구현하는 매개의 갈등을 유발한다.

세존도 집착하는 특성을 보여 준다. 시주를 받는 과정에 바랑에 구멍을 내거나 떨어진 쌀을 줍는 행동에서도 집착의 모습이 선명하다. 세존은 파계적 인물이 아니라 자손번창을 주관하는 절대자로서 기능한다. 자식들이 삼불제석으로 신직이 부여되는 맥락에서 석가세존은 무업의 계승을 기원하는 의미가 들어 있다고 할 수 있다.

바리데기의 용은 초월적 가치를 확인하기 위한 자기 발견을 가능하게 하며 오구대왕을 살리기 위해 회귀하는 힘의 원천이 된다. 오구대왕의 용은 자신의 생명을 살리는 결과로 이어지는 데 기능하지만 아들 집착에 대한 속죄의 계기가 되는 행동에도 기여한다. 속죄의 계기는 바리공주에게 신직을 부여하는 행동으로 확인된다.

용은 주제나 현실의 모습을 당금애기의 경우 풍자적 표현으로, 바리데기의 경우 반어적 상황으로 손님굿의 경우 계몽적 환기를 만들어 그 작품만의 독특한 형식이나 기법을 선악 갈등으로 풀어내는 경우애도 작용한다.

손님굿을 통해서 무속신에게 종속하면 선이고 그렇지 않으면 악이 된다는 점을 인식시키는 점에도 용이 작용한다. 이런 경우 무속이나 무속신은 당대의 지배적 가치관이나 제도를 상징한다. 충이나 효와 다를 바 없다는 무속의 희망을 담겨 있다 하겠다. 이로써 용은 갈등유발의 근거이면서 갈등 해소의 근거가 된다는 점을 알 수 있다.

3. 결론

본고는 용선악(勇善惡)의 개념 정립을 위한 첫 단계로 동해안무가 중에서 서사작품과 관련지어 분석하였다. 서사작품의 근간이라고 할 수 있는 갈등이 선악대결에서 연유한다고 보고 선악대결의 강약의 두 측면뿐만 아니라 선악대결의 제양상이 용(勇)의 개념과 연관된다고 보았다. 선악의 대결이 작품 속의 주동인물과 반동인물의 대결로 볼 수도 있고 두 인물이 대결하는 힘이나 대결의 장(場)을 용으로도 볼 수도 있다. 같은 맥락에서 작품 속에서 밀고 당기는 두 힘이 선악대결이고 밀고 당기는 장력(張力)을 용으로 볼 수 있다. 서사작품의 근간을 형성하는 요소는 여러 가지다. 본고는 그 요소 중에 핵심 되는 것을 용선악으로 보는 것이다.

분석의 대상이 되는 동해안무가는 동해안별신굿의 세존굿에서 불려지는 당금애기 무가와 손님굿에서 불려지는 손님의 노정기 무가, 동해안오구굿에서 불려지는 바리데기 무가 등이다.

선악대결은 권선징악적 관점, 대비효과의 관점, 구속과 헤어남의 관점, 두려움과 연민의 관점으로 나누어 고찰하였고 이어 용의 개념을 고찰하였다. 권선징악의 관점은 일반적으로 사용하는 권선징악 개념에서 출발한다. 권선징악에서 권(勸)과 징(懲)은 용(勇)이 되고 선악은 갈등의 요인이나 인물의 행동의 근원이 된다. 권장해야하는 것과 징벌해야 하는 것을 구분지어 주는 판단이 용이여 선악 판단에 따라 행동을 추동하는 힘이 용인 것이다.

권선징악은 일반적으로 작품의 주제나 내용을 압축할 때 사용된다. 이 중에서 선악은 등장인물의 성격이나 상황의 특성과 관련된다. 사건이 얽히거나 인물이나 상황이 대립되어 갈등이 발생하고 이런 요소는 작품 전개의 근원이 된다. 그래서 권선징악이 서사작품과 관련될 때는 선악에 주로 주목한다. 하지만 권징도 서사작품에서는 중요한 요소다. 권하거나 징계하기 위해 서사작품을 쓰기 때문이다. 서사작품은 선악을 단순히 설명하지 않는다. 권징을 통해 서사에 대한 판단을 하게 하는 것이다.

권선징악적 작품 속, 선악 대결은 대개 선의 승리로 끝난다. 그런데 일반적인 서사작품 속에서는 선이 패배하기도 한다. 선과 악이 모두 패배는 경우도 있다. 선이 패배하면 대개 비극이 되고 선이 승리하고 악이 패배하면 대개 희극이나 멜로드라마가 된다. 선악이 모두 패배하거나 승리하면 대개 희비극이나 소극(笑劇)이 된다.

선악대결을 무가의 서사구성 관점에서 살펴보면 작품의 긴장감을 높이고 작품에 흥미를 돋우기 위해 선악대결을 적절히 활용하는 것을 알 수 있다. 선악은 서로에게 적이지만 때에 따라 서로가 둘도 없는 친구인 듯이 서로에게 희생적 존재가 된다. 악은 선을 돋보이게 하려고 자신에게 더 충실하며 선은 악이 돋보이도록 자신의 역할에 충실하다. 악이 선과 대결하여 싸우는 역할을 하는 것이 아니라 선을 더 높이 위치하게 하는 받침대 역할을 하는 것이다. 선악은 보색대비의 역할에 충실하여 상대를 드러나게 하는 것이다.

선이라는 가치관이 인물의 성격 한 부분을 옭아매는 것을 구속이라 하고 이로부터 벗어나는 상황을 헤어남이라고 하겠다. 그런데 상황에 따라서 인물은 헤어남을 스스로 욕망하지 않는다. 그렇기에 외부로부터 주어지는데 헤어남을 달성해도 그 인물은 이를 인식하지 않으며 헤어남을 통해 구속을 인식하지도 않는다.

선악대결을 통해서 두려움과 연민이 유발된다. 선한 인물이 악의 공격을 받으면 위기상황에 처하게 되고 인간은 선을 존중하고 선이 위기에 처하면 두려움을 느끼기 때문에 선한 인물 혹은 선을 연민하게 된다. 바리공주는 선을 상징하는 인물인데 위기 속으로 들어간다. 바리공주의 결행은 보는 이들에게 두려움을 준다. 선한 인물과 선이 동시에 위기에 처하기 때문에 사람들은 바리공주와 선에 대해 연민을 갖게 된다. 선이 두려움을 유발하고 결과적으로 인물에게 연민을 갖게 되고 그 연민은 심리적 정화, 카타르시스를 경험하게 한다.

바리데기의 욕망과 당금애기의 욕망은 모두 선이다. 나라를 살리고 신직을 부여 받는 영광을 받아 희극으로 종결되는 무가지만 그런 결과에 이르는 과정에서는 두려움을 유발하고 연민을 갖게 한다. 희극으로 종결되어 보는 이들은 연민의 결과를 긍정으로 받아들게 된다. 심리적 정화를 경험하는 것이다.

용은 포괄성과 촉매적 특성을 지녔다. 이 두 특성은 동시에 발현되고 작용한다. 포괄적이라는 것은 용이 갈등을 유발하는 과정에 작용하면서 동시에 갈등을 해소하는 과정에도 작용한다는 의미다. 용의 촉매적 특성은 선과 악이 이런 의미로 작용할 때 용은 선과 악을 조정하며 선과 악이 자신의 역할에 충실하도록 추동하는 역할을 하는 과정에서 드러난다. 용은 용기·용맹·기운·행동·의지·지속·응원과 관계된다. 어떤 의지를 가지고 행동에 옮길 때 용이 관여한다. 행동이 결행될 때 용의 지배를 받는 것이다. 이를 용의 촉매성이라고 하겠다. 촉매성은 행동을 추동하고 그 결과는 갈등으로도 이어지지만 갈등의 해소로도 이어진다.

기아회생모티프와 가사회생모티프 연구

1. 서론

　기아회생(棄兒回生)모티프와 가사회생(假死回生)모티프의 의미에 대해 연구한다. 기아회생모티프란 출생한 지 얼마 되지 않은 상태에서 버려졌거나 임신상태로 어머니와 함께 버려져 죽음의 상황에까지 내몰렸으나 구원자의 도움으로 살아나 이후의 삶을 사는 이야기의 근간을 의미한다. 가사회생모티프는 장성한 나이에 고난의 위기에 처해 죽은 것으로 인식되었다가 혹은 죽은 상태와 다를 바 없는 상황에서 다시 살아난 내용의 근간을 의미한다. 기아회생모티프나 가사회생모티프는 세계 여러 지역의 다양한 서사와 관련될 것이나 본고에서는 강릉지역과 관련되며 근대이전에 형성되었거나 창작된 서사를 중심으로 살핀다. 여기서 서사는 서사구조를 지닌 이야기나 극적 양식 속의 이야기를 지칭한다.

　기아회생모티프와 가사회생모티프를 고찰하려는 목적은 기존 연구 성과에 다른 평가 관점도 작용하였다. 고전서사에 대한 연구는 원전 해석에 대한 다양한 논의가 있었는데 이야기의 근원에 대한 분석은 많지 않았다고 본다. 이야기 근원원에 대한 분석을 위해서는 내용의 형태를 분류하는 과정이 필요하다. 이를 위해 본 모티프 연구를 진행하고자 한다. 이러한 논의는 해석에 대한 기존의 연구 성과를 더 확산시키는 결과로 이어질 것이다.

　강릉지역과 관련된 서사를 주로 고찰하는 이유는 강릉지역에서 향유되는 서사작품 여러 곳에 기아회생, 가사회생모티프가 동시에 내재되어 있어 두 모티프를 동시에 살펴볼 수 있기 때문이며 두 모티프의 특징을 뚜렷하게 드러낸 강릉지역의 서사작품들이 어느 특정 작가에 의해 형성된 것이 아니라 오랜 시간에 걸쳐 구비전승 되면서 여러 세대에 걸쳐 그리고 많은 사람들에 의해 내용을 완성한 서사작품이기에 통시성과 역사성을 가진 서사작품들이기에 위 두 가지 모티프의 의미를 고찰하는 데 적합하고 특정 작가에 의해 형성된 것이라 하더라도 특정 작가의 작품에 강릉의 문화적 혹은 의례적 배경이 특정 작가의 작품에 반영되었다고 볼 타당한 이유가 있는 경우가 있어 강릉지역을 선택하였으며 한 지역에 혹은 특정 시대의 서사작품에 위 두 가지 모티프가 집중되어 있는 경우가 없고 모든 지역의 모든 서사를 살필 수 없기에 한정된 지역의 한정된 서사를 우선 고찰하여 두 모티프의 의미와 의의를 살펴보려는 것이다. 강릉지역과 관련된 서사란 강릉에서 향유되고 전승되어 온 서사작품이거나 작품 속 배경이 강릉인 서사작품 그리고 강릉의 문화적 배경이 어떤 형태로든 어느 정도 반영되었다고 볼 수 있는 작자 예를 들어, 본관을 강릉으로 한 작자의 서사를 의미한다.

강릉에서 향유되고 전승되어 온 서사 중에는 강릉단오제 관련 설화, 단오굿 무가, 강릉단오제가면희(강릉관노가면극), 홍장고사, 강릉매화타령 등이 있다. 그 중에서 대관령국사성황신으로 모셔지는 '범일국사의 감생설화'가 기아회생과 관련된다. 그리고 강릉단오굿 중 세존굿의 '당금애기 무가'도 기아회생과 관련된다. 당금애기 무가는 강릉지역에서만 향유되고 전승되는 서사는 아니지만 당금애기 무가는 범일국사 감생설화와 일부 비슷한 점이 있고 단오굿 중에서 세존굿을 연행할 때 혹은 학산서낭신제를 연행할 때 당금애기 무가의 내용과 대관령국사성황신의 감생설화 유사성에 대해 무당이 언급하는 경우가 있으며 단오굿에 대한 지식이 있는 강릉시민들 특히 노인세대들은 세존굿의 내용이 대관령국사성황신의 출생과 관련된 내용이라고 인지하고 있어 당금애기 무가가 전국적인 분포임에도 당금애기를 포함하여 세존굿은 강릉지역의 문화나 민속, 사상을 현저히 반영한 것이라는 인식이 강릉에 잠재해 있다.

가사회생모티프는 강릉단오제가면희 속 '소매각시'의 경우와 관련된다. 강릉이 작품의 배경이 되는 경우로 가사회생과 관련되는 서사로는 '강릉홍장설화'와 '강릉매화타령'이 있다. 강릉출신으로 알려진 김시습의 '금오신화' 작품에도 가사회생과 관련된 내용이 있다. 강릉단오제가면희의 경우 연극이고 강릉매화타령은 판소리이나 그 속에 서사구조가 있어 서사에 해당된다고 본다. 그리고 강릉단오굿 중에서 '심청굿'의 심청이야기도 가사회생과 관련된다. 심청이는 타수 이후 죽음의 상태였으나 다시 살아 현생에 나타났으므로 가사회생과 연결 지을 수 있다. 심청이야기 역시 강릉지역만의 이야기는 아니지만 단오굿에서 오랫동안 향유ㆍ전승되어 왔기 때문에 관련지을 수 있다.

2. 기아회생모티프와 가사회생모티프

기아회생모티프와 가사회생모티프는 일차적으로 강릉단오제와 관련된다. 관련 설화, 단오굿무가, 단오제가면희 등에 이 모티프들이 나타나는 것이다. 강릉단오제는 국가무형문화재 제13호로 대관령국사성황신과 대관령국사여성황신을 주신으로 하여 제의를 지낸다. 이 제의를 통해 풍농 및 풍어와 안과태평 부귀공명 등을 기원한다.

강릉단오제는 음력 3월 20일 제사에 소용될 신주빚기를 시작으로 단오 다음날인 음력 5월 6일의 소제까지 약 50여 일이 걸리는 축제다. 4월 1일 초단오, 4월 8일을 재단오 등을 거쳐 4월 15일 3단오날에는 대관령서낭과 산신께 제사하고 신목과 서낭을 모시고 내려와 여서낭당에 합사(合祀)한다. 4월 27은 4단오로 무당들에 의해서 굿이 행해진다. 5월 1일 5단오날은 본제가 시작되는 날로, 화개(花蓋)를 모시고 굿당으로 가서 굿과 강릉단오제가면희를 행한다. 5월 4일은 6단오와 5일은 7단오로 무굿과 가면극이 있으며, 단오 날을 본제로 여기고 있다. 5월 6일은 8단오로 서낭신을 대관령국사서낭당으로 봉송하는 소제를 끝으로 약 50일 동안의 단오제는 막을 내린다. 단오제의 주신인 대관령국사성황신으로 추존되는 범일국사와 대관령국사여성황신으로 모셔지는 정씨녀 관련 설화, 그리고 단오굿 중에서 세존굿, 심청굿 등에 두 모티프가 내용 전개의 근간으로 내재되었다. 강릉단오제가면희는 5월 1일(5단오), 5월 4일(6단오), 5월 5일(7단오)에 대성황사 앞마당, 약국성황사, 소성황사, 시장, 관청을 거쳐 여성황사까지 순회하며 놀았다. 성황제를 구경하는 관람객들을 위한 연희의 의미도 있지만 성황신들을 위로하는 대표적인 연희가 강릉단오제가면희인 것이다.

가사회생모티프의 연구대상은 강릉단오제가면희[1]와 강릉지역 설화인 홍장고사(1530)[2], 실전 판소리인 강릉매화타령[3] 등이다. 강릉단오제가면희 등은 언제부터 전승되기 시작되었는지 정확히 알 수 없다. 대체적인 시원을 추정하면 경종(재위:1720~1724) 연간에 간행된 『임영지』에 강릉에는 각 동네마다 성황사가 있었고 봄과 가을에 이곳에서 제사를 지냈다고 되었다.[4] 이 제사 가운데 단오쯤의 제사는 무당의 풍악이 참여하는 가

---

1 강릉단오제가면희는 강릉관노가면극을 지칭한다. 강릉관노가면극은 단오제때 대성황사 앞에서 성황신을 위로하는 차원에서 연희되었기에 강릉성황신제관노가면희라는 이름을 사용하기도 하였다. 1965년 10월 29~31일에 열린 전국민속예술경연대회에 참여할 때 강릉성황신제관노가면희라 하였고 1967년 1월 16일에 무형문화재로 지정될 때 강릉관노가면극이라고 하였다. 강릉관노가면극의 연행 성격 등을 고려하여 본고에서는 강릉단오제가면희라고 칭한다.

2 이행, 윤은보, 신공제, 홍언필, 이사균 편저(1530), 『신증동국여지승람』.

3 「이영규 소장본」(19장본 〈매화가라〉)이 유일본으로 여겨지며, 여러 필사본 중에서 〈매화가라〉에 '경성천리'라는 말이 나오는 것으로 보아 20세기 초에 필사된 것으로 짐작되지만 전체 내용은 18세기말 이후 전승은 시작할 때부터의 것을 담고 있다고 볼 수 있다.

운데 성대하게 지냈고 강릉부에서 임명된 호장이 대관령 정상에서부터 강릉관아까지 백성들의 호응을 받으며 길놀이 하듯 행진하며 관아에서는 무당들이 풍악을 울리며 광대들이 온갖 춤을 추었다고 한다. 광대들의 온갖 춤이 강릉단오제가면회로 단정할 수는 없지만 이미 18세기 초에 강릉단오제가면회 같은 연희가 연행되었다고 볼 수 있다. 홍장고사는 16세기 초 이후에 강릉매화타령은 판소리가 작창된 이후인 18세기말 이후부터 전승된 것으로 추정할 수 있지만 현재의 판본은 19세기말 이후에 필사된 것으로 볼 수 있다.

김시습의 『금오신화』(현재 판본은 1653년본) 일부도 가사회생모티프와 관련된다. 김시습의 경우 출생은 서울이지만 성관(姓貫)이 강릉인 점과 『금오신화』가 지어진 시점이 1470년경으로 추정되는데 이보다 10년 앞선 1460년경에 관동지방을 유람하고 『탕유관동록(宕遊關東錄)』을 저술한 바 있어 김시습의 『금오신화』에 그의 본관과 관련된 배경이 작품 창작에 어느 정도 영향을 주었을 것이라는 추정이 가능하며 김시습이 양양부사 유자한에게 보낸 글에서 자신의 성관이 강릉이고 김주원의 후손이라고 밝히는 등 강릉과 관련된 점에 어느 정도의 자부와 지식이 내재되어 있었다는 점을 확인할 수 있기에 강릉의 민속과 문화도 어느 정도 파악하고 있었음도 추정할 수 있고 김시습의 사상과 철학에 강릉과 관련된 점이 어느 정도 영향을 주었다고도 볼 수 있다. 유자한은 1486년경에 양양부사를 한 것으로 기록되어 있고 김시습이 기세한 것은 1493년이니만큼 기세하기 7년 전까지도 자신을 소개함에 있어, 즉 자신의 사상적 틀이 어디에 근거하고 있는 지를 밝히는 점에 강릉을 거론하여 밝히는 점에서 김시습의 저작이 강릉의 풍속과 관련 있다고 볼 수 있는 것이다. 이 때문에 『금오신화』를 가사회생모티프 연구와 관련짓는다. 『금오신화』 속에 사람이

---

4 이런 기록은 『증수 임영지』에도 똑같이 기록되었다.

죽었다가 다시 살아나는 이야기를 가사회생모티프라고 규정할 수 없는 측면도 있지만 죽음 상태를 맞아 현실에서 일시적으로 사라졌다가 다시 살아서 나타나서 이야기의 주체가 되기에 가사회생모티프와 관련을 짓는다. 연구중심이 되는 강릉단오제가면희와 인접연구대상 작품이 책으로 처음 간행된 시기나 연행되기 시작한 정확한 기록이 있어야 상호 영향관계 확인을 통해 변개과정도 설명할 수 있는데 작품들의 선후관계가 분명치 않아 상호영향관계를 명백히 밝히기는 어려운 실정이다.

하지만 본고에서는 연구중심이 되는 강릉단오제가면희가 인접연구작품보다 후대에 완성된 것으로 가정한다. 그리고 인접연구 대상 작품은 ①강릉단오제 신격들의 양상, ②김시습의『금오신화』, ③강릉지역 설화인 홍장고사, ④강릉매화타령, ⑤강릉단오굿 세존굿(심청굿) 순으로 그 내용이 완성된 것으로 가정한다. 강릉단오제가 시작된 시기가 가장 오래된 것으로 볼 수 있고 산신, 성황신의 신격이 단오제 초기부터 확정된 것은 아니지만 신격이 후대에 만들어졌다고 하더라도 신격이 위상을 갖게 된 의미는 단오제 초기나 그 이후에나 큰 차이가 없을 것이기 때문에 신격양상을 가장 앞선 시대에 확정된 것으로 본다.

이후 서사작품들이 형성된 시기는 위에 언급한 시기 논의를 바탕으로 『금오신화』,『홍장고사』[5],『강릉매화타령』 순으로 가정한다. 서사작품이 음악과 결합되어 장르변개가 일어난 것이 서사작품이 만들어진 시기보다 후대일 것으로 판단되기에 강릉단오굿의 세존굿을 제일 후대에 완성된 것으로 본다. 세존굿에서 불려지는 당금애기 서사무가가 다른 작품보다 후대에 만들어졌다고 하더라도 당금애기의 내용은 단오제 대표 신격인 범일국사와 관련된다. 범일국사가 통일신라 때 인물이어서 작품 내용으로는 가장 오래전의 것으로 보이지만 서사작품과 음악이 만나기 시작한 즉

---

5   서거정, 박성규 역(1985),『동인시화』, 형설출판사, 219~211쪽.

판소리가 만들어진 이후에 당금애기가 만들어져 세존굿 안에 포함된 것으로 가정하여 세존굿 연행을 시기적으로 가장 후대일 것으로 추정하는 것이다. 하회별신굿탈놀이의 경우 탈은 고려 말에 만들어 진 것으로 추정되지만 고려 말에 지금과 같은 형식의 가면희가 완성된 것으로 보기는 어렵다. 가면희는 여러 전통연희 장르가 융합된 장르이다. 그리고 그 내용이 주변 장르의 앞선 형식을 많이 차용하고 있기에 지금의 가면희는 다른 전통연희 장르보다 후대에 형성된 것으로 보는 것은 오류가 크지 않다.

3. 기아회생모티프의 기능

기아회생의 기능은 크게 두 가지다. 신격반열에 오른 비범한 인물의 출생 근간과 관계된다는 점 하나와 두 번째는 신격반열에 오르는 비범함을 입증하는 증거로 기능한다. 이러한 성격은 기아회생모티프가 대표적인 대중적 모티프이자 신화에 필수적인 신화적 모티프임을 알게 한다.

1) 신격 출생의 근간

기아회생모티프가 담겨 있는 설화는 범일국사의 감생설화가 대표적이다. 범일국사[6]는 실존 인물로서 통일신라시대 때 강릉의 학산 마을에서 태어나 15세에 승려가 되었고 37세에 고향으로 돌아와 절을 개창하였다. 범일국사는 현재 대관령국사성황신으로 모셔진다. 범일국사의 출생과 관련된 설화는 게재된 책자에 따라 잉태과정이 다소 다른 내용으로 구성되

---

6 범일국사(810~889)는 구산산문 중 사굴산파의 개창조(開創祖)로서 명주도독을 지낸 김술원의 손자이다. 15세에 출가하여 구족계를 받았으며 중국 당나라에 유학한 뒤 돌아와 문성왕 9년(847)에 굴산으로 옮겼다.

어 있기는 하지만 기아되었다 구원되는 등의 전체적 내용은 비슷하다. 범일국사의 잉태과정은 신이로웠다. 햇빛이 비추가 해가 비춘 우물의 물을 떠먹고서 잉태되었다. 『증수임영지』[7]에 따르면 양가집 딸의 몸에 햇빛이 비추어 임신을 하였다고 한다. '신라 때 양가집 딸이 굴산(崛山)에 살고 있었다. 나이가 들도록 시집을 가지 못하고 우물 위에서 빨래를 하고 있었는데 햇빛이 뱃속을 비추자 돌연히 산기가 있었다'라고 기록되었다. 『강릉단오제실측조사보고서』(이하, 보고서)의 '범일국사신 설화'[8]에 따르면 '옛날 학산 마을의 대갓집에 한 처녀가 있었는데, 아침 일찍이 굴산사 앞에 있는 샘에 가서 물을 뜨니 바가지 물속에 해가 떠 있었다. 처녀는 물을 버리고 다시 떴으나 해가 또 물속에 있어 버리고 다시 물을 떴다. 그래도 여전히 해가 바기 물속에 떠 있어 이상하게 여기면서 물을 마셨다. 그런 일이 있은 후 처녀의 몸에는 태기가 있었고, 달이 차자 옥동자를 낳았다.'라고 기록되었다. 강릉단오제위원회의 자료실[9]에도 강릉단오제실측보고서와 같은 내용의 설화가 게재되었다. 『증수 임영지』는 해가 비춰 처녀가 임신을 한 것으로 되었고, 『보고서』는 해가 물에 비추었고 그 물을 마셔 처녀가 임신한 것으로 되었다. 전자는 정조 10년경에 기록된 내용이고 후자는 학산 마을에 전해져 오는 구전설화이다. 햇빛과 관련된 존귀한 인물의 탄생설화에서 왕의 감생설화는 해가 처녀의 몸을 직접 비춘 후에 임신하는 내용으로 구성되었다. 왕이 아닌 비범한 인물의 감생설화에서는 해가 처녀의 몸을 직접 비추지 아니하고 해가 물에 비춰지는 등의 방식으로 구성되어 햇빛은 임신과 간접적으로 관계된다.

범일국사의 출생과 관련되어 햇빛은 직접적 관련의 내용으로 전승되다

---

7   정항교 역(1997), 『완영증수임영지』, 강릉문화원, 131~132쪽. 『임영지』는 경종연간에 출간된 것으로 추정되고 『증수 임영지』는 정조10년 1786년에 출간된 것으로 추정된다.

8   문화재관리국(1994), 『강릉단오제실측조사보고서』, 19쪽.

9   http://www.danojefestival.or.kr/contents.asp?page=196&kind=2&IDX=3129

가 이후 간접적 관련 내용으로 바뀐 것으로 보인다. 이유는 범일국사가 신라시대 위대한 승려로 인정되기는 하지만 왕과 동일한 차원으로 추앙할 수는 없다고 판단했기 때문이다. 그 때문에 범일국사 탄생 과정을 왕의 탄생과 유사하지만 다소 이질적인 내용으로 전승한 것이다. 『증수 임영지』 등에 범일국사의 감생설화가 고구려, 신라 등의 개국시조 감생설화와 동일하게 기록되자 감생설화의 신비로움 정도를 감쇄시켜 이후 전승했다고 볼 수 있다. 이는 장수 신이담 속에서 신이로운 자의 주변 인물들이나 관군이 조정의 핍박을 예상하여 신이로운 자를 제거하는 내용을 연상시킨다. 화를 면하기 위한 선제적 대응이 장수 신이담 속에 나타나는데 범일국사의 출생관련 설화에서도 신이로움을 감쇄시키는 마을사람들의 선제적 대응이 있었던 것으로 보인다.

『보고서』의 설화 내용은 구전에 의존하여 전승되는 과정에 탄생과정의 신이로움을 다소 감쇄시킨 반면 다른 부분에서는 범일국사의 신이로움을 더 강화하는 부분을 강화하였다. 성장 후 불도에 입문한 이후 불도 수학에 뛰어난 능력을 발휘하여 국사가 되었다는 부분이 강조되고 있으며 술법을 일으켜 적을 퇴치하였다고 했으며 죽어서 대관령성황신이 되었다는 점도 밝힌다. 범일국사 관련 설화를 구전시키면서 범일국사가 대관령국사성황신이 되었다는 점을 확인하는 개연성을 넣었으며 신이로운 이야기를 강화하였다.

그런데 구전되면서 신이로움을 강조하는 점에 치중하다가 한 가지 모순되는 내용이 나타난다. 설화에 '처녀가 아침 일찍 굴산사 앞에 있는 샘에 가서 물을 떴다'는 내용이 있다. 굴산사는 처녀가 임신을 하여 낳은 아이인 범일국사가 후일에 창건한 절이다. 범일국사가 태어나기도 전에 즉, 굴산사가 창건되기도 전의 시기에 굴산사 앞에서 처녀가 우물에서 물을 떠먹었다는 것이다. 설화의 경우 그 내면의 의미와 상징성이 핵심이기 때문에 유기적 개연성을 군이 논의할 필요는 없지만 『보고서』의 범일국사신 설화 내용에는 다소 착오가 있다고 볼 수 있다.

범일국사 탄생설화에서 잉태이후의 내용은 전체적으로 유사하지만 부분적으로 약간의 차이가 있다. 『증수 임영지』의 경우 처녀가 지아비 없이 아이를 낳게 되었고 집안사람들이 이를 이상하게 여길 것 같아 아기를 얼음 위에다 버렸으나 새들이 날아와 아기를 덮어 감쌌으며 밤이 되자 하늘에서 상서로운 빛이 비쳤고 이를 기이하게 여겨 아이를 도로 거두어 길러 후일 범일국사가 되었다고 하였다.

『보고서』는 범일국사 탄생지로 여겨지는 강릉 학산마을에 있는 대상중거인 자연물과 관련짓는다. 처녀는 우물의 물을 떠먹고 태기가 있었고 아이를 낳았다. 처녀가 아비 없이 아이를 낳자 그 집안에서 아이를 뒷산 학바위 밑에 버렸다. 산모는 모정에 못 이겨 다음날 일찍 학바위를 찾아 갔더니 산짐승에게 잡혀 갔을 것이라는 예상과 달리 학이 아이들을 보호하고 있었다. 이에 아이를 다시 데려다 키웠고 후일 범일국사가 되어 강릉에 난리가 났을 때 술법을 써서 적을 격퇴시키는 등 고향을 지키다가 죽어 대관령의 서낭신이 되었다고 한다.

두 개의 설화 모두 기아되었다가 거둬들여져 목숨을 건지고 훌륭한 인물로 성장한 내용은 동일하다. 신격출생의 근간에 신이로움을 강화하기 위해 이러한 모티프를 구설한 것으로 판단된다. 그런데 기아되었다 거둬들여지는 과정에는 다소 차이가 있다. 전자에서는 얼음위에 버려졌다가 다시 거둬졌으나 후자에서는 학바위 밑에 버려졌으나 학들이 보호하는 장면을 보고 다시 거둬들이게 된다.

기아회생모티프가 뚜렷하게 나타나는 서사로는 강릉단오제 세존굿에서 구송되는 당금애기 무가와 강릉을 포함한 동해안지역 오구굿에서 구송되는 바리공주 무가도 관련이 된다. 당금애기 무가와 바리공주 무가의 경우 전국 여러 지역에서 공통적으로 불려 지기 때문에 강릉지역만의 속성을 드러낸 무가는 아니지만 강릉에서 오래전부터 전승되어 온 무가인 만큼 관련지어 논의 하면 바리공주는 출생 후 버려졌다가 성장 후 돌아와 신약을 구해오는 임무를 완수하고 신직을 부여받게 된다. 신의 반열에 오를 정도의 비범한 인물의 출생조건을 신이롭게 하려는 의도로 기아회 생모티프가 사용된 것으로 보인다. 당금애기 무가에서도 아버지 없이 출생 한 아이들이 산에 버려졌다가 구원된 후 성장하여 신직을 부여 받는다. 신 직을 부여받을 인물들은 그 출생부터 비범하다는 점을 보여 주는 것이다.

기아회생모티프는 신의 반열에 오른 사람들의 비범성을 강조하기 위해 그 인물에게 나타난 신이로운 현상의 하나로 제시된 것이다. 이는 출생부 터 다른 사람과 차별되는 특성을 보여주어야 하는 사회문화가 반영된 모 티프라고 할 수 있다. 신분제 사회가 지속되는 체제와 운명에 순응했던 사회문화가 반영한 모티프라고 할 수 있다. 신분제 사회에서는 출생 신분 이 이후의 삶을 결정한다고 할 수 있다. 봉건제적 체제 속에서 당연시 되던 사회문화였다고 볼 수 있다. 이러한 사회문화 속에서 운명에 순응하 는 이념과 가치관이 자연스럽게 교육되고 형성되었을 것이다. 따라서 기 아회생모티프는 봉건제적 체제의 사회문화가 만들어 낸 산물이라고 볼 수 있는 것이다.

2) 신격 완성의 조건

강릉단오굿의 세존굿에서 구송되는 서사무가 당금애기의 무가내용은 이렇다. 삼한세존은 시주를 걸으며 서천서역국의 당금애기 집으로 간다. 마침 당금애기 집에는 부모와 형제 모두 외출하고 당금애기와 하인들만 집에 남아 있었다. 삼한세존이 당금애기에게 시주를 청하자 거절하다가 쌀을 시주 하는데 삼한세존을 바랑에 구멍을 뚫어 쌀이 쏟아지게 한다. 삼한세존은 쏟아진 쌀을 젓가락으로 주워 담고, 주워 담는 동안 날이 저문 다. 날이 저물자 삼한세존은 하룻밤 자고 가기를 청하나 당금애기는 거절

한다. 삼한세존은 갖은 이유를 대며 하룻밤 머물 것을 청하고 당금애기도
응하게 된다. 두 사람은 병풍으로 두 사람 사이를 가로막은 상태로 한
방에서 잠을 자게 된다. 삼한세존은 도술을 부려 병풍을 타고 넘어와 당금
애기와 동침한다. 다음 날, 삼한세존은 집을 떠나며 콩 3개를 주며 심부
(尋父)시 이용하라고 한다.

　집에 돌아 온 당금애기의 부모 형제들은 당금애기가 임신한 것을 알고
당금애기를 산의 돌함에다 버린다. 자식을 버린 당금애기의 어머니는 당
금애기가 궁금하여 돌함을 열어보니 당금애기가 돌함에다 세 명의 아기
낳은 상태인 것을 본다. 당금애기의 어머니는 당금애기와 손자들을 데리
고 귀가한다. 세 명의 아이들은 어느 날부터 아버지 없는 자식이라는 놀림
을 받자 당금애기를 아버지를 찾고자 삼한세존이 주고 간 콩을 심는다.
콩은 다음 날 엄청나게 자란다. 당금애기와 자식 셋은 콩의 줄기를 따라
삼태자는 길을 나선다. 콩의 줄기가 끝난 곳은 어느 절이었고 거기에서
아버지인 삼한세존을 만난다. 아버지는 세 명의 자식에게 통과의례를 시
켜 자식임을 확인한다. 통과의례는 생선회를 먹고 생선 토해내기, 삼 년
전에 죽은 소뼈로 소 만들기 등이다. 당금애기와 아들 삼형제는 삼한세존
으로부터 신직을 부여 받는다.

　당금애기의 세 자녀의 출생관련 설화는 범일국사 감생설화와 기아회생
부분이 유사하다. 나중에 신의 반열에 오르는 점도 유사하다. 범일국사
설화는 강릉지역에서만 전승되는데 당금애기 무가는 전국적 분포를 갖는
것이다. 당금애기 무가와 범일국사 감생설화의 발생시점의 선후관계를
알 수는 없기에 영향관계도 알 수는 없다. 범일국사는 9세기경 인물이라
9세기경부터 그 설화가 전승되었을 수도 있으나 확실하지 않다. 9세기경
부터 전승되었다고 하더라도 이전부터 전국적 분포로 당금애기 무가가
전승되고 있었다면 그 영향을 받아 이야기가 정리되었을 수도 있다. 서로
의 영향관계와 무관하게 기아회생 후 신의 반열에 오른 점은 동일하기에

기아회생모티프는 신격을 완성시키는 데 필수적인 요소임을 보여주는 것
이라 할 수 있다. 즉, 기아회생모티프는 신화를 완성하는 필수적인 신화
적 모티프임을 보여주는 것이다.

　세존굿의 당금애기 무가가 전국적 분포를 갖지만 강릉지역에서는 당금
애기 무가를 대관령국사성황신의 감생설화를 바탕으로 만들어진 무가라
는 인식이 존재한다. 강릉지역 사람들이 당금애기 무가를 인식하는 방법
이 다른 지역과 다를 수 있음을 보여 주는 것이다. 즉, 당금애기 무가와
대관령국사성황신의 감생설화가 유사한 모티프를 공유한 점이 우연의 결
과였다고 하더라도 강릉지역에서는 강릉의 문화와 신앙이 반영된 내용으
로 생각하는 것이다. 그래서 전국적 분포임에도 강릉사람들의 인식과 문
화가 많이 반영된 서사작품으로 특화된 경우로 볼 수 있고 두 가지 모티프
와 서로 연결된 것으로 볼 수 있는 것이다.

　기아회생모티프는 신직에 올라 신격을 완성시키는 데 필수적인 기아회
생모티프는 강릉단오제 주신의 탄생설화와 관련되어 강릉지역의 많은 사
람들에게 수백 년 이상 분명하게 전승되는 점에서 그리고 당금애기 무가
가 강릉단오굿에서 많은 환호와 관심 속에 연행되는 특성에서도, 당금애
기 무가의 전국적 분포에서도 나타나듯이 기아회생모티프는 서사에서 매
우 대중적 모티프로 그리고 신화적 모티프로 작용했음을 알 수 있다. 특
히, 비극적 서사작품을 좋아하지 않는 한국에 맞는 모티프로 생각한다.
강릉단오제나 강릉단오제가면희와 밀접한 관련을 맺는 점에서 화합, 상
생, 놀이 등의 강릉단오제 축제정신과 이 모티프가 조화되는 점도 알 수
있다.

4. 가사회생모티프의 기능

가사회생모티프는 사랑사건이 난관에 봉착했다가 새로운 전기를 맞이하여 사랑이 성취되는 과정에 매개된다. 그리고 사건전개와 갈등 심화에 기능하여 풍자의 매개가 되고 해학적이고 골계적 상황을 연출할 때도 관계한다.

1) 사랑 성취의 매개

강릉단오제가면희 속에는 죽었다 살아나는 내용이 등장한다. 죽었다가 살아나는 가사회생이라고 할 수 있는 모티프가 들어 있다. 죽었다가 살아나는 모티프는 버려진 아이가 죽음지경에 내몰렸다가 구원되어 살아나는 기아회생모티프와 인접하다.

가사회생모티프는 강릉단오제가면희 제4과장에 등장한다. 강릉단오제가면희는 대사 없이 춤과 몸짓으로만 연희 된다. 일종의 무언극(묵극)이다. 주요 등장인물은 양반 1명, 소매각시 1명, 시시딱딱이 2명, 장자마리 2명 등 모두 6명이다. 제1과장 장자마리춤 과장은 등장인물들이 길군악 장단에 맞춰 등장하고 각 등장인물들이 각자의 춤사위에 맞춰 춤을 춘다. 옷의 표면에 해초나 곡식이 장식된 포가면(포대자루)을 전신에 쓴 장자마리가 불룩한 배를 내민 채 빙빙 돌아다니면서 관중과 소통하면서 해학적 의미의 춤을 춘다. 제2과장 양반광대·소매각시춤 과장에서는 뾰족한 고깔을 쓰고 부채를 들고 긴 수염을 달고 있는 양반과 하얀색 얼굴에 붉은색 입술을 한 소매각시가 서로 만나게 되고 사랑을 하게 된다는 내용을 담고 있다. 제3과장 시시딱딱이춤 과장은 시시딱딱이 2명이 무서운 형상의 탈을 쓰고 '회돌이칼춤'을 추면서 위협적인 상황을 연출하다가 양반과 소매각시의 사랑을 훼방 놓는다. 시시딱딱이의 훼방에 양반이 부채로 대응하지만 결국 시시딱딱이는 소매각시를 납치해 간다. 시시딱딱이1이 한 눈을 파는 사이에 양반은 각시와 춤을 추던 시시딱딱이2를 밀치면서 시시 딱딱이 1·2를 쫓아버리고 각시를 끌어온다. 양반은 각시를 놀이판에 내 동댕이치고 답답한 듯 부채를 부친다.

제4과장은 소매각시 자살과 소생과장이다. 이 과장에서 소매각시의 가 사회생 상황이 연출된다. 놀이판 가운데로 끌려나온 소매각시는 양반이 바람피웠다고 야단치자 손을 저으면서 완강히 부인한다. 양반의 태도가 더욱 거세지자 각시는 잘못했다고 손을 비비거나 매달리면서 용서를 구 한다. 그래도 양반이 화를 풀지 않자 각시는 통곡하다가 양반의 긴 수염에 목을 매어 자살한다. 각시가 죽은 모습을 본 양반은 한쪽 구석에 웅크리고 앉는다. 이때 장자마리1, 2와 시시딱딱이 1, 2가 등장하여 각시의 죽음을 확인한 후 양반에게 이를 확인시킨다. 양반은 통곡한다. 장자마리1은 양 반에게 서낭당에 가서 자신의 잘못을 용서해달라는 기원을 하자고 하여 양반이 서낭신목을 모시고 와서 각시를 위해 기원을 올린다. 장자마리1이 신이 내린 듯 서낭신목을 잡고 떨면서 소매각시를 한 바퀴 돌고나자 각시 가 점차 소생한다. 각시는 소생한 후 양반의 손을 뿌리치다가 장자마리들 이 화해를 주선하자 마음을 푼다. 그러면 모든 연희자와 관중들이 함께 어울려 흥겹게 군무를 춘다.

죽었다가 다시 살아나는 가사회생모티프는 강릉관련 설화 여러 곳에 나타난다. 여기서 죽는 장면은 버려져 거의 죽음상태로 내몰렸다가 구원 되어 다시 살아나는 상황과 거의 동일한데 버려져 죽음상태로 내몰렸다 가 구원되어 다시 살아나는 기아회생모티프도 강릉관련 설화에 반복하여 등장한다.

가사회생모티프를 통해 양반과 소매각시는 사랑성취를 이룬다. 가사회 생모티프가 사랑성취의 매개로 작용하는 것을 확인할 수 있는 것이다. 한국의 작품은 아니지만 『로미오와 줄리엣』에서도 가사회생모티프가 등장한다. 로미오가 살인을 저질러 도시 밖으로 추방당하자 실의에 빠진 줄리엣을 위로하려는 줄리엣의 아버지는 줄리엣에게 결혼을 강요한다. 강제로 결혼할 상황에 처하자 줄리엣은 수사의 도움으로 가사상태에 빠지는 약물을 먹고 죽는다. 줄리엣이 죽었다고 생각한 가족들은 그녀를 가족묘에 장례를 치른다. 이 소식을 듣고 줄리엣의 시신 옆으로 달려온 로미오도 줄리엣이 죽었다고 판단하고 독약을 마시고 자살한다. 가사상태에서 깨어난 줄리엣은 로미오가 자신 때문에 죽었다고 생각하고 역시 자살한다. 가사회생모티프가 두 번 작용되는 작품이 『로미오와 줄리엣』이다.

한편, 사랑성취의 매개로 작용하는 강릉단오제가면희 속 가사회생모티프 내면에는 에로티시즘[10]이 자리 잡고 있다. 섹슈얼리티는 생명이 있는 모든 존재들의 종족보존과 그리고 신들의 종족보존과 관련되는 본능적 측면의 일체행위들이라고 할 수 있고 에로티시즘은 인위적인 것으로 비대화된 성적 혹은 애정의 욕망이 낳은 행위라고 할 수 있다. 그래서 에로티시즘은 인간에 한정되어 작용한다.[11] 에로티시즘은 인간 내면의 의지와 사회 속에서의 관계에 영향 받은 섹슈얼리티다. 인간은 출생하면서 생명의 안정된 질서에서 떨어져 나온 존재가 된다. 인간은 이 질서 속으로 계속 돌아가고자 욕망한다. 이러한 회귀 시고다 에로티시즘으로 나타난다고 보는 것이다. 그리고 에로틱한 행위의 동인은 상상력인데 이 상상력은 성을 의식과 제례로 변화시켰다.

본능적 사랑은 우리 자신을 알게 해 준다.[12] 사랑은 파토스(pathos)와 욕망들로 이루어지고 법률에 반항하는 원초적인 측면을 고려한다면 사랑은 충동이 되고 또 사랑은 정화된 심적 동요의 마지막 단계다.[13] 사랑의

---

10 타비아 파스, 황병하 역(1996), 『이중불꽃』, 이레, 14쪽 참조. 에로티시즘과 섹슈얼리티의 개념은 위 책에 근거했다.

11 위의 책, 19쪽 참조.

12 줄리아 크리스테바, 김영 역(1995), 『사랑의 역사』, 민음사, 238쪽 참조.

행위들은 선천적으로 우리들 속에 있으며 우리 고유의 본성으로부터 온다. 사랑은 상상계와 실재계의 융합[14]이다.

강릉단오제가면희에서 양반과 소무의 사랑은 에로티시즘화 되었다고 할 수 있다. 본능적 세계가 많이 변형의 과정을 겪어 사회화된 상태이다. 성에 상상력을 개입시켜 의식화하고 제례화하여 주변을 형성하고 있던 사람들의 희망을 담아내는 기능에 충실하고 있음도 나타난다. 이런 것은 양반과 소무의 사랑이 다양한 방향을 잡고 있으며 다양한 의미를 드러내는 것으로 볼 수 있다. 또 강릉단오제가면희는 화해의 세계를 지향한다. 강릉단오제가면희에서, 남녀 간의 사랑은 육체적 결합만을 의도하는 것이 아니라 정신적 합일세계를 지향하고 동화된 세계를 지향하는 것도 나타난다. 이러한 특성은 사랑이 유기적 전체 질서로의 복귀와 밝음과 어둠의 결합세계를 지향한다는 특성과 관련됨을 알 수 있다. 이러한 결합과 화해의 근저에 에로티시즘이 있고 이를 이야기를 꾸미는 근저에 가사희생모티프가 작동하는 것이다.

양반은 자신의 구애가 이뤄지도록 반복적으로 노력하며 각시의 반응도 성적 표현이 아닌 정서적 표현으로 나타난다. 양반과 각시가 사랑의 완결로 추는 맞춤도 애욕적이기보다 진실된 사랑 감정 연기가 두드러진다. 양반의 체면을 의도적으로 낮추려는 의도가 없으며 양반의 사랑을 받아들이는 소매의 행동에서도 양반을 골려주려거나 함정에 빠뜨리려는 의도가 발견되지 않는 것이다. 이러한 모습에 가사희생모티프의 자장이 확장되고 있다.

강릉이 성씨의 본관인 김시습의 작품 『금오신화』[15]에도 관련 모티프의

---

13 위의 책, 245면 참조.

14 위의 책, 254쪽 참조.

15 당 논문에서의 금오신화 내용은 김시습 저, 심경호 역, 『매월당 김시습 금오신화』, 홍익출판사, 2000에 근거하였다.

작품이 있다. 「만복사저포기」와 「이생규장전」이 그 경우다. 「만복사저포기」는 남원 만복사에서 벌어진 저포 놀이로 생겨난 사연을 담았다. 부모를 여의고 또 장가도 들지 못한 채 만복사에 사는 양생은 배필을 구하기위해 부처님과 저포로 내기를 하여 이기고는 처녀 귀신을 만나 사랑을이룬다. 이 작품에서 처녀는 죽음이후에 다시 환생한 존재이기에 일시적인 죽음 상태에서 다시 살아난 가사회생의 모티프와 직접적으로 연결된다고 보기 어려운 측면도 있으나 서사가 전개되는 정황은 죽었던 사람이다시 살아난 상황과 다를 바가 없다. 처녀는 왜구가 침략했을 때 절개를지켜 죽은 여성이다. 다음 날 개녕동에 있는 처녀의 집, 사실은 무덤에가서 3일을 함께 지내고 이별할 때는 그녀와 같은 처지의 이웃 여성들과시를 주고받는다. 그 이튿날 처녀의 부모를 만나 보련사에서 그녀를 위한천도재에 그녀와 함께 참여한다. 그 뒤 처녀의 부모로부터 받은 전답과가옥을 다 팔아 그녀를 위해 재를 올리고는 다시는 결혼하지 않고 지리산에 들어가 종적을 감추었다.

「이생규장전」도 환생한 사람 즉, 죽었다 살아난 사람과의 사랑을 다룬다. 이 생은 고려의 국학에 다니던 학생이었고, 최 씨는 귀족의 딸이다.송도 사람들은 이 두 사람을 최고의 남녀로 손꼽았다. 둘은 부모의 허락없이 사랑을 나누는데 눈치를 챈 이 생의 부친이 그를 울산으로 쫓아 보낸다. 상사병으로 죽을 지경이 된 최 씨 집안에서 사정을 알고는 적극 청혼하여 둘은 결혼한다. 이 생은 벼슬을 하고 두 사람은 행복하게 사는데,공민왕 때 홍건적이 침략해 와 피난 가던 중 최 씨는 겁탈하려는 도적에항거하다 죽고 이 생만 살아남는다. 그러나 최 씨의 집에서 이 생과 최씨는 재회하여 여러 해 동안 두문불출하고 오직 서로 사랑하며 지낸다.그 뒤 환생의 기한이 차서 최 씨는 사라지고, 뒤이어 이 생도 세상을 떠난다는 이야기다.

사랑을 이루는 매개로 가사회생모티프가 활용되었다고 볼 수 있다. 이승에서 못다 한 사랑의 애절함을 성취시키기 위해 마지막 방법으로 죽은 인물이 다시 살아나는 방법을 취한 것이다. 죽음으로도 막지 못한 사랑을 표현하는 데 가사회생모티프적인 요소가 적절히 활용된 것이다.

2) 풍자해학의 매개

가사회생모티프는 양반들을 풍자할 때 서사 내용에 해학과 골계를 표현하고자 할 때도 활용되었다. 강릉매화타령에 가사회생모티프와 유사한 모티프가 등장한다. 강릉매화타령은 강릉단오제가면희나 금오신화 작품 속 죽었다 다시 살아나는 모티프와는 다소 차이는 있다. 강릉매화타령에서는 실제로 죽는 것이 아니라 죽은 척하는 내용을 담고 있다. 그렇지만 죽음을 모티프로 해서 그 변형을 작품의 근간으로 했다는 점은 동일하다.

강릉매화타령[16]은 강릉부사의 책방 골생원이 당대 유명한 기생이었던 매화에 현혹되어 체면을 구겼다는 내용의 실전판소리다. '강릉매화전', '매화타령', '매화가사' 등의 다른 이름으로 불리기도 한다. 골생원은 강릉부사 도임 시에 책방으로 따라 내려온다. 골생원은 강릉의 명기 매화를 만나 지독한 사랑에 빠진다. 과거를 보러가야 할 상황임에도 골생원은 매화와 즐거운 시간을 보내기에 바쁘다. 서울 집에서 과거와 관련하여 다급하고도 중한 전갈이 오자 골생원은 재회를 약속하고 매화와 이별한다. 과거를 위해 상경하였지만 공부가 손에 잡힐 리가 없던 골생원은 과거 시험 답안지에 매화를 그리워하는 내용의 시를 써낼 정도로 매화로부터 헤어나지 못한다. 당연히 과거는 낙방한다. 골생원은 이미 상사병에 제정

---

16 이문성, 정병헌 엮음(2011), 「강릉매화타령」, 『쉽게 풀어 쓴 판소리 열두 바탕』, 민속원; 이문성(2012), 『강릉매화타령』, 도서출판 지성인; 김기형 역주(2005), 『적벽가 · 강릉매화타령 · 배비장전 · 무숙이타령 · 옹고집전』, 고려대민족문화연구원; 김석배(2002), 「골생원전 연구」, 『고소설연구』 14, 한국고소설학회; 김종철(1996), 『판소리의 정서와 미학-창을 잃은 판소리를 중심으로』, 역사비평사.

신을 차리지 못할 정도로 매화에게 매몰되어 간다. 매화에게 정표를 사주기 위해 시장에 갔다가 물건을 사지 않아 아이에게 봉변을 당하기도 한다. 정표삼아, 바느질 도구를 사서 다시 강릉으로 온 골생원은 매화가 이미 죽었다는 청천벽력의 소식을 듣는다.

실제로는 매화가 죽지 않았으나 골생원을 희극적 위기에 빠뜨리고자 매화가 죽었다는 상황을 설정하는 것이다. 골생원을 풍자하기 위한 수단으로 가사회생모티프가 활용되는 것이다. 매화가 실제 죽은 것은 아니다. 강릉부사가 골생원을 속이기 위해 매화를 숨어 있게 하고, 거짓으로 무덤을 만들어 둔 것이었다. 골생원은 매화의 무덤을 찾아간다. 축문을 읽고 통곡하자, 방자는 부모의 죽음이라도 당한 것이냐며 놀려댄다. 골생원은 놀림 속에서도 그리움에 사무친 끝에 환쟁이를 불러다 매화의 상화로 그려달라고 한다. 그리고 그 그림을 품에 안고 살아간다. 어느 날, 매화는 강릉부사의 지시대로 살아서 이승으로 돌아와 자신은 귀신이라며 골생원을 만나 사랑을 나눈다. 그리고 다음날, 매화는 자신의 말이라면 뭐든지 따라하는 골생원에게 알몸이 되게 한다.

골생원을 파스(farce)적 상황에 넣어 조롱거리가 되게 하려거나 자신의 욕망만을 일으켜 꼴불견[17]을 일삼는 점을 풍자하는데 가사회생모티프가 사용되는 것이다. 골생원이 귀신이 되게 하는 것은 일시적 죽음 상태에 넣은 것이고 알몸이 되게 하는 것은 일시적 죽음 상태를 파스적으로 표현하는 것이다. 골계적, 해학적 상황에 가사회생모티프가 활용되는 것이다. 그리고 경포대에서 함께 귀신 행세를 한다. 이때 부사는 골생원이 죽었다며 사람들을 시켜 골생원의 상여를 내보내고 상여소리를 하는 등 골생원의 장례를 치른다. 이에 골생원은 자신이 정말로 귀신이 되었다고 착각한다. 부사가 골생원의 넋을 위로하기 위해 음식을 진설하고 풍악을 울리자,

---

17 이문성(2012), 위의 책, 32쪽.

골생원은 매화와 함께 나와 그 음식을 먹고 춤까지 췄다. 부사가 나타나 골생원의 몸을 담배 불로 지지니, 골생원은 그제야 자신이 속은 사실을 알게 됐다.

예리한 판단력과 이성적 성찰이 부족한 양반을 풍자하기 위해 매화가 죽었다가 살아난다는 모티프를 활용한다. 양반 골생원도 자신이 죽었다가 살아난다는 내용에 관계된다. 양반이 죽었다가 살아난다는 의미는 죽음에서 현실의 세계로 돌아오는 즉, 비이성적인 몽매의 상태에서 이성의 상태로 회복한다는 의미를 담고 있는 것이다. 가사회생모티프를 이용하여 양반을 풍자하고 해학과 골계적 상황을 만들기 위해서도 가사회생모티프를 사용하고 있음을 알 수 있다.

강릉매화타령은 서거정의 『동인시화』에 전하는 '박신일화(朴信逸話)', 『기문(奇聞)』의 '혹기위귀(惑妓爲鬼)', 이혜구가 보고한 '강릉홍장설화' 등과 내용에 있어 관련을 맺는다. 살아있는 사람을 죽었다고 속인 다음 놀려주는 풍류담이 주축을 이루는 「박신일화」는 『신증동국여지승람』, 『해동잡록』, 『대동기문』에도 기록되어 있고, 정철의 「관동별곡」에서는 '홍장고사'를 언급한다.

『기문(奇聞)』의 '혹기위귀(惑妓爲鬼)'의 내용은 이렇다. 형제처럼 지내는 두 선비가 있었는데, 한 선비는 색을 멀리 했고, 다른 선비는 색을 즐겼다. 후에 호색한 선비가 성천부사를 제수받고, 친구인 선비를 데리고 가서 잔치를 베풀었다. 기생을 부르자 그 선비는 근엄한 체 기생을 멀리했다. 이에 부사가 기생과 모의해, 기생으로 하여금 친구인 선비를 유혹하게 했다. 선비는 기생을 사랑하게 되었고, 기생이 죽었다는 거짓말에 속아 가짜 무덤까지 찾아가서 슬퍼했다. 밤에 기생이 나타나 자신이 귀신이 되었다고 말하고, 선비는 이에 속아 그녀와 동침했다. 선비는 그의 몸이 다른 사람들에게는 안 보인다는 가짜 귀신, 즉 기생의 말에 넘어가 동헌 잔치에서 알몸으로 춤을 췄다. 그곳에서 부사의 부채로 얻어맞은 선비는 그제야 자신이 속은 사실을 깨달았다.

　'박일신화', '혹기위기'에는 가사회생모티프가 구설되었다. 올바른 판단을 하지 못하는 양반을 풍자하기 위해 이 모티프가 사용된다. 강릉매화타령도 가사회생모티프를 사용하여 양반을 풍자하는 점이 유사하다.

　강릉매화타령처럼 주인공을 파스(farce)적 상황에 넣어 조롱거리가 되게 하는데 가사회생모티프가 사용되는 것이다. 부사의 친구 아들이 잘못된 상황에 처했다는 것은 누가 보아도 명백하지만 당사자는 이를 알아채지 못한다. 여인이 알몸으로 나타나는 것도 그렇지만 친구 아들도 알몸이 되는 것은 일시적 죽음 상태를 파스적으로 표현하는 것이다. 골계적, 해학적 상황에 가사회생모티프가 활용되는 것이다. 정말 여인이 죽었다고 생각한 그는 알몸으로 강릉 장터를 구경하고, 부사의 생일잔치에 가서 음식을 집어 먹었다. 이때 그의 손을 잡으며 "아직도 네 마음이 굳으냐?"라고 묻는 부사의 말소리를 듣고서야 남자는 자신이 속았다는 사실을 깨달았다.

　양반으로서의 위상에 맞는 행동과 사고가 부족한 인물을 풍자하기 위해 등장인물들이 죽었다가 살아난다는 모티프를 활용한다. 죽지 않은 여인이 죽었다가 살아난다거나 아들 친구도 그런 상황에 빠져 일시적이나마 헤어 나오지 못하는 것이 가사회생모티프 안에서 일어나는 일이라 할 수 있다. 죽었다가 살아난다는 의미는 이성의 상태를 회복하는 것이다. 양반을 풍자하고 해학과 골계적 상황을 만들기 위해서 가사회생모티프를 사용하고 있는 것이다.

5. 결론

　본고는 기아회생(棄兒回生) 모티프와 가사회생(假死回生) 모티프의 의미와 의의에 대해 연구하였다. 기아회생모티프란 출생한 지 얼마 되지 않은 상태에서 버려졌거나 임신상태로 어머니와 함께 버려져 죽음의 상황에까지 내몰렸으나 구원자의 도움으로 살아나 이후의 삶을 사는 이야기의 근간을 의미한다. 가사회생모티프는 장성한 나이에 고난의 위기에 처해 죽은 것으로 인식되었다가 혹은 죽은 상태와 다를 바 없는 상황에서 다시 살아난 내용의 근간을 의미한다. 본고에서는 강릉지역과 관련되며 근대 이전에 형성되었거나 창작된 서사를 중심으로 살폈다.

강릉에서 향유되고 전승되어 온 서사 중에는 강릉단오제 관련 설화, 단오굿 무가, 강릉단오제가면희(강릉관노가면극), 홍장고사, 강릉매화타령 등이 있다. 그 중에서 대관령국사성황신으로 모셔지는 '범일국사의 감생설화'가 기아회생과 관련된다. 그리고 강릉단오굿 중 세존굿의 '당금애기 무가'도 기아회생과 관련된다. 당금애기 무가는 강릉지역에서만 향유되고 전승되는 서사는 아니지만 당금애기 무가는 범일국사 감생설화와 일부 비슷한 점이 있다.

기아회생의 기능은 크게 두 가지다. 신격반열에 오른 비범한 인물의 출생의 근간이 되는 점과 신격반열에 오르는 비범함을 입증하는 증거로 기능한다. 이러한 성격은 기아회생모티프가 대표적인 대중적 모티프이자 신화에 필수적인 신화적 모티프임을 알게 한다. 사건전개와 갈등 심화에 기능한다. 풍자의 매개가 되고 사랑사건의 전환에 기능한다.

가사회생모티프는 사랑사건이 난관에 봉착했다가 새로운 전기를 맞이하여 사랑이 성취되는 과정에 매개된다. 그리고 사건전개와 갈등 심화에 기능하여 풍자의 매개가 되고 해학적이고 골계적 상황을 연출할 때도 관계한다. 가사회생모티프는 양반들을 풍자할 때 서사 내용에 해학과 골계를 표현하고자 할 때도 활용되었다. 예리한 판단력과 이성적 성찰이 부족한 양반을 풍자하기 위해 매화가 죽었다가 살아난다는 모티프를 활용한다. 양반 골생원도 자신이 죽었다가 살아난다는 내용에 관계된다. 양반이 죽었다가 살아난다는 의미는 죽음에서 현실의 세계로 돌아오는 즉, 비이성적인 몽매의 상태에서 이성의 상태로 회복한다는 의미를 담고 있는 것이다. 가사회생모티프를 이용하여 양반을 풍자하고 해학과 골계적 상황을 만들기 위해서도 가사회생모티프를 사용하고 있음을 알 수 있었다.

동해안풍어제의 원형미학적 연구

1. 서론

동해안풍어제[1]의 원형미학에 대해 연구한다. 본고는 풍어제를 하나의 예술작품으로 바라본다. 풍어제에는 마을의 서사가 있고, 굿[2]이 있으며, 마을 사람들의 협력과 소통이 있다. 그 속에는 악가무희가 관통하며 그 주변으로 마을의 과거 설화와 현재의 스토리 등이 어우러지며 마을 사람들은 과거 및 현재와 소통하고 추억하고 미래를 전망하는 축제의 본질을 나눈다. 악가무희 같은 예술적 요소와 마을 사람들의 서사 등이 어우러지는 점에서 풍어제는 총체예술과 다를 바 없다고 볼 수 있다. 풍어제를 예술작품으로 바라보는 이유는 마을 사람들이 풍어제를 대하는 관점과 행동에 근거한다. 풍어제를 지내온 마을의 관습 속에서 마을 사람들은 풍어제를 예술작품으로 인식하는 경향이 뚜렷하다. 풍어제 기간 중에 마을 사람들은 마을의 역사나 마을의 여러 이야기를 되새기며 그 속의 한 등장인물을 맡아 연기하는 것 같은 행동도 보인다. 그리고 풍어제를 주도하는 사람들 중에는 연행되는 굿 속의 신들을 생각하며 신들의 상징과 의미를

---

1 본고에서는 동해안풍어제와 풍어제를 함께 사용한다. 동해안이 아닌 지역의 풍어제를 언급할 경우 ○○○풍어제라는 방식으로 그 지역명을 풍어제 앞에 사용한다.
2 굿을 축제의 의미로 사용하기도 하지만 본고에서의 굿은 무당이 무가를 부르면서 굿을 하는 연행 그 상황만을 지칭한다. 동해안별신굿을 동해안풍어제와 혼용하는 경우도 있지만 본고에서는 동해안별신굿은 동해안풍어제 기간 중에 무당에 의해 집전되는 무속연행만을 의미한다.

현실 속에 구현하려는 존재가 되어 마을을 하나의 재료로 하여 풍어제라는 조각작품이나 회화작품을 완성하려는 예술가처럼 행동하는 경우를 볼 수 있다. 뿐만 아니라 하나의 예술 작품을 만들기 위해 구도를 설정하고 재료를 다듬으며 색의 조화를 구상하는 과정과 풍어제의 구도를 설정하고 풍어제에 필요한 여러 요소의 조화와 배열을 의도하는 과정이 유사하다. 소중한 작품을 만드는 인식으로 풍어제를 지내는 과정에 풍어제의 원형미학도 형성된 것으로 보인다. 원형미학이 형성되는 지점은 감성과 이성이 서로 교감하며 호환되는 공존의 지점이라고 생각한다. 이를 통해 볼 때 풍어제는 과학적이고 합리적 이성도 적절히 융합되는 민속이라고 할 수 있다. 예술작품은 기본적으로 현실을 모방하는 특성이 있는데 모방의 지점에서 현실을 바라보는 관점에 이성이 배제될 수 없기 때문이다.

원형은 예술이나 문학처럼 인간의 삶을 반영한다. 국가단위 혹은 일정 집단의 반복적 문화행위 속에서 원형은 형성된다. 그렇기에 원형은 지리적, 사회적 환경을 반영할 수밖에 없었다. 현재는 전지구적으로 사회문화의 정보가 영상을 통해 소통이 가능하다. 하지만 인간은 과거 20세기 전까지 현재와는 전혀 다른 소통체계 속에 있었다. 과거에도 수많은 문화정보교류가 있었지만 속도와 정보의 양에서 비교할 때 과거의 소통을 현재와 비교할 때 과거의 소통은 폐쇄에 가까웠다고 할 수 있다. 때문에 한 지역에서 활발한 인간활동이 있었다 하더라도 다른 지역과의 문화소통은 오랫동안 조금씩 진행된 점진적인 것이었다. 따라서 특정지역의 사회문화 활동으로 형성된 원형은 그 지역의 지리적, 사회적 환경을 반영하지 않을 수 없었다. 동해안별신굿이 연행되던 지역에서 별신굿과 관련되어 형성된 원형들은 지리적으로 바다와 직접 관련되지 않을 수 없었다. 그리고 그 바다가 만들어내는 여러 정신작용에 영향을 입지 않을 수 없었다. 바다는 삶의 근거를 마련해 주고 경제적 안정을 가져다주지만 삶을 빼앗아 가기도 한다. 안정을 통해 기쁨을 얻는 측면보다 삶을 빼앗기는 고통이 바닷가 문화 속에서는 더 강렬하게 작용했을 것이다. 때문에 동해안별신굿에는 바다에 삶을 빼앗기지 않으려는 희망이 더 많이 반영되었을 것이고 그것이 원형으로 작용했을 것으로 보인다.

원형 안의 구성소들이 하나의 고정된 본질적 특성을 가진 개념들이 아니라, 우리가 경험하는 방식에 따라 그 경계선이 변화할 수 있는 유연한 개념이다. 원형적 상상력의 주제에 접근하는 관점으로는, 집단 무의식의 구조로 보는 융[3]의 관점과 신성한 모범적인 본보기 또는 패러다임으로 보는 엘리아데[4]의 관점을 들 수 있다. 융의 관점은 원형을 모든 인류가 지닌 공통적이고 보편적인 무의식의 요소라고 보는 데 반해, 엘리아데의 관점은 근본적으로 종교적인 상상력의 근간을 이루는 신성한 본보기를 의미한다. 이 두 관점은 내용적으로 크게 다르지 않다. 엘리아데의 제의와 관련된 원형 개념이 융의 집단무의식과 전체적으로 서로 관련된 것이기에 그렇다. 엘리아데는 구체적이고 개별적인 논의를 강화한 입장이고 융은 다소 추상적이면서 전체적 논의를 강화한 입장이라고 할 수 있다. 원형의 개념이란 인류 공동의 시원적 무의식과 관련되는데 본고에서는 풍어제가 연행되는 마을에서 신앙의례를 꾸준히 전승해오는 가운데 누적된 어떤 신성한 본보기나 집단무의식과 관련되는 부분이라고 할 수 있다.

원형미학은 그 원형을 형성함 있어 근원되는 미토스적인 힘을 의미한다. 미토스는 삶과 죽음 같은 기본적 인간운명의 반복[5]과 관련된다. 인간 모두는 태어나서 죽음을 맞이하지만 뜻하지 않게 죽음을 맞는 경우도 있다. 바닷가에 사는 주민들은 그런 죽음에 더 익숙할 것이다. 바닷가 주민

---

3   융, 이윤기 역(2009), 『인간과 상징』, 열린책들, 137~138쪽 참조.

4   엘리아데, 이재실 역(1977), 『이미지와 상징 주술적-종교적 상징체계에 관한 시론』, 까치글방, 13쪽 참조.

5   Northrop Frye(1957), "Archetypal Criticism: Theory of Myths", Anatomy of Criticism, Princeton University Press, p.158.

들 중에 어떤 사람은 그 죽음에 좌절하겠지만 다른 어떤 사람은 새로운 가치를 발견하는 힘을 그 죽음에서 찾아낼 것이다. 그 죽음은 자연, 즉 바다에서 기인하기에 원형미학의 한 축이 된다고 본다. 힘을 발견하는 시각은 자연의 변화 속에 존재하는 질서[6]를 인식하면서부터 가능해 질 것이다. 질서 인식은 그 질서 속에 자신이 존재한다는 것을 알게 하는 정신작용이지만 마을 사람들은 그 질서 속에 자신이 갇히기를 희망하지는 않을 것이다. 그로부터 탈출하기를 희망할 것이다. 그 희망은 현실에서 쉽게 이뤄지지 않을 것이나 마을의 별신굿을 통해 일시적으로 혹은 정신적으로는 오랫동안 그 희망을 이어갈 것으로 보인다. 원형미학은 새로운 가치를 발견하는 힘과 자연의 질서에 대한 인간의 인식에 들어 있다 할 것이다. 본고에서는 풍어제를 하나의 총체예술이라고 보는데 그 총체예술 작품을 만듦에 있어 근원되면서 우선되는 미학적 원천도 원형미학의 한 부분이라고 할 수 있다.

　동해안풍어제에 대한 연구는 여러 관점에서 많은 논의가 있었다. 무가, 춤, 음악, 축제, 마을 관계자, 연극적 측면 등 풍어제가 종합연희인 점이 고려되어 예술의 여러 장르 관점에서 논의가 있었다. 기존의 이러한 논의는 동해안풍어제 의미를 밝히는데 핵심적으로 기여하였다. 본 연구는 이러한 기존 연구를 바탕으로 동해안풍어제의 근원적 측면에 대한 고찰을 시도한다. 고찰은 체험주의를 바탕으로 한 원형미학적 관점이다. 체험주의는 몸으로 실제 경험하는 상황 속에서 인간이 느끼는 바를 의미한다. 이런 관습이 오랫동안 이어지면서 마을 사람들은 풍어제 속에서 어떤 근원적 의미를 확인하고 그것을 다시 내면에 침잠시켜 왔다. 이런 점을 고찰하려는 것이다.

　본고에서의 동해안풍어제 고찰 시기를 언제쯤으로 하는가는 원형과 관

6　위의 책, p.204.

런되어 중요한 문제다. 본고에서의 고찰대상이 되는 풍어제는 2000년 이후로 한다. 동해안풍어제는 언제부터 시작되었는지를 정확하게 확정할수는 없다. 하지만 현재 형식의 풍어제가 연행된 것은 백오십 년을 넘은것으로 추정한다. 김석출 무계의 활동이 백오십 년 정도이기 때문인데그 이전부터 풍어제가 지내져 온 것도 분명하기 때문이다. 직접적 고찰대상이 되는 풍어제는 2000년 이후지만 이 형식이 백오십 년 이상 이어져온 점에서 원형미학을 추론하는 점에는 문제가 없다고 본다.

동해안풍어제가 전승되는 지역의 마을 사람들은 오랫동안 풍어제에 직접적으로 참여해 왔다. 별신굿은 풍어제의 근간으로 무당들에 의해 전승되어 왔다. 마을 사람들은 풍어제를 지내는 기간이나 풍어제를 지내지않는 시간에도 동해안별신굿은 진행형이고 자신을 동해안별신굿의 부속물로 느끼는 경향이 있다. 풍어제를 몸으로 직접 체험하면서 살아온 삶이만들어낸 인식이라고 할 수 있다.

풍어제가 진행되는 동안 마을 사람들이 별신굿을 직접 몸으로 느끼는체험도 하지만 풍어제나 별신굿을 전체를 하나의 작품으로 인식하는 것으로 보인다. 풍어제는 어촌계, 청년회, 부녀회, 이장 등 마을 사람들이회의를 통해 준비하며 풍어제가 연행되는 동안 제례나 음식 준비, 접수,마을고로대접, 외부손님맞이, 무당지원 등 여러 형태로 풍어제에 직접 참여한다. 주변에 대한 자기관점의 인식이 있고 서로의 조화를 위해 여러고민의 결과를 집중시키는 등 예술작품을 만드는 과정에서의 인식과 집중의 태도가 나타난다. 특히, 마을 사람들이 주관하는 풍어제 연행과정은예술작품을 창작해 가는 창조자의 집중적 태도와 다를 바 없다. 작품을창조해가는 과정에서 느끼는 희열도 마을 사람들에서 나타난다. 예술가들은 아름다운 작품을 만드는데 몰두한다고 볼 수 있는데 마을 사람들은풍어제를 성공적으로 연행하기 위해 풍어제의 신성성이 유지하고 마을의안과태평과 부귀공명을 위해 정성을 다하는 모습에서 아름다운 작품을 만들려는 예술가의 태도와 다를 바 없는 모습이 나타난다. 풍어제라는 하나의 작품이 완성되도록 마을사람들이 예술정신을 모두 드러내는 것이다. 풍어제가 진행되는 동안 마을사람들은 풍어제라는 예술작품의 공동 창조자가 되는 것이다. 마을 사람들 스스로 풍어제를 창조하면서 즐기는 상황의 주체이자 객체가 되는 것이다. 마을 사람들은 풍어제의 근간인 별신굿에서도 주체이자 객체적 입장이다. 별신굿은 무당이 연행하지만 마을 사람들은 어떤 형태로든 자신이 별신굿의 일원이라고 생각한다. 풍어제와 별신굿은 엄밀히 바라보면 서로 다른 존재지만 동일한 존재로 느끼는 경향도 있다. 별신굿과 풍어제를 동일한 존재로 바라본다는 것은 풍어제를 직접적으로 경험한다는 것을 의미한다. 작은 위상으로라도 마을사람들이 풍어제와 별신굿에 자신이 직접 참여한다는 점을 인식하고 있는 것이다. 이처럼 마을사람들은 풍어제를 연행하는 과정을 예술작품을 만들어 가는 과정처럼 구도와 색채를 조화시키면서 회화 작품 하나를 완성해 가는 과정과 다를 바 없다고 할 수 있다.

신체화된 경험의 미학은 체험주의의 해명에 따라 가장 단순한 지각적 경험과 물리적인 활동에서부터 가장 복잡하고 추상적인 개념과 추론화 과정에 이르기까지, 전 인지과정을 상상적이라고 보고, 그러한 경험의 비법칙적인 구조를 미학적이라고 규정한다.[7] 풍어제는 마을마다 연행주기가 달라 보통 1년에서 10년을 주기로 연행된다. 마을 사람들은 풍어제가 연행되는 며칠 기간뿐만 아니라 풍어제가 연행되지 않는 기간이나 준비 기간에도 인간의 삶과 풍어제의 관계에 대해 생각을 이어간다. 항시 그런 것은 아니지만 마을의 많은 사람들이 풍어제를 기다리고 지난 풍어제를 되짚으며 다음 풍어제를 준비한다. 풍어제를 바라보는 관점은 어느 정도

---

7   마크 존슨, 김동환·최영호 역(2012), 『몸의 의미: 인간 이해의 미학』, 동문선, 16~20쪽 참조.

일상적 관계 속에 놓여 있다고 할 수 있다. 풍어제 기간 동안의 경험으로부터 풍어제가 없는 기간 동안 마을에 일어나는 여러 일들에서 신의 역할을 생각해 보고 골매기신이 혹은 조상신이 어떻게 마을의 삶에 마을 주민 개인의 삶에 개입했는지를 추론하고 상상해 보는 이런 과정이 좀 더 나은 또는 어떤 완결된 형태의 삶을 지향하는 미학적 태도라고 할 수 있다.

체험주의는 상상적인 경험의 국면들이 어떻게 정합적인 이해와 의미들로 연결될 수 있고, 단순한 지각적 경험들이 어떻게 풍부하고 새로운 추상적인 의미와 이해의 과정들로 확장될 수 있는가를 해명한다. 이러한 관점에서 신체화된 경험의 미학은 일시적으로 국한된 경험이 아니라 의미 있는 경험을 만들어 가는 우리의 모든 상상적인 사고 활동을 포괄하는 경험의 문제가 된다. 풍어제의 지속은 이처럼 체험주의가 누적되어 가능했던 것으로 볼 수 있다. 바닷가 마을에서 만선이 이어지거나 해난사고가 있을 경우 또는 경사스런 일이 발생하거나 뜻하지 않은 우환질고가 있을 경우에 이를 풍어제와 연결 지을 과학적이고 합리적인 인식은 없다. 그렇지만 상상으로 연결하여 마을 사건과 풍어제는 서로 오랫동안의 관계를 이어왔다. 이런 일들이 마을 사람들에 의해 몸에 각인돼 체험으로 연결되어 왔던 것이다. 이를 가능하게 했던 것이 원형미학적 요소였을 것으로 보인다. 원형미학적 요소는 지켜 온 힘이자 끌고 나갈 힘이기도 하다. 마을 사람들이 풍어제를 지켜오고 밀고 나갈 근원에 자리 잡은 힘의 요소가 무엇인지를 밝히는 것이 풍어제의 원형미학적 요소를 고찰하는 결과가 될 것이다.

그리고 풍어제는 마을 사람들이 만들어 내는 가장 완전하고 신성한 총체예술이다. 죽음과도 연계된 점에서 생명예술이기도 하다. 마을 사람들은 풍어제의 작가이자 동시에 감상자이기도 하다. 창조자의 역할과 감상자의 역할을 동시에 수행하는 것이 풍어제이다. 전통적으로 미학이라는 용어는 감성적 인식에 관한 학문이라는 정의로부터 출발했다. 감성학으로 불리는 전통의 미학은 지성으로부터 감성의 독자성 또는 자율성을 확립한 내용으로 계승되었지만, 후일 단순히 감성적 인식의 문제를 다루는 학문이 아니라 자유로운 정신의 예술을 다루고 있는 예술철학의 문제로 전환된다.

2. 동해안풍어제의 구조와 의미

1) 동해안풍어제의 구조와 구조의 의미

동해안별신굿은 마을이나 굿을 하는 무계마다 다소 차이가 있어 몇 석의 굿이 기본형식이라고 할 수는 없다. 그리고 어떤 굿 절차를 처음으로 보느냐에도 이견이 있다. 본고에서는 마을에서 지내는 풍어제 형식을 존중하여 굿 제차를 설정하였다. 대체로 부정굿이 굿의 시작이지만 본고가 풍어제와 관련되는 만큼 굿 준비과정도 고려하였다. 마을마다 풍어제를 위한 굿 준비과정은 즐겁고 신성하며 세밀하지만 굿 준비를 풍어제의 한 과정으로 고려하는 마을이 있는가하면 중요하게 생각하더라도 이를 한 과정으로 보지 않는 경우도 있어 마을의 풍습을 고려한 제차를 설정하였다. 동해안별신굿이 연행되는 몇 군데 지역의 제차를 보면 지역만의 특수한 제차도 있지만 대체로 청신, 오신, 위민, 송신의 구조와 일치한다. 동해안별신굿 제차[8]는 굿의 시작을 알리는 내용으로 시작한다. 부정을 치고 굿문을 열고 마을의 최고신이나 조상신들을 좌정시킨 후 본격적으로 굿을 시작한다. 조상과 자손의 번창을 비는 내용, 마을의 안녕을 기원하는 내용, 집안의 화목과 안녕, 병치레 없는 건강한 삶, 농사풍년, 어업풍어,

---

8   동해안별신굿 제차는 여러 문헌이나 조사보고서에 제시되어 있지만 본고에서의 제차는 필자의 조사를 바탕으로 「영남 동해안지역 풍어제의 연행특성과 축제성」(『한국무속학』 10, 2005), 141~144쪽을 참조한다.

부인들의 행복, 산과 땅의 조화로운 운행, 무조신들의 안녕기원, 행복한 마음의 확산, 잡귀잡신에 대한 배려 등을 굿의 내용으로 한다.

백석굿 풍어제[9]는 ①명금 ②부정굿 ③청좌굿 ④당맞이굿 ⑤성주굿 ⑥화회굿 ⑦세존굿 ⑧중잡이 ⑨조상굿 ⑩지신굿 ⑪산신굿 ⑫심청굿 ⑬천왕굿 ⑭천왕곤반 ⑮군웅장수굿 ⑯탈굿 ⑰용왕굿 ⑱손님굿 ⑲제면굿 ⑳대잡이 ㉑꽃노래·뱃노래·등노래 ㉒범굿 ㉓액막이 ㉔대거리 순서로 진행되었고, 사진1리 풍어제[10]는 ①굿준비 ②부정굿 ③청좌굿 ④당맞이굿 ⑤화회굿 ⑥조상굿 ⑦세존굿 ⑧중도둑잡이 ⑨지신굿 ⑩산신굿 ⑪놀음굿 ⑫천왕굿 ⑬놋동이굿 ⑭성주굿 ⑮손님굿 ⑯놀음굿 ⑰제면굿 ⑱용왕굿 ⑲대내림 ⑳꽃노래 ㉑뱃노래 ㉒등노래 ㉓상제반 ㉔거리굿 순서로 진행되었고 신암마을 풍어제[11] 중 내당굿은 ①부정굿 - ②당맞이굿 - ③문굿 - ④가망굿 - ⑤세존굿 - ⑥제석굿 - ⑦군웅굿 - ⑧부인굿 - ⑨성주굿 - ⑩천왕굿 - ⑪손님굿 - ⑫황제굿 - ⑬대왕굿 - ⑭걸립굿 - ⑮대신굿 순으로 진행되었고 외당굿은 ①가망굿 - ②세존굿 - ③심청굿 - ④제석굿 - ⑤산신굿 - ⑥용왕굿 - ⑦천왕굿 - ⑧지신굿 - ⑨장수굿 - ⑩월래굿 - ⑪영산맞이굿 - ⑫거리굿 순으로 진행되었고 진하마을 풍어제[12] 중 내당굿은 ①부정굿 - ②골매기굿 - ③일월맞이굿 - ④당맞이굿 - ⑤당성주굿 - ⑥당지신굿 - ⑦하회굿굿 - ⑧성주굿 - ⑨군웅굿 - ⑩조상굿 - ⑪천왕굿 순으로 진행되었고 외당굿은 ①산신령굿 - ②토지지신굿 - ③용왕굿 - ④심청굿 - ⑤지신굿 - ⑥장수굿 - ⑦월래굿 - ⑧황제굿 - ⑨손님굿 - ⑩제면굿 - ⑪영산맞이굿 - ⑫이운맞이굿(대왕/ 정경밟기) - ⑬거리굿 순으로 진행되었고 대변항 풍어제[13] 중 내당굿은 ①가망굿 - ②세

---

9 경북 영덕군 병곡면 백석리 백석2구 수협공판장. 2013년 4월 16-18일
10 경북 울진군 사진1리 마을회관. 2014년 4월 7일
11 울산광역시 울주군 서생면 신암마을. 2001년 2월 7일—2월 11일
12 울산광역시 울주군 서생면 진하리. 2002년 9월 22일-26일
13 부산광역시 기장군 대변항. 2003년 2월 4~9일.

존굿 – ③제석굿 – ④산신령굿 – ⑤성주굿 – ⑥부인굿 – ⑦천왕굿 – ⑧손님굿 – ⑨대왕굿 – ⑩걸립굿 – ⑪황제굿 – ⑫대신굿 – ⑬대신굿 순으로 진행되었고 외당굿은 ①가망굿 – ②세존굿 – ③도둑잡이굿 – ④제석굿 – ⑤장군굿 – ⑥선생굿 – ⑦군웅굿 – ⑧(물국)제석굿 – ⑨부인굿 – ⑩용왕굿 – ⑪심청굿 – ⑫천왕굿 – ⑬장수굿 – ⑭걸립굿 – ⑮월래굿 – ⑯영산맞이 – ⑰뱃노래굿 – ⑱등노래굿 – ⑲대거리굿 등의 순으로 진행되었고 등의 순으로 진행되었다.

별신굿은 풍어제를 지내는 이유이기도 하다. 별신굿을 통해 풍어, 풍농, 다복, 마을안정 등을 기원하기 때문이다. 별신굿 내용 중에는 무당 자신을 위한 굿도 있다. 하늘과 땅을 연결하는 굿의 주제자로서 무당의 능력이 하향되면 안 되기에 무당의 능력유지를 기원하는 굿도 있는 것이다. 별신굿의 이러한 내용은 별신굿 각 굿을 구성하는 신격들의 의미를 알면 원형미학의 내용을 파악하는데 도움이 된다.

별신굿의 신격들은 대부분 독립적이다.[14] 골매기신, 조상신, 세존신, 용왕신, 부인신, 황제신 등 대부분의 신들이 서로 간에 힘에 의한, 신격에 의한, 계급에 의한 분류 가능한 관계로 형성되어 있지 않다. 즉, 각 신들 상호간에 연결고리가 없는 것이다. 그런 까닭에 신들 상호간의 위계를 논하기가 어렵다. 각 신들에는 이름도 없다. 골매기신이라는 통칭만 있지 입향시조의 구체적인 이름이 없다. 조상신들도 마찬가지다. 이미 이승을 떠난 조상이라는 통칭으로만 불려지는 신들이지 구체적인 이름이 없다. 다른 신들도 마찬가지다. 신격이 이승에서 혹은 절대적 존재로 위상되는 상징적인 통칭만을 갖고 있다. 그 탓에 신들의 위계를 따져묻기 어려운 상황이다. 이름이 있고 신격들이 어떤 기준으로 서로 연결되어 있으면 그 연결고리를 통해 위계를 차지하기 위한 다툼도 있을 수 있어 신들 간의

---

14 심상교(2019), 「한국무속의 신격연구2 – 동해안별신굿을 중심으로」, 『민속연구』 38, 안동대학교 민속학연구소, 70~73쪽.

갈등도 형성될 수 있는데 이러한 특성이 동해안굿의 신에게서는 발견되지 않는다.

때문에 동해안별신굿의 신격들은 통칭의 신격으로서 특징과 위계만을 주로 보인다. 신격들이 조화롭게 굿을 만들고 신화의 세계를 구성하지만 신화에 서사구조가 약화되어 서사작품으로서의 재미는 약화되는 결과로 이어졌다. 세존굿에서 삼한세존과 당금애기 사이에 약간의 갈등은 있으나 신들 사이의 위계와 관련된 다툼은 아니다. 손님굿에서의 갈등은 세존 굿보다 강하다. 손님과 김장자 사이의 갈등은 첨예한 편이나 신과 신 사이의 갈등은 아니기에 신들 사이의 관계가 만들어 낸 갈등은 아닌 것이다.

별신굿에 나타나는 신들의 성격은 분명한 편이나 계보나 행적은 분명하지 않은 경우가 많다. 각 신들이 자신이 주신으로 있는 각각의 굿에서 어떤 내용의 재수와 복을 내리는 지가 무가에 분명하게 드러나 신의 성격을 분명히 하는 편이다. 부정을 가시고 각 위계의 신격을 청좌시켜 오신을 하면 신들은 병을 낫게 하고 풍어와 풍년을 확약하는 방식으로 신격의 성격이 분명히 드러난다. 하지만 각각의 신격이 어떻게 탄생하였고 선대 혹은 스승은 누구이며 어떤 특성이 있는지는 무가에 분명히 드러나지 않는다. 신격이 형성된 구체적 시기도 나타나지 않는다. 신격들끼리 군집을 형성하여 서로 영향을 주고받거나 대립하는 경우도 거의 나타나지 않는다.

풍어제는 이러한 별신굿이 근간이다. 그래서 별신굿 속의 원형적 요소들은 풍어제의 원형을 이루기도 한다. 풍어제 속의 원형의 요소들과 의미를 살펴보자. 먼저 원형의 의미를 보자.

무의식적 연상들이 꿈과 민담, 신화 속에서 내포된 집단 무의식의 원형들에서 비롯된다고 한다. 초민족적, 인류 공동의 집단적 무의식 층에서 원형들에 의해 이루어졌던 상상력의 발동은 인류보편적인 세계인식 및 자기인식, 행동 유형, 문화를 발흥시키는 에너지로 이어지는 것이다. 꿈이나 설화, 민간 신앙, 속담, 설화 등의 의미를 전자의 접근에서와 같이 비교적 명료한 무의식과 개인적 삶의 수준으로 해석되는 기호의 의미로 보지 않고, 해석의 완결지점이 없는, 즉 분명하고 직접적인 의미 이상의 것을 나타내는 상징의 형태로 해석함으로써 인류공동의 정동적 상상력을 발동시키는 그 역동을 중시한다.

신화나 민담과 같은 풍어제는 꿈이나 정신병적 환상의 산물과 마찬가지로 상징적 환상을 통해 무의식적 심혼의 상상력을 발동시키는 원형상을 품고 있다고 볼 수 있다. 이것은 직접적으로 이해되는 의미를 제공하기도 하지만, 궁극적으로는 이해할 수 없는, 비합리적이고, 신비로운 상태라고 할 만한 의식의 차원을 여는 힘을 제공한다.

굿이나 신화 속에 삶이나 문화의 작은 현상 속에 한국인의 정신세계나 가치관이 들어있다. 신화는 우리 세계관에 대한 이해의 핵심이 될 수 있다. 즉 신화탐구는 한 문화의 지속성을 유지해 주는 공통의 세계관과 그것을 떠받치고 있는 사유구조 혹은 사유체계를 찾아내는 하나의 방법이 될 수 있다. 이러한 사유구조의 원형을 찾아냄으로써 인간에 대한 전망을 가질 수 있다. 굿을 하는 동안 신에게 마을의 안녕과 풍어를 기원한다. 신에게 기원한다는 것은 신의 힘을 빌어온다는 것이고 신에게 자신의 운명을 의탁하는 것이다. 신의 힘을 빌려오거나 운명을 의탁한다는 것은 신에게 나를 종속시켜 간다는 의미가 되면서 나와 신과 하나가 되어 나를 신격에 가깝도록 상승시켜 결국 내가 내 운명의 지배자가 되려는 목적까지 두 가지가 함께 있다고 할 수 있다. 신에게 종속되어 가는 현상이면서 신의 힘을 빌어 마을과 나의 권위와 삶의 가치를 보존하려는 것이다.

동해안풍어제에서 주가 되는 신은 골매기 서낭신이다. 골매기 서낭은 존재하지 않던 마을을 새롭게 만든 입향시조다. 입향시조는 할매와 할배로 구성된다. 골매기신을 마을의 주신으로 모시는 이유는 자신들의 뿌리를 분명히 하고 조상을 신처럼 받들어 모심으로써 골매기신의 영역에서 도움을 받으려는 것이다. 동해안별신굿에서는 마을의 형성과정을 설명하며 마을 형성과정이 성스럽고 안과태평의 기운을 많이 받았기에 그 안에 살고 있는 주민들에게는 복이 내릴 것이라는 확신도 강조한다.

동해안풍어제의 주신을 비롯해 많은 신들은 인간이었으나 사망 후 이 승을 떠나 신이 된 존재들이다. 골매기신, 가망신, 세존신, 제석신, 산신령 신, 성주신. 부인신, 천왕신, 손님신, 대왕신, 걸립신, 황제신, 대신신, 군 웅신, 장군신, 선생신, 용왕신, 장수신, 영정, 수비 등의 신이 풍어제에서 모셔지는 신들이다. 대부분 인격신으로 이승에서는 인간이었으나 죽어 신이 된 존재들이다. 산신령신의 경우 인격의 신화과정을 거친 경우는 있고 그렇지 않고 추상화된 신격으로 산신령신인 경우도 있다. 수비, 영 정도 모두 인격에서 비롯된 존재들이다. 풍어제에는 마을 사람들의 조상 과 무당의 조상신들을 위한 춤과 음악이 주를 이룬 만찬의 자리가 만들어 지는데 골매기신을 비롯해 가망신 등이 바로 그들이다. 성주, 황제, 부인 도 어떤 의미에서 마을 사람들의 조상이라 할 수 있다. 조상신들이 모셔지 는 이유는 무엇인가.

조상을 숭배하고 조상을 확인하는 과정을 통해 나의 존재를 확인하고 이를 남에게 확인시켜 사회적 존재로서의 나를 드러내려는 현실적 사고 관과 나의 조상이 신이 되었다는 점을 나타내어 내가 조상으로부터 보호 를 받게 될 것이라는 확신을 갖게 하려는 이유로 보인다. 자신의 선조가 누구이고 이미 세상을 떠난 선조들이 저 세상에서 후손을 돌봐 준다는 생각은 세계 여러 문화 속에서 볼 수 있는 공통된 사항이기에 풍어제에서 만의 유산은 아니지만 오랫동안 민족의 혼융 없이 단일 민족으로 살아온 과정에서 혈통이 이어지는 삶의 과정이 조상신을 모시는 과정에서도 나 타나는 것으로 보인다. 단일한 혈통으로 생각하는 것이 원형을 이루는 힘이고 이를 지키고 보존하는 것이 원형미학을 형성한다고 볼 수 있다.

굿당은 조상신과 마을 주민들이 만나는 공간이다. 마을 주민들이 조상 신을 만나기 위한 능동적 행위와 신의 하강을 기다리며 이를 통해 자신의 상승을 꿈꾸는 수직운동이 이 공간에서 이뤄진다. 자기정체성을 확인하려는 의지의 발현이고 이 발현을 전승하려는 노력의 과정이 풍어제를 통해 나타나는 것이다. 그리고 이러한 의지와 노력을 이어 가게 됨을 축하하려는 것이다. 여기에는 정치적 목적과 사회적 목적이 들어 있는 것이다. 혈통을 강조하면서 동시에 결속을 강화하려는 점에서 정치적 목적과 사회적 목적을 동시에 성취하려는 목적도 보인다. 조상을 모시는 풍어제는 마을 사람들이 모이게 하여 한 공간에서 동일의식을 갖게 함으로써 마을 사람들 간에 자기동일성과 정체성을 확인하는 과정이 되기도 한다.

동해안별신굿은 마을의 지도자들이 주도한다. 마을 이장, 어촌계장, 개발위원장, 청년회장, 부녀회장 등이 주도하는 것이다. 신과 마을 사람들의 연결시키는 책무와 권한이 이들 지도자급에 해당되는 사람들에게 있는 것이다. 마을지도자급들이 굿을 통해 마을 사람들을 안정적으로 이끌어 가기 위한 일종의 질서의식을 확립하는데 이용하는 측면이 있다. 굿 진행과정을 정치적 목적과 연관 지은 측면이 있다. 지도자급 사람들이 주도하지만 마을 사람들이 공통으로 바라는 문제는 일차적으로 풍어와 바다에서의 무사귀환이다. 바다와의 화해가 가장 현실적인 문제인 것이다. 사람들 사이에서의 화합이 전제되지 않는데 바다와의 화해가 가능하다고 생각할 사람은 없을 것이다. 마을 사람들 간에 불화와 대립이 있어 굿을 하는 것은 아니지만 화합을 지향하는 마을 사람들의 소망은 바다와의 화합을 보장하는 측면이 있어 마을 사람들은 풍어제를 통해 마을 사람들과 소통하고 협력하기를 주저하지 않는다. 그 때문에 풍어제를 통해 마을 사람들 간의 화합이 자연스럽게 이뤄지는 것이다. 이에 덧붙여지는 문제는 자손번창이다. 자손번창은 다산의 의미도 있고 자손들이 안락한 삶을 영위하기를 희망하는 의미도 있다. 현실의 문제를 바로 풍어제를 지내는 이곳에서 신의 능력에 의탁하여 해결하고자 하는 것이다.

총체예술인 풍어제를 예술작품으로 완성하는 미학적 힘은 기복성, 사회성, 정치성, 축제성 등이라고 할 수 있다. 풍어제에서 신들의 거처는 이승과 저승에 산재한다. 성주신이나 산신, 부정신, 수비·영정 등은 이승에 함께 있다고 볼 수 있지만 그 외의 신들은 저승에 존재한다고 볼 수 있다. 송신이라는 굿 구조에서 알 수 있듯이 굿이 종료되면 모셔졌던 신들은 모두 원래의 자리로 돌아간다. 그런데 성주신 등 몇몇 신들은 자신이 존재하는 위치가 이승이라 사람들과 늘 함께 한다고 볼 수 있다. 골매기신도 골매기당에 위패나 신체로 모셔지는 경우도 있어 이승을 떠나지 않는다고 볼 수도 있다. 이런 경우는 동해안만의 문화는 아니지만 동해안 사람들의 현실적인 기복관점을 볼 수 있다. 신들과 늘 함께 하는 마을 사람들의 현실적 선택을 볼 수 있는 부분이다.

풍어제는 그 마을만의 원형의 서사를 만들어 간다. 서사의 축적이다. 서사의 축적은 경험의 소환이다. 삶의 에너지를 충전받는 미학세계를 갖는다. 풍어제는 기본적으로 인간의 세계인 경험된 세계와 신의 세계인 경험되지 않은 세계를 예술적으로 재창조하는 것이다. 동해안풍어제는 경험된 세계의 비중이 더 크며 이를 예술과 서사에 더 많이 가까이 간다고 할 수 있다. 미학은 구체적으로 형상화된 대상에 대한 미적 정리로 있겠지만 추상적 세계나 신비로운 세계의 미학적 아름다움도 있다. 풍어제는 추상의 세계와 신비로운 세계 모두에 대한 미적 세계를 갖고 있다. 신들과의 교감, 인간들 사이의 소통 등으로 풍어제는 총체예술, 생명예술의 모습을 갖는다. 인간존재의 한계를 뛰어넘는 예술미학을 형성하고 이를 이어가는 것이다. 마을 사람들은 무당들에 의해 연행되는 별신굿과 함께 풍어제라는 작품의 창조적 주체다. 마을 사람들이 몸을 움직여 실천으로 실현되는 풍어제를 창조하면서 동시에 체험하는 것이다.

3. 원형미학으로서 바다

바슐라르는 물, 불, 공기, 대지의 특성을 상상력과 연관 지어 설명[15]한 바 있다. 불을 온화한 불, 음험한 불, 반역적인 불, 난폭한 불 등으로 나눠 설명했으며 물, 공기, 대지도 다양한 규정을 통해 상상력을 설명했다. 바슐라르[16]는 감동을 통해 상상력을 논하기도 했다. 미적 감동을 체험했을 때 어떤 '울림'을 느끼게 되는데 그 울림은 체험 당시 떠오르는 이미지 자체에 있다기보다 이미지를 일으키는 상상력에 있다고 설명하면서 그 힘은 본래부터 우리 내부로부터 촉발되어 '존재의 전환'을 이루게 되고 우리 내부에 존재하는 이 존재생성의 힘이 바로 그 진정한 의미에 있어 상상력이라는 것이다.

상상력은 인식에 있어 감각의 자료에다 형태와 질서를 부여하고 그가 지각한 바를 적절히 창조한다. 그리고 상상력은 가공되기 전의 체험 자료에 형태와 모습을 부여함으로써 그 작업을 수행해 나간다.[17] 그래서 상상력은 인간의 경험을 토대로 하여 있음직한 본보기를 구성하는 힘이다.[18] 이는 미래에의 전망이 담긴 의미로 현재보다 더 나은 삶을 지향하는 것이 상상력이며 현실 너머의 세계를 꿈꾼다는 것이다. 여기서 무엇보다 중요한 것은 상상력의 근원이 현실이라는 점이다.

바슐라르는 '흐르는' 모든 것은 물의 상상력에 속해 있다고 한다[19]. 물의 상상력에는 가벼운 물, 맑은 물, 무거운 물, 부드러운 물, 난폭한 물 등의

---

15 가스통 바슐라르, 민희식 역(1982), 『불의 정신분석, 초의 불꽃, 대지와 의지의 몽상』, 삼성출판사, 50~59쪽 참조.
16 곽광수 외(1976), 『바슐라르 연구』, 민음사, 23~44쪽 참조.
17 브레트, 심명호 역(1985), 『공상과 상상력』, 서울대학교 출판부, 59쪽 참조.
18 프라이, 이상우 역(2000), 『문학의 구조와 상상력』, 집문당, 20쪽 참조.
19 가스통 바슐라르, 이가림 역(1980), 『물과 꿈』, 문예출판사, 50~60쪽 참조.

여러 가지 특성이 들어 있다. 그래서 맑은, 사랑스러운 물은 자신의 모습을 비춰주는 맑은 물에서 자신의 아름다움에 이끌리는 나르시스를 발견[20]할 수도 있다.

밝은 물이나 봄의 물은 신선함이다. 신선한 것으로는 상쾌한 바람이 있다. 상쾌한 바람은 시원함을 던져 열광을 냉각시킨다. 물은 실체화된 신선함이다. 맑은 물은 성적인 성질을 갖고 있다. 시냇물이 특히 그렇다. 시냇물의 성적 기능[21]은 여성의 나체를 환기시킨다. 물에서 나타나는 존재는 조금씩 자기 자신을 물질화해가는 반영으로서, 어떤 존재가 되기 전의 이미지, 어떤 이미지가 되기 전의 욕망인 것이다.

물의 상상력은 크게 두 가지에서 출발한다. 하나는 정체된 물에서 출발하고 또 하나는 흐르는 물에서 출발한다. 정체된 물은 관조성을 유도하고 흐르는 물은 한다. 자신을 반영시키고 자신을 돌아보게 하는 특성이 있다. 나르시스다. 나르시스는 관조에서 동화로 나아가고 이어 창조로 이어지는 상상력이다. 흐르는 물은 일상적 죽음이며 수평적 죽음이다. 물은 가장 여성적인 죽음의 원소이기도 하다. 오필리아의 예에서 보면 물은 아름다움을 유지시켜 주며 젊음을 그대로 유지시켜 준다.[22] 물은 모성이고 생명이다. 바슐라르는 물을 모유로 표현한다. 그 모유는 따스하고 행복스런 밤의 이미지, 밝고 감싸는 물질의 이미지, 공기와 물, 하늘과 대지를 동시에 붙잡아 합치시키는 이미지, 우주적이고 넓고 거대하며 부드러운 이미지라고 말한다.[23]

물은 이처럼 양면성을 지닌다. 선과 악의 양면성을 모두 가지고 있다. 그 양면성은 인간세상을 반영하는 것이며 인간 세상에 모두 필요한 것이

---

20 위의 책, 67~68쪽.
21 위의 책, 72쪽.
22 위의 책, 155~165쪽.
23 위의 책, 220~245쪽.

기도 하다. 선을 나타내는 물은 순수하다. 정화(淨化)가 내포되어 있으며 의지며 육체를 깨끗이 씻어 준다. 여성성을 나타내면 근원적이다. 그리스 신화에는 목욕하면 젊어지는 청춘의 샘이 있는데 선을 나타내는 경우라 할 수 있다. 악을 나타내는 물은 악(惡)이며 난폭하며 분노를 나타내고 남성성을 상징하며 원초적이다. 인간은 그 속에서 투쟁한다. 역동적이며 그 속에서 투쟁한다.

동해안별신굿 자체가 바닷가 생활인들의 이상과 꿈이 반영되어 있다. 바닷가 마을에 사는 생활인으로서의 상상력과 물에 대한 관심이 온전히 동해안별신굿에 반영되어 있다. 동해안별신굿에서 물은 절대적이며 이중적이며 도전적이다. 바다를 삶의 터전으로 신성시하는 점에서 절대적이며, 생명탄생과 죽음이 공존하는 대상으로 인식한다는 점에서 이중적인 인식의 대상이며, 바다를 신성시하면서 패배할 수 없는 대상으로 인식하는 점에서 바다는 도전의 대상이다.

생명탄생과 관련된 인식은 세존굿에 잘 나타난다. 세존굿에는 바닷가 생활인들의 상상력을 바탕으로 한 이상과 꿈도 반영되어 있다. 세존굿은 세존의 높은 도력과 삼신할머니가 된 당금애기에 관한 내용이다. 삼신할머니는 생명, 출산의 신이다. 인간의 생명을 관장하는 신의 내력과 그 신을 즐겁게 하는 과장이 세존굿이다. 삼신할머니인 당금애기는 붕어회를 먹고 산붕어를 토해 내고, 종이버선을 신고 물위를 걸어도 버선이 젖지 않게 하는 기적적 능력을 가진 아들을 낳았다. 신비한 능력을 가진 존재가 우리의 생명을 관장하는 점을 강조한다. 삼신할머니는 바다를 배경으로 살아가는 사람들만이 아니라 우리 모두의 생명관장의 신으로 받아들였다. 바다를 삶의 터전으로 살아가는 사람들도 삼신할머니를 생명의 신으로 받아들여 생명의 소중함을 강조한다. 바다의 축제를 통해 신을 위로하면서 생명의 소중함을 강조 한다. 축제에서 상위존재를 즐겁게 숭모하고 자신의 존재를 확인받는다. 신에게 경의를 받치고 인간 존재를 확인받는 일반 종교형태와 비슷하다. 종교가 축제형식에서 출발했다는 추정도 할 수 있다. 동해안별신굿에 나타난 서사의 축적적 성격은 종교같이 형식화된 존재의 근원형태를 이루는 것이다. 물에 대한 인식이 세상에 대한 인식의 출발이었다고 볼 수 있는 셈이다.

동해안별신굿은 물을 절대적 존재로 받아들이다. 절대적 존재는 긍정과 부정적 측면 모두를 담고 있다. 물은 생명을 주기도 하지만 생명을 앗아가기도 한다. 이중적 존재인 것이다. 인간은 물의 이러한 이중성을 많이 닮았다. 인간 내면에는 상반되는 두 개의 특성 춘향이즘과 학도이즘적 특성이 공존하기 때문이다. 바다를 통해 받아들인 대조적 상상력은 대중성에도 반영되었다.

풍어제나 별신굿은 물이 기반이다. 바닷가에서 연행되기 때문이다. 바닷가 사람들에게 물은 생활의 터전이며 두려움의 대상이다. 생명의 물이면서 죽음의 물이기도 한다. 생명을 주는 물은 숭모의 대상이고 그 때 물은 신성의 물이 된다. 생명을 앗아가는 물도 숭모의 대상이고 신성의 물이다. 생명탄생에 대한 경외와 탈생명에 대한 두려움 때문에 물은 모두 신성의 존재가 된다.

만사여의하라, 만사대길하라, 일신성불하라, 명 타고 복 타고 가라는 복을 받으라는 축원의 일반적 표현이다. 특정 종교의 성격이 없지는 않지만 기원을 드리는 상징적 말이다. 불은 불교를 나타내기도 하지만 이보다는 삶의 완성, 행복, 행운 등을 의미한다. 이러한 축원의 무가는 민속, 전통적 상상력에 기반하여 조상을 기리면서 동시에 현세의 인간 삶에 대한 성찰과 행복을 기원하는 다중적 기원이 함축된 말로 볼 수 있다.

바다에 대한 경외심과 신성성 속에서도 바다에서의 삶은 일시적이고 육지에서의 삶은 지속적이다. 일시적이라 하여 가치가 낮고 지속적이라 하여 가치가 높은 것은 아니다. '천금 같은 몸을 쪽박 같은 배에 싣고'라 한다. 인간은 '천금'같이 소중한 존재이지만 인간이 바다에서 생명을 유지하기 위해서는 '쪽박'에 의존한다. 인간의 왜소함이 드러나는 표현이다. 인간의 소중함에 비해 바다라는 존재의 거대함이 더 강조되고 있기 때문이다. 한편, 거대한 바다에 맞서는 인간존재의 소중함도 나타난다. 인간존재를 부각시키면서도 자연 앞에서 겸손한 모습을 드러낸다. 자연 친화적 인간존재가 드러난다.

바다와 관련된 측면에서는 용왕굿이 중요하다. 용왕굿에서는 어로작업 중에 수살된 원혼들을 위로하면서 만선과 어촌마을의 재복발원도 기원한다. 집이 편하려면 성주를 위하고 농사를 잘 지으려면 삼한세존을 위하여야 하며 우마 대마를 먹이자면 군웅장수를 위하여야 하고 고기를 많이 잡자면 용왕님을 위해야 한다는 내용으로 굿을 진행한다. '모진 바람절로 막아 주고/모진 구름절로 막아 주고/ 모진 악세 바람도 뒤로 막아 주시고/ 동해바다 임자 없넌 재물 철양을랑/ 이물칸도 채와 주고/고물칸도 채와 주고/ 비늘 갓에 비늘 옷에 청기발도 띄와주소/홍기발도 띄와 주고/ 먹고 남게 불와 주시고/ 씨구야 남게 불와' 달라고 기원한다.

용왕굿을 통해서는 비극적 인간존재가 드러나기도 한다. 인간은 위대한 존재이나 한시적이다. 거대한 자연에 종속적이며 그 자연에 생명을 빼앗기기도 한다. 거대세계에 대해 왜소한 인간존재를 확인한다. 바닷물에 빠지지 마라. 수살귀 막고 물 흐름 잘 파악해라고 축원한다. 풍어를 기원하고 바닷물 속에서 사망하는 일이 없기를 기원하는 것이다. 마을에서 횟집 하는 가게에서는 회도 많이 팔고 마을은 안과태평, 부귀공명해라고 축원한다. 도둑 막고, 사고 막고 자녀의 학업성취와 사업성공도 기원한다. 나쁜 액도 다 막아 달라고 기원한다. 바다에 의지해 육지의 삶까지 행복하기를 기원하는 것이다. 물은 무속의 공간이면서 마법의 공간이다. 샤먼적 상상력의 의지처도 된다. 물활적 공간이면서, 토속적 상상력의 공간이다. 비도시적 공간이다. 백발이 잠시잠깐이라며 인생무상, 세월의 흐름이 화살과 같다는 세속적이며 일반적인 관념도 드러낸다. 인간존재에 대한 깊은 통찰과 함께 평균적 이야기도 함께 들려준다. 삶을 분광시켜 삶의 다양한 층위를 느끼게 하는 것이 풍어제이다.

풍어제는 종합연희다. 서사의 축적적 연희가 종합연희라는 점을 확인시킨다. 민요, 춤, 대중가요, 종합예술, 삶, 소통, 토속적인 것이 융합된다. 다양한 형식이 통합되어 굿을 형성하듯 굿 안에는 다양한 관점과 다양한 철학이 통합되어 있다. 그래서 총체적 상상력을 담고 있는 것이 굿이다. 가망, 용신, 지신, 산신 등 여러 신이 모여 총체적 상상력을 제공한다.

푸른 물은 움직이지 않는 기묘한 꽃들로 가득 차 있다. 지상의 물보다도 아름답고 맑으며 푸르다. 동해안별신굿 무가 안에서 물은 이렇게 묘사된다. 풍어를 바라는 기원이 담긴 무가이지만 삶의 예외적 한 순간을 상상하게 하는 무가다. 물은 투사적이며 반영적이다. 투사적이라는 것은 물이 투명하고 깨끗하다는 것을 의미하고 반영적이라는 것은 물이 정적이라는 것을 의미한다. 물의 반영성은 삶을 되돌아보게 한다. 투사적이라는 것은 진실과 실체를 바라보는 눈을 갖게 한다는 것이다. 삶을 돌아보고 진실을 바라보는 눈을 갖게 한다는 점에서 물은 명징하고 솔직하다. 지성적 모습까지 갖췄다.

할매당이 바닷가에 자리 잡고 있는 경우도 있다. 웅크린 채 바다를 바라보는 형상이다. 바다가 희망이자 삶의 공간이며 의지처라는 점을 확인시켜 준다. 동해안별신굿에서 심청굿은 바다와 물 때문에 눈을 뜬 한 남자의 이야기가 중심이다. 무역을 하는 상인들에게 바다는 위험영역이다. 바다는 효녀의 목숨을 살려준다. 천륜의 바다이면서 윤리의 바다다. 물이 포괄하는 세계의 위대함을 느끼게 한다. 정신적 가치를 중시하는 바다다.

동해안별신굿 무가는 대화형식으로 풀어내는 경우가 많다. 바다의 파도가 들어왔다 나갔다한다. 대화의 오고 가는 형식이 대화와 닮았다. 바다의 특성을 삶의 형식으로 치환한 경우라 할 수 있다. 동해안별신굿의 서사 세계는 굿에서 독립되어 있지 않다. 서사의 세계는 굿 전체와 연관되어 있다. 굿 공연과정 및 공연상황까지 고려한다. 흥겨움, 공연성, 감상상황, 예술적 희열을 제공한다. 마찬가지로 서사의 세계는 물의 세계만을 반영하지 않는다. 하늘에 대한 상상, 인간의 꿈, 마음속의 희망, 과거 어제를 모두 담고 있다. 총체성, 총체적 상상력이 굿 속에 담겨있는 것이다. 굿은 또한, 삶의 총체성을 바라보고 해석하는 눈도 갖고 있다.

　풍어제의 목적은 바다를 삶의 터전으로 살아가는 사람들의 기원이 담겨있다. 풍어, 미역풍년, 생명안전, 친바다적 상상력을 드러낸다. 간혹 물을 지배하려는 욕망을 드러내기도 한다. 물을 지배하려는 것은 바다에서 피해를 입지 않기 바라는 마음의 표현이다. 물이 안정되고 물을 지배하면 수확이 많아지고 생활이 안정되며 생활이 안정되면 심리도 안정된다. 심리안정은 새로운 세계로의 도전으로 이어진다. 새로운 세계로 나아가고자 하는 인간 욕망이 동해안별신굿에 들어 있는 물의 세계가 내포한 세계관이다. 풍어제 무가에는 모든 각시는 갑사댕기하고 동백기름 바르고 옥지환에 구슬장식하고 가마타고 시집가기를 희망한다. 소원성취하기를 희망하고 삼천갑자동박삭처럼 수명장수하기를 기원한다. 행복한 삶에 대한 기복미가 근저에 자리 잡고 있음을 확인할 수 있다.

　물은 세상을 구성하는 중요한 요소다. 물은 생명을 탄생시키기도 하지만 사멸시키기도 한다. 사람들은 탄생과 사멸이라는 두 가지 성질을 모두 인식한다. 탄생과 사멸은 인간의 일생과 닮아 있다. 인생의 또 다른 모습이 물인 것이다. 사멸과 탄생은 생명체의 단순하지만 너무도 분명한 사이클이다. 사람은 물을 통해 세상의 이치를 다시 확인하는 것이다. 사멸과 탄생은 세상의 대조적 이중성과도 닮았다.

　용왕굿에서 무녀는 용왕상을 마련해 온 선주의 부인들과 마을 사람들 모두를 축원한다. 물의 축원시간이다. 용왕굿에서의 축원내용은 만선기원을 근간으로 한다. 더불어 만수무강, 가정화목, 부부화목도 기원한다. 개인의 행복과 집안걱정, 가족걱정, 효자효부가 많기를 기원하기도 한다.

만사여의하고 시화연풍도 기원한다. 모든 것에 대한 걱정과 축원을 곁들인다. 서사와 직접적 체험에 의지해 새 삶을 추구한다. 고기 많이 잡고 재수 많이 타세라고 기원한다. 별비를 냈거나 시주를 한 선주 가정 모두를 언급하고 선주 이름과 배이름 모두를 하나씩 거명하며 기복의례를 행한다. 그물에 고기 많이 걸려라. 고래도 낚시에 걸려라고 기원한다.

40대 이하인 경우, 예를 들어 45살인 선주가 있으면, '45살이면 하늘이 겁나나 땅이 겁나나'라며 만복을 기원한다. 개인의 사소함이 굿을 통해 위대함으로 거듭나도록 유도한다. 집안과 마을의 개인적인 사소한 일을 얘기하며 축원하기도 한다. 굿의 일반적 성격인 위민성이 드러난다. 위민성은 신과 혼연일체되는 상황을 의미한다. 신의 시간이면서 신화의 시간이다. 인간이 신과 함께 있다는 것을 확인하여 만족의 시간, 충만의 시간이 된다.

바다를 배경으로 한 굿당 안에서 신과 인간이 어우러진다. 바닷가의 문화가 풍어제를 통해 잘 드러난다. 풍어제 자체가 흥겹고 기복의례적 요소가 융합되는 만큼 축제적 성격도 선명하게 드러난다. 조상굿은 돌아가신 조상이 악한 귀신이 되지 않도록 기원을 드리는 굿이다. 조상을 위무하는 굿인 셈이다. 염라대왕님과 부처님 전에 조상들이 좋은 곳으로 가도록 기원하는 성격도 포함된다.

바다가 포괄하는 세계가 만드는 상상력에 삶의 전 과정을 투영시킨다. 바닷가의 상상력은 삶의 전 과정에 대한 실존적 통찰이자 존재적 고뇌의 반영이다. 종교성, 삶의 지혜, 전통에 대한 인식이 풍어제안에 함께 녹아 있음도 볼 수 있다. 바다가의 체험적 삶과 풍어제의 정신이 분리되지 않은 채 마을 사람들을 제어한다고 볼 수 있다. 풍어제는 인간이 잠시 신의 세계에 동참하는 의식이다. 신의 생각, 즉 인간은 혜안과 지혜를 얻고 나의 바람을 신에게 들려준다. 마을 사람들은 현실 속에 살면서 현실에 난관이 있을 경우 신에게 자신을 의탁하는 것이다. 풍어제의 별신굿 신격들에게 종속됨으로써 자신의 존재의의를 찾는 것이다. 인간의 춘향이즘적 태도를 볼 수 있는 부분이다.

4. 원형미학으로서 자유

민담에는 인간이 공동으로 추구하는 일종의 집단정신이 반복적으로 반영된다. 난관을 극복하려는 지혜로움이나 자연재해를 이겨내는 현실적 지식, 전쟁이나 역병 같은 거대한 재난과 맞서는 방식에 대한 공통된 집단의 지혜나 지식도 민담 안에 녹아 있게 된다. 민담에 집단의 지혜나 지식을 공유하려는 것은 삶을 풍요롭게 하고 행복한 현실을 연장하려는 바람의 결과이다. 지혜와 지식이 집단정신화하여 민담에 녹아들면 사람들은 불행과 난관을 극복하는 현실적이고 합리적인 힘을 민담으로부터 얻게 될 수도 있다. 민담의 이런 특성은 동해안바닷가 마을에서 연행되는 풍어제의 속성과도 닮았다. 불행과 난관을 극복하려는 다소 비현실적인 힘을 풍어제로부터 얻을 수 있는 것이다.

풍어제의 별신굿의 신격들이나 민담에 나오는 등장인물들은 시대와 사회를 초월하여 상징으로 기능하는 집단무의식의 원형들이고 일종의 공통적인 신화적 상들이다. 이를테면 우리나라 민담에 나오는 산신령이나 스님의 존재는 풍어제의 용왕이나 천왕, 부인, 성주 등과 같은 원형상이라고 할 수 있다. 집단 무의식이란 개인적인 경험에서 획득된 것이 아니라 초개인적이고 인간 종(種)의 선조로부터 상속되는 보편적인 정신 영역이며, 결코 사변적이거나 철학적인 개념이 아니라 매우 경험적인 것이다. 예를 들면 단군신화에서 비롯된 첫 내방자가 나라를 세우고 형성시켜 나간 후에 신의 위상에 올라간 것처럼 마을의 최초 입향시조나 입도시조가 마을을 세우고 형성한 후에 그 마을의 골매기신으로 좌정하게 된 내용이 공통적으로 그리고 반복적으로 나타나고 있는 것과 같이, 시대와 사회를 초월하여 유사한 정신적 주제들이 작은 마을에까지 그 어떤 가설적인 정신 영역(무의식)의 차원에 존재한다.

풍어제에서 마을 사람들은 신의 구체적인 복덕이 내리기를 희망한다. 복덕의 내용은 마을의 안과태평과 부귀공명이다. 신의 응보가 내려야 사람들은 자유로워진다. 바다에서는 해난사고가 이어지고 육지 마을에서도 재앙이 이어진다면 마을 사람들은 횡액의 트라우마에서 벗어날 수 없을 것이다. 신이 주는 복덕은 구체적으로 나타나지는 않는다. 별신굿이 연행되는 동안에는 서낭대가 흔들린다거나 무당이 복을 주겠다는 덕담 정도에 마을 사람들은 자유를 느낀다. 별신굿이 진행되는 동안 마을 사람들은 복덕을 주겠다는 어떤 구체적 계시가 없다 하더라도 마을 사람들은 풍어제의 현장에서 행복감을 느낀다. 그 행복감은 정신적인 자유로 이어진다. 풍어제를 지내는 동안 마을 사람들의 정성에 신이 감읍했을 것으로 확신하고 스스로 위안을 갖는 것이다. 근거 없는 자기확신이지만 정신적으로 자유로움을 얻는 것으로 어느 정도 개인의 트라우마는 극복되는 상태를 체험한다. 예술작품을 직접 창작함으로써 체험하는 미적 쾌감의 상태와 풍어제와 별신굿을 통해 체험하는 미적 쾌감의 본질이 다르지 않다고 볼 수 있다. 풍어제의 미적 원형이 자유로움이라는 점이 여기에 근거한다. 풍어제 기간 중에는 자신의 기원이 모두 수용될 것이라는 긍정적인 확신을 갖는 데 만족하는 것이다. 현실적 행복을 선택하여 정신적 자유를 체험하는 것이다. 그리고 실제로 그런 체험의 만족감을 느낀다는 마을 사람들의 증언이 많다. 일종의 화이트 트라우마(white-trauma)[24] 상태를 경험한 것으로도 볼 수 있다. 화이트 트라우마를 논자는 인간에게는 긍정적이고

---

24   심상교(2019), 「서낭굿가면희의 화이트 트라우마(white-trauma)적 요소에 대한 연구」, 『강원민속학』 31, 아시아강원민속학회, 171쪽 참조.

행복했던 기억을 반복하여 추억하고 삶의 에너지로 활용하는 경우도 있다면서 긍정적이고 행복했던 기억이나 경험이 삶의 에너지가 되는 경우를 화이트 트라우마라고 지칭하면서 서낭굿과 연계된 연행에서 화이트트라우마가 체험된다고 논의하였다. 성황신께 제례를 올리고 이후 신을 위로 하는 연희를 함으로써 신의 보살핌이 현실화 되리라는 생각을 갖게 된다는 것이다. 풍어제도 이와 다를 바가 없다고 볼 수 있어 풍어제를 통해 화이트 트라우마를 체험하게 되고 이 체험이 자유로움으로 연결되는 것으로 볼 수 있다.

마을 사람들이 맞는 기쁨의 상태는 난장으로도 이어진다. 풍어제에서 난장은 신의 반응에 대한 기대감과 마을 사람들의 현실적 선택 사이에서 발생한다. 난장은 행복감으로 이어지고 이 행복감도 결국 마을의 안과태평과 부귀공명을 확신하는 마음과 연결되고 궁극적으로 마을 사람들이 정신적으로 자유로워지는 상태로 연결된다고 볼 수 있다. 인간은 재앙의 속박에서 벗어나기를 희망하고 벗어난 상태만으로도 행복감을 느낀다. 이러한 상태에 신의 반응을 통해 얻어진 행복감이 어우러지게 되어 별신굿의 상황 안에 있는 사람들은 행복의 충만 상태를 체험하게 되고 결국 정신의 자유 상태를 획득하게 된다.

인간 삶의 근원적 형태는 생산이다. 왜냐하면 생산은 인간의 삶의 가능하게 하는 가장 근원적 존재 즉, 가장 필수적 요소이기 때문이다. 이러한 생산을 가능하게 하는 것은 노동이다. 물적 토대의 성격과 관계없이 노동의 개입을 받지 않는 물적 토대는 생산을 할 수 없다. 따라서 노동 역시 인간 삶을 가능하게 하는 필수적 요소라 할 것이다. 이로써 생산과 노동이 인간 삶의 근원적 형태의 한 범주라고 할 수 있다. 그러면 축제는 생산과 노동과는 어떤 관계를 맺는가. 축제는 노동의 긴장을 이완시켜 준다. 노동의 지속은 피로의 누적을 결과하고 노동의 효율성을 떨어뜨리게 된다. 노동의 효율성이 떨어지는 것을 막고 나아가 노동의 효율성을 제고하기 위해서는 휴식이 필요하게 되고, 또 휴식의 강도를 높이기 위해서는 집중적이고 다양한 프로그램으로 짜여진 휴식이 필요하게 된다. 축제는 이러한 프로그램의 하나라 볼 수 있다. 휴식이 그렇듯 축제도 노동의 피로를 잊게 하는 것이다. 그래야 새로운 에너지를 충전하게 되고 노동의 효율성을 높일 수 있게 된다. 노동의 고통이 심하면 축제의 강도도 높아지게 된다. 풍어제도 축제가 내포한 의미와 같다. 따라서 풍어제는 노동의 효율성을 높이기 위한 전략적 이용물의 측면도 강하다. 이런 의미에서 풍어제는 마을 사람들의 만족과 전체의 공유를 동시에 만족시키기 위한 총체적 예술 작품을 만드는 과정이라고 할 수 있다.

풍어제는 이성과 감성의 조합이라고 할 수 있다. 풍어제 안에는 인지 가능한 측면도 있고 인지 불가능한 측면도 있다. 풍어제 전체형식은 인지 가능하다. 풍어제가 진행되는 현실 상황은 인지가 된다. 그런데 풍어제가 지향하는 내용적 측면은 인지 불가능한 측면이 있다. 풍어제가 마을사람들이 풍어제를 준비하고 진행하는 전 과정의 노동과 유희, 기복정신은 신체화된 경험의 미학이라고 할 수 있다. 별신굿을 지내는 동안 굿 내용과의 교감도 신체화된 경험이 만들어낸 미학이다. 이러한 경험은 비인지적 경험의 영역으로 남겨 두었던 풍어제의 신비스러운 경험의 세계가 우리의 일상적인 경험과 판단 속에 흩어져 각자의 생활과 경험 속에서 창조적인 역동이 된다고 볼 수 있다. 신비스러운 경험은 굿이 빚어낸 삶의 긍정적인 부분이다. 난관을 극복한 경험, 불가능했던 일이 가능으로 전환되었던 일 등에 대한 경험 등은 풍어제에 노동을 바치고 유희했던 과정이 만들어낸 선물이라 생각하게 된다. 이런 경험은 내 삶을 내가 만들어가는 과정에 도움이 된다. 내 삶을 만들어가는 창조적 역동이 발생하는 것이다.

여기서 이루어지는 모든 삶의 활동이 자신의 성장에 질적인 변화를 가져오는 것이다. 신체적이면서도 생활 속에서의 실질적 경험들이나 신비로운 측면에서의 비인지적 세계가 서로 교합되면서 풍어제 이후의 삶에 예술적 경험이 된다. 마을 사람들의 이와 같은 경험은 스스로의 삶에 큰 의미로 작용할 것이다. 이런 과정을 통해 확인할 수 있는 것은 신체화된 경험의 미학은 윤리적이거나 지적인 그 어떤 경험 이상의 만족감을 가져 대 줄 것이고 마을 사람들은 이런 기억이 만들어 낸 만족감에 반복적으로 최고의 만족감을 갖고자 풍어제를 반복하게 된다.

마을 사람들은 풍어제에 종속되기도 하고 풍어제를 통해 자신의 위상을 높이려는 마음 갖는다. 일정기간을 주기로 풍어제를 반복하며 풍어제를 지내는 동안 풍어제 의례에 정성을 아끼지 않는다. 정성을 아끼지 않는다는 것은 마을 사람들이 풍어제의 신성성에 의지하는 측면이 강하다는 점을 의미한다. 신성성에만 의지하는 것은 아니다. 풍어제를 하나의 총체예술 혹은 총체적 연행예술로 생각하여 마을 사람들 스스로 예술을 창조하는 사람이자 감상하는 사람으로의 역할에 충실하다. 금기성이 많이 무너지기는 했어도 풍어제 기간 동안 출어를 하지 않는다거나 일정 부분의 금기를 여전히 지킨다. 소원성취를 위한 기복성도 여전히 풍어제의 주요 내용이다.

마을 사람들은 풍어제를 지내면 불행이나 난관으로부터 자유로워진다고 생각한다. 풍어제의 궁극이 마을 사람들의 자유인 것이다. 예술작품을 직접 만드는 창작적 관점에서는 미적 쾌감도 제일 고조되는 기간이 풍어제 기간일 것이다. 풍어제의 원형은 자유정신이고 자유정신을 더 공고히 하기 위한 신앙적 미의식이 원형미학의 핵심인 것이다. 주관적 정신에서부터 객관적 정신으로, 나아가 다시 절대정신의 총체성으로 회귀되는 사유의 과정은 자유를 실현하는 필연적인 형식을 따르는 것이며, 예술 또한 이와 같은 총체성의 진리를 반성하는 여정 속에 있게 된다.

5. 결론

동해안풍어제의 원형미학에 대해 연구하였다. 풍어제를 하나의 예술작품으로 바라본 결과이다. 풍어제에는 마을의 서사가 있고, 굿이 있으며, 마을 사람들의 협력과 소통이 있다. 그 속에는 악가무희가 관통하며 그 주변으로 마을의 과거 설화와 현재의 스토리 등이 어우러지며 마을 사람들은 소통하고 추억하고 전망하는 축제의 본질을 나눈다. 악가무희 같은 예술적 요소와 마을 사람들의 서사 등이 어우러지는 점에서 풍어제는 총체예술과 같은 것으로 볼 수 있는 것이다. 풍어제를 예술작품으로 바라보는 이유는 마을 사람들의 관점이고, 마을 사람들의 행동에 근거한다. 풍어제를 지내온 마을의 관습 속에서 마을 사람들은 풍어제를 예술작품으로 인식하는 경향을 볼 수 있었다. 소중한 작품을 만들며 전승하는 과정에 풍어제만의 원형미학도 형성된 것으로 본다. 원형미학이 형성되는 지점은 감성과 이성이 서로 교감하며 호환되는 공존의 지점이라고 생각한다.

동해안별신굿이 연행되는 몇 군데 지역의 제차를 보면 지역만의 특수한 제차도 있지만 대체로 청신, 오신, 위민, 송신의 구조와 일치한다. 별신굿의 신격들에는 이름도 없다. 골매기신이라는 통칭만 있지 입향시조의 구체적인 이름이 없다. 조상신들도 마찬가지다. 때문에 동해안별신굿의 신격들은 통칭의 신격으로서 특징과 위계만을 주로 보인다. 신격들이 조화롭게 굿을 만들고 신화의 세계를 구성하지만 신화에 서사구조가 약화되어 서사작품으로서의 재미는 약화되는 결과로 이어졌다.

동해안별신굿 자체가 바닷가 생활인들의 이상과 꿈이 반영되어 있다. 바닷가 마을에 사는 생활인으로서의 상상력과 물에 대한 관심이 온전히 동해안별신굿에 반영되어 있다. 풍어제나 별신굿은 물이 기반이다. 바닷가에서 연행되기 때문이다. 바닷가 사람들에게 물은 생활의 터전이며 두려움의 대상이다. 생명의 물이면서 죽음의 물이기도 한다. 바다가 포괄하

는 세계가 만드는 상상력에 삶의 전 과정을 투영시킨다. 바닷가의 상상력
은 삶의 전 과정에 대한 실존적 통찰이자 존재적 고뇌의 반영이다.

　풍어제에서 마을 사람들은 신의 구체적인 복덕이 내리기를 희망한다.
복덕의 내용은 마을의 안과태평과 부귀공명이다. 신의 응보가 내려야 사
람들은 자유로워진다. 별신굿이 연행되는 동안에는 서낭대가 흔들린다거
나 무당이 복을 주겠다는 덕담 정도에 마을 사람들은 자유를 느낀다. 정신
적으로 자유로움을 얻는 것으로 어느 정도 개인의 트라우마는 극복되는
상태를 체험한다. 예술작품을 직접 창작함으로써 체험하는 미적 쾌감의
상태와 풍어제와 별신굿을 통해 체험하는 미적 쾌감의 본질이 다르지 않
다고 볼 수 있다. 마을 사람들이 맞는 기쁨의 상태는 난장으로도 이어진
다. 풍어제에서 난장은 신의 반응에 대한 기대감과 마을 사람들의 현실적
선택 사이에서 발생한다. 난장은 행복감으로 이어지고 이 행복감도 결국
마을의 안과태평과 부귀공명을 확신하는 마음과 연결되고 궁극적으로 마
을 사람들이 정신적으로 자유로워지는 상태로 연결된다고 볼 수 있다.
마을 사람들은 풍어제를 지내면 불행이나 난관으로부터 자유로워진다고
생각한다. 풍어제의 원형은 자유정신이고 자유정신을 더 공고히 하기 위
한 신앙적 미의식이 원형미학의 핵심인 것이다.

심상교

강릉 출생.
고려대학교 국어국문학과 및 동대학원 졸업(문학박사).
부산교육대학교 교수.
희곡작가.

『새천년의 돌』,『고성오광대』,『한국희곡론』,『교육연극연극교육』,『무구』,『한국전통연희론』 등의 저서와 논문 다수.

한국 민속의 현장과 해석이론

2021년 3월 22일 초판 1쇄 펴냄

지은이 심상교
펴낸이 김흥국
펴낸곳 도서출판 보고사

책임편집 이순민
표지디자인 이준기

등록 1990년 12월 13일 제6-0429호
주소 경기도 파주시 회동길 337-15 보고사
전화 031-955-9797(대표), 02-922-5120~1(편집), 02-922-2246(영업)
팩스 02-922-6990
메일 kanapub3@naver.com / bogosabooks@naver.com
http://www.bogosabooks.co.kr

ISBN 979-11-6587-163-5   93880
ⓒ 심상교, 2021

정가 18,000원